中青年经济与管理学者文库

"济南大学出版基金"资助

DAIJI JINGJI ZHICHI DE ZHUGUAN FULI
XIAOYING JIQI KETIDAIXING YANJIU

代际经济支持的主观福利效应及其可替代性研究

刘西国 著

中国财经出版传媒集团
中国财政经济出版社

图书在版编目（CIP）数据

代际经济支持的主观福利效应及其可替代性研究／刘西国著． ――北京：中国财政经济出版社，2019.11
（中青年经济与管理学者文库）
ISBN 978－7－5095－8935－9

Ⅰ．①代… Ⅱ．①刘… Ⅲ．①老年人－社会福利－研究－中国 Ⅳ．①D632.1

中国版本图书馆 CIP 数据核字（2019）第 056821 号

责任编辑：钱红叶　　　　　　责任校对：李　丽
封面设计：智点创意

中国财政经济出版社 出版

URL：http：//www.cfeph.cn
E－mail：cfeph@cfeph.cn
（版权所有　翻印必究）

社址：北京市海淀区阜成路甲 28 号　邮政编码：100142
营销中心电话：010－88191537
天猫网店：中国财政经济出版社旗舰店
网址：https：//zgczjjcbs.tmall.com
北京财经印刷厂印刷　各地新华书店经销
880×1230 毫米　32 开　10.25 印张　236 000 字
2019 年 12 月第 1 版　2019 年 12 月北京第 1 次印刷
定价：47.00 元
ISBN 978－7－5095－8935－9
（图书出现印装问题，本社负责调换）
本社质量投诉电话：010－88190744
打击盗版举报热线：010－88191661　QQ：2242791300

策划人语

题记：一个人的精神成长史，取决于他的阅读史。只有阅读能最有效地培养精神生活习惯，而好的习惯又培养性格，性格决定人生。

——我们自豪，因为我们就是创造这精神产品的人。

选择了飞翔，总能看到蓝天；选择了远航，总能感受大海。人生不仅要作出选择，也要坚持住自己的选择。学会计、当编辑是我的意外选择。人说编辑是为人做嫁衣，可是这一选择我坚持了27年，苦在其中，乐在其中，也算是有声有色。每当我把一本本好书呈献给人们的时候，我觉得我是"富贵"的人：富，不是你身上的钱财，而是你心里的满足；贵，不是你地位的显赫，而是你被人需要的程度。

书海探寻，情怀永恒

我要说，做编辑我幸运，因为我不仅是第一个读者，可以对作品"品头论足"，也可以对作品"生杀予夺"；更重要的是，这是一个很高层次的平台，在多年与名家的交往和名著的"对话"中，深深地为他们的人格和才学所感动，被作品的精彩所吸引，这不仅使我"下笔如有神"，更使我的思想和灵魂也受到一次次洗礼和震撼，得到一次次升华。对于我的作者我的书，如数家珍，作者中不乏才学和为人同样过人的多位泰斗和"颜值高责任大"的众多才子佳人；策划的作品不仅立足专业还兼顾人文，也是情怀所在，专业加人文路才会更宽。

多年的体会是，作为一名编辑，起码要"三心二意"，即"责任心、细心、耐心"和"服务意识、创新意识"。要多策划一些有分量的拳头产品，用一个选题推动一个系统工程，用一个系统工程培养一个出版社品牌。给新入职编辑讲座时我做过一个比喻：编辑两项基本功，审稿——甚至要比博导审批学生论文还要全面、细致；选题策划——要像电影导演一样做"星探"，善于发现优秀作者和挖掘好的原创作品。记不得 27 年来我策划和编辑了多少书，组织和策划了一大批教材、业务培训用书、通俗读物、理论专著等，有的获得过国家、省部级各类奖项，有的以其填补空白、社会热点、风格新颖、开拓尝试等特点受到读者的欢迎。20 世纪 90 年代我开始自主策划选题，多年来每年都有新丛书问世。比如，21 世纪初内部控制研究在国内刚兴起时，策划了《现代内部控制丛书》，其中《企业内部控制管理操作手册》是我鼓励作者将自己饱含心血的经过长期钻研和实践并证明卓有成效的成果奉献付梓，使得更多的人能受益于此，这无疑是对我国内部控制理论探索和实践发展的一种贡献，内部控制选题至今还是热点。2013 年的《来去无尘——一位财政部长的生前事》所展现的吴波精神，与深入推进党风廉政建设相得益彰，得到中央领导同志的高度重视和重要批示。中央各大主流媒体纷纷连续报道，掀起了全社会学习吴波高尚情操的热潮。2014年至今的前沿选题《财务云丛书》等也越来越受到业界认可。

想是问题，做是答案

众所周知，目前的图书出版业在行业竞争和纸质图书受到严重冲击的情况下，出版人无不感到莫大的危机。在这种背景下，策划一套专业图书是颇感困惑的一件事，风险更大。但即使这样我们也不能因噎废食、停滞不前，还要积极应对，继续发挥纸质图书的固有特质，挖掘出版内容和形式都精彩的原创作品，适应新形势下读者的更高需求。2017年，我们接受新的挑战，开启新的征程，又策划《中青年经济与管理学者文库》《当代税收名家丛书》《中国税务律师系列丛书》《现代管理实务丛书》《高等院校应用型会计人才精细化培养系列教材》等，继续为扶持学术研究和总结最新成果，在高端研究与专业知识普及和应用之间搭建一座座有益的桥梁。

每一个时代的经济环境不同，理论研究和实务探索所需要解决的问题也有所差别。当前我国不仅处于经济结构调整和供给侧改革的攻坚期，同时也处于大数据和互联网突飞猛进的变革期，矛盾叠加，风险交汇，市场环境和组织模式不断演变发展、推陈出新，经济、管理、财税等领域的新理论、新思想、新方法、新工具也层出不穷。乱花渐欲迷人眼，击水三千浪几何？这些领域的研究人员被时代赋予了更艰巨的责任，也面临着更高、更多元的要求，我们不仅要具备更广阔的学术视野，而且要有更严谨的学术思维。

输在犹豫，赢在行动

《中青年经济与管理学者文库》的作者，都是我国经济与管理领域的中坚力量，也是未来的大家。他们中有些人潜心从事理论研究，有些人则深耕在实务一线，但无论现实身份如何，视野全都没有被拘泥在"象牙塔"内。他们从不同视角对市场经济的不同要素进行细致审视，然后汇聚于"财经版"这面旗帜之下，相互碰撞，彼此激荡，力求在市场经济转型升级的关键时期留下最新鲜的"中国印记"。

这些经济与管理领域的中青年学者，就是我国市场经济发展的潜力与优势，他们的研究成果，不仅将引领市场经济的各个组成环节向更科学、更先进的方向发展，而且将成为我国政府和企业在未来经济世界扮演更重要角色的支点与动力。祝愿这些中青年学者能攀上更高的学术之山，走向更远的研究之路，也期待宏观、中观、微观各个层面的市场参与者都能从这套文库中得到切实的启发与指引，在全面深化改革、增强发展活力的关键时期，发挥正能量和积极作用，为经济社会发展增添新的动力！

如果您认可，如果您有意愿，欢迎您和您的朋友加盟我们的作者队伍！在中国财经出版传媒集团的"旗舰"下，中国财政经济出版社这"老字号"，一定励精图治，谱写新的篇章。我们用"龙的精神，玉的品质"来助力您实现梦想！

策划人：樊清玉

邮箱：qingyuf@sina.com

2017 年春

中国是世界上老龄人口规模最大的国家，也是世界上老龄化速度最快的国家之一。据预测，到2050年，中国60岁以上的老年人占总人口的比重将由2000年的10%增加到31%。随着人口老龄化进程的不断加快，老年福利日益成为全社会关注的焦点。一方面，老年健康不仅是评估老年生活质量的主要依据，也是反映中国社会经济、医疗卫生事业发展及社会养老保障的指标，更是医疗卫生保健资源分配的重要指标。在医疗改革成为社会热点的背景下讨论家庭经济支持对老年人健康的影响，有利于建立更符合中国国情的居民健康促进制度，而寻求医疗服务之外的健康促进途径对中国尤其重要。另一方面，近年来，中国政府实施了最低生活保障制度、新型合作医疗制度、城市居民医疗保险制度及低收入居民医疗救助等一系列社会保障制度,特别是在健康服务领域,老龄人口应当是最重要的受益群体之一。但是,中国"未富先老"的趋势,使家庭在养老体系中仍有不可替代的作用。那么,家庭代际经济支持在满足老年人生活所需之后,能否改善老年人健康、又有哪些因素会影响老年人获得经济支持,代际经济支持是否具备可替代性,都值得进行深入的研究。众所周知,老龄化问题日益严峻且社会养老相对滞后的情况下,家庭养老仍然是中国一段时期内的重要养老模式,而家庭养老中代际经济支持对老年人健康有重要影响。那么,中国家庭目前的代际经济支持状况如何?代际经济支持对老年主观福利有什么样的影响?如果代际经济支持能显著影响老年人主观福利,那么,又是哪些因素影响了代际经济支持?在老年人主观福利不被削弱的前提下,代际经济支持是否具有可替代性?

基于此,本书具体回答了如下问题:(1)通过描述统计,描述中国家庭代际经济支持与老年人主观福利的现状及相关关系;(2)通过实证研究,检验经济支持与老年人主观福利间的双向因果关系;(3)通过研究健康等主观福利因素对代际经济支持的影响,探讨如何拓展经济支持的来源,并探讨在家庭经济支持有限的情况下,政府转移支付以及医疗服务的可及性在提高老年人主观福利方面是否具有替代作用,为实现积极老龄化和健康老龄化提供一定的理论支持。

本书利用的是由北京大学国家发展研究院提供的"中国健康与养老追踪调查数据(China Health and Retirement Longitudinal Survey,CHARLS)",该项目组于2008年在中国的浙江和甘肃两省进行了试调查,2012年进行了追踪调查。针对居住在甘肃和浙江两省的45岁及45岁以上的人群,CHARLS分四个阶段进行抽样。2008年共抽取32个县/区的95个社区/村庄,1570户家庭中的2685人。2012年追踪调查人数为2378人，其中，1952年及以后出生（2012年年龄60岁以上）的能追踪到的为1287人。

具体研究方法方面，本书首先对代际经济支持的现状进行了描述，并用局部加权回归散点平滑法（Locally weighted scatterplot smoothing, Lowess）描绘了老年人健康状况等因素与经济支持的关系，然后从以下四个方面对经济支持进行了实证分析：（1）根据健康影响因素以及经济支持影响因素的文献综述，选定回归分析的自变量与控制变量，并采用逐步回归法确定最终的回归模型；（2）为了控制经济支持健康效应的滞后性，以及经济支持的内生性和健康影响因素的层次性，应用两期数据多层次模型进行回归分析；（3）构建赫克曼多层次模型，探索影响老年人获得经济支持的因素；（4）利用断点回归分析法、工具变量法等实证分析方法，研究了代际经济支持的可替代性。

目 录

第一章 引言 ……………………………………… (1)
　第一节 研究背景 ………………………………… (2)
　第二节 研究现状 ………………………………… (10)
　第三节 研究意义与研究目的 …………………… (21)

第二章 文献综述 ………………………………… (25)
　第一节 健康测量 ………………………………… (25)
　第二节 代际经济支持的现状及其主观福利效应 … (28)
　第三节 控制变量对老年人主观福利的影响 …… (32)
　第四节 代际经济支持影响因素 ………………… (37)
　第五节 研究方法综述 …………………………… (43)

第三章 理论框架 ………………………………… (53)
　第一节 基本概念 ………………………………… (53)
　第二节 理论基础 ………………………………… (55)

第四章　数据与研究方法 …………………………………（64）
　　第一节　数据来源及抽样方法 …………………………（64）
　　第二节　统计分析方法 …………………………………（67）

第五章　老年人代际经济支持与主观福利现状 …………（76）
　　第一节　变量及样本特征 ………………………………（76）
　　第二节　样本老年人经济来源状况 ……………………（82）
　　第三节　样本老年人获得精神慰藉状况 ………………（88）

第六章　经济支持主观福利效应研究 ……………………（95）
　　第一节　变量的选择及模型稳健性检验方法 …………（96）
　　第二节　代际经济支持的主观福利效应检验 …………（98）
　　第三节　代际经济支持主观福利效应异质性检验 …（125）
　　第四节　基于工具变量法的代际经济支持健康效应再检验 ………………………………………………（131）

第七章　代际经济支持影响因素研究 ……………………（148）
　　第一节　变量选择及变量含义说明 ……………………（148）
　　第二节　家庭经济支持的对比分析 ……………………（151）
　　第三节　全样本回归结果 ………………………………（164）
　　第四节　分样本回归结果 ………………………………（168）

第八章　经济支持与健康双向因果关系机理研究 ………（176）
　　第一节　代际经济支持影响健康的机理 ………………（176）
　　第二节　健康等因素影响经济支持的机理 ……………（185）

第九章　代际经济支持可替代性研究 ……………………（192）
　　第一节　日常照料的可替代性检验 ……………………（192）

第二节　代际经济支持的可替代性检验 ………… (212)
　　第三节　社会保障对代际转移的替代性：基于主观
　　　　　　福利视角 …………………………………… (232)
　　第四节　文化活动对代际转移的替代性：基于主观
　　　　　　福利视角 …………………………………… (245)
　　第五节　"啃老"对向上代际转移的替代性：基于
　　　　　　主观福利视角 ……………………………… (258)

第十章　结论与政策建议 ……………………………… (278)
　　第一节　本书的方法学及指标 …………………… (278)
　　第二节　主要研究结论 …………………………… (281)
　　第三节　政策建议 ………………………………… (283)
　　第四节　创新与不足 ……………………………… (284)

参考文献 …………………………………………………… (286)

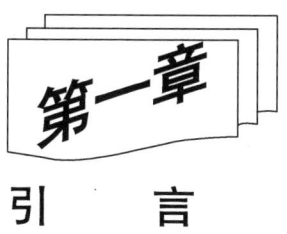

引 言

联合国人口署分析,由于20世纪中期的"婴儿潮"中出生的人口于2015年开始变老,以及1970年末期开始推行的人口计划生育政策导致的出生率下降,2015年开始,中国的人口老龄化问题日趋严重:2015年,60岁以上人口比重达15.1%,2030年达23.8%,2050年进一步上升到31.1%,届时中国将成为世界上老龄化最为严重的国家。老龄化会给人类社会带来一系列的问题,如老年人赡养缺失、生活质量不能得到保障等。随着人口老龄化进程的不断加快,老年人健康日益成为全社会关注的焦点。因此,如何实现健康老龄化已经成为许多国家积极探索的重要课题之一。

关注老年人健康不仅有利于提高老年生活质量、合理分配医疗卫生资源,也在一定程度上反映了一个国家医疗卫生事业发展及社会养老保障状况。在如火如荼进行医疗改革的社会背景下,讨论家庭经济支持的健康效应及其影响因素，对于建立居民健康促进制度、寻求医疗服务之外的健康促进路径具有重要意义。社会医学探讨社会经济地位（SES）的健康效应，从医学和社会的角度增进弱势群体的健康水平，而研究代际支持与老年人健康的因果关系，有利于为中国健康介入研究以及老年人政策的制定提供基础数据，有利于缓解人口老龄化带来的压力、实现健康老龄化、积极老龄化。

第一节　研究背景

一、中国老年人健康状况值得关注

老龄化社会中人们的生命周期延长、身体机能退化导致老年人的健康风险变大，慢性非传染性疾病成为社会医学关注的焦点。老年人健康风险包括生理、心理和社会三个方面。其中，生理健康风险包括机体功能衰退、活动自理能力差、慢性病高发、疾患增多、因病致残、睡眠障碍等；心理健康风险包括孤独、抑郁、缺乏心理关怀、认知障碍、应激和精神需求等；社会健康风险则包括社会参与少、社会支持差、社会保障程度低、社会环境不利等。吕桦等人2001年调查发现，50%左右的老年人同时患有两种以上的慢性病；曾毅2006年的研究表明，全国老年人日常活动能力（ADL）完全正常的为63.16%，功能下降的21.39%，功能明显障碍的15.45%；卫生部2008年统计发现，65岁以上老年人两周患病率高达39.8%，城市老年人更是高达58.1%。2009年，清华大学"老龄健康友好型社区建设课题组"对北京1018名老年人调查结果显示，老年人慢性病患病率为53.9%，其中78.19%的老年人患有两种以上的慢性病，是全人口患病率的3.2倍，伤残率是全人口伤残率的3.6倍，平均住院时间为非老年人的1.5倍。2006年4月1日0时进行的全国第二次残疾人口调查表明，60岁及以上的残疾人约4416万人，占全部被调查残疾人总数的51%。相比1987年全国第一次残疾人抽样调查结果，新增残疾人口总数的75.5%为60岁以上老年人，增加了2365万人。该调查还显示，久病卧床者的比例随年龄增加而大幅度增加：80岁以上年龄组与60~64岁年龄组相比，80岁以上男性久病卧床的比例由3.6%上升到35.0%，80岁以上女性久病卧床的比例由5.8%上升至50.8%。

中国老龄科学研究中心2010年12月1日0时进行了最新一轮"中国城乡老年人口状况追踪调查"，调查采用PPS抽样法，在20个省（自治区、直辖市）抽取160个市县（区）中19986人，并结合第六次全国人口普查（2010年11月1日0时）结果进行了加权处理，推断了2010年12月1日0时中国大陆地区60周岁及以上老年人总体状况。结果显示，城市老年人中，4.0%自评健康状况"很差"，15.1%自评健康状况"较差"，53.0%为"一般"；农村老年人自评健康状况则更差。6.8%老年人生活完全失能（城镇5.6%，农村7.8%），15.9%部分失能（城镇12.4%，农村18.6%）。13.7%的老年人感觉需要他人照料日常生活（城镇12.8%，农村14.4%），而且这一比例存在年龄差异：80岁以下（不含）老年人10.2%需要他人照料（城镇9.2%，农村11.0%），80岁以上的老年人无论城镇还是农村，都有39.9%需要他人照料。

认知功能方面，李志武等（2007）发现，中国38.9%的65岁以上老年人认知不健全。周运生等（2003）发现，中国大部分老年人情绪方面存在问题，钟华荪等（1998）发现，57%的老年人感觉生活无趣，50%的老年人感觉孤独，45%的老年人感觉抑郁，40%的老年人有衰老感，55%的老年人感觉性格有所改变。中国老龄科研中心2010年的调查显示，否认自己已经"老了"的老年人占24.3%（城镇31%，农村19%）；城镇16.5%和农村28.6%的老年人常年有孤独感；在幸福感方面，感觉"较幸福"的，城镇占58.9%，农村占35.4%；感觉"差不多"的，城镇占37.5%，农村占55.7%；感觉"较不幸福"的，城镇占3.7%，农村占8.9%。生活满意度方面，感觉"满意"的，城市占61.3%，农村占46.4%，其中"非常满意"的，城市占9.8%，农村占6.7%；感觉"一般"的，城市占29.6%，农村占40.3%；感觉"不满意"的，城市占9.1%，农村占13.3%，其中"很不满意"的，城市占4.1%，农村占4.5%。周清等（2005）认为，"空巢化"的居住模式已经对老年人的心理健康产生了影响，而根据中国老龄科研中心进行的追踪调查发现，2010年，城乡合计"空巢"老年人占49.3%（城镇54.0%，农村45.6%）。当被问及是否与子女同住时，"愿意与子女住在一起"的城镇占38.8%，农村53.6%；"无所谓"的城镇占24.7%，农村21.5%；"不愿意"的城镇占36.5%，农村24.9%；城镇11.3%、农村12.5%的老年人愿意入住养老机构。城镇75.7%的老年人拥有自己产权住房，农村则为71.2%。

二、中国老年人社会保障状况难以满足幸福老龄化的需求

人口老龄化给社会带来的第一方面的压力就是社会保障。当前，中国老年人的社会保障仍然属于较低层次。2006年，城市老年人中，78.0%享受退休金，年平均收入为11963元；农村老年人中仅仅4.8%享受退休金，0.4%享受集体养老补贴，年平均收入仅为2722元；仅有10%的老年人通过最低生活保障、困难补助、五保供养等方式获得基本生活保障。李晨2007年研究

发现，45.3%的农村老年人认为自己的生活没有经济保障。2010年城乡老年人口状况追踪调查显示，上述各项指标较2006年略有上升：城镇退休金、养老金覆盖率为84.7%，农村为34.6%；城镇老年人年均收入17892元，支出15819元；农村老年人年均收入4756元，支出4759元。享受各类医疗保障方面，城镇95.3%的老年人享受各类医疗保障，农村98.3%，其中，符合新农合参保条件的老年人参保率为99.9%。

2010年，医疗费用支出占消费支出的比例，城市老年人为9.9%（2006年为8.8%），农村老年人为7.9%（2006年为10.7%），而农村老年人这一比例的下降，应该与新农合的推广有关。而根据全国城乡贫困老年人口状况调查组2002年公布的结果，城镇贫困老年人口有150万人，农村有860万人，城镇与农村的贫困发生率分别为2.5%和8.5%。2008年，刘国恩通过对国务院"城镇居民医疗保险调查"数据的研究发现，65岁以上老年人的次均门诊费为1811元，一般人群的次均门诊费为958元，但中国老年人的医疗保障程度不高，且城乡差异巨大。2009年，清华大学老龄健康友好型社区建设课题组对北京的调查显示，医疗保险能基本满足医药开支的老年人只有34.7%，而42.4%的老年人认为自己医疗费用支出有困难。老年人在就医便利程度方面，感觉"方便"的，城镇为74.3%，农村为65.3%；感觉"一般"的，城镇为16.6%，农村为19.4%；感觉"不方便"的，城镇为9.1%，农村为15.3%。

三、老龄化导致医疗费用上升

人口老龄化给社会带来的第二方面的压力是老龄化会影响对医疗服务的需求。老年人生理机能衰退和抵抗力下降，会导致他们患病率和发病率明显上升，其慢性病患病率较全人口患病率高

1~2倍，由此导致对医疗服务需求的增加（Meerding 等，1998）。Grant（1999）等学者曾做过人均医疗费用测算，发现65岁以上老年人人均医疗费用是65岁以下老年人的3~5倍。Reinhardt（2003）发现，老龄人口人均医疗费用是年轻人的3~5倍。Lubitz 等（2001）对1965~1998年间美国老龄人口医疗费用的研究表明，65岁以上人口人均医疗费用开支是65岁以下人口的2.8倍以上，而且医疗费用增速很快：从1966年的445美元增加到1995年的8953美元，增幅为20.12倍，而65岁以下人口的人均医疗费用增幅仅为12.55倍。OECD 研究发现，与老龄人口相关的支出占GDP的比重，从2000年的19%上升到2050年的26%，其中50%是医疗卫生支出（Dang 等，2001）。而老龄人口影响医疗费用主要是通过健康状况和延长寿命两个途径，健康状况越好，医疗费用越低（Lubitz 等，2003）。但 Tchoe 等（2009）对韩国的研究发现，影响医疗成本最重要的因素是医疗价格、保险覆盖率，而不是老龄本身。哈佛大学的 Newhouse（1992）发现，1940~1990年间导致美国医疗费用上涨的五个因素分别是：（1）人口老龄化；（2）医疗保险制度的普及；（3）医生数量的增加（或"诱导需求"）；（4）国民收入的增加；（5）医疗产业与其他产业在生产率提高上的差异。Spillmann 和 Lubitz 的研究认为，寿命的延长主要导致护理医疗费的增加。

美国进行的一项全美医疗服务调查显示，2005年65岁以上老年人群的平均医疗支出为15000美元，是一般人群的4倍。冯学山与王德耀（1999）的研究结果表明，中国65岁以上老年人的平均医疗支出是一般人群的1.6倍。卫生部统计发现，经济因素是影响中国老年人医疗服务利用的主要因素（卫生部，1999）。中国老龄工作委员会2008年的测算表明，假定医疗服价格保持不变，医疗服务费用仍然会因为人口老龄化而每年递增1.54%。因此，如何通过非医疗手段提高老年人健康水平，进而降低医疗服务费用，是值得研究的问题。

四、中国老年人社会生活状况逐步改善

综合中国老龄科研中心2000年、2006年、2010年的三次全国性调查数据发现，10年间，中国老年人在社会保障、健康状况方面发生了一定的变化：（1）老年人的经济保障增强。扣除物价上涨因素，10年间老年人年均收入增长幅度较大（城镇增长了1.1倍，农村增长了1.5倍）；城镇领取退休金的老年人比例从69.1%上升到84.7%，农村年均公共转移性收入由60元增加到784元；更多的老年人感觉自身的收入能够满足生活所需（这一比例，城镇由58.5%上升到61.7%，农村由46.7%上升到52.8%）。虽然中国老年人整体保障水平不断提高，但仍然存在着老年人保障和收入水平较低问题。（2）老年人医疗保障覆盖面不断扩大。农村由2000年的8.9%提升到2010年的98.3%；城镇由2000年的55.3%提升到95.3%。（3）偏好居家养老。大部分老年人拥有自己的住房，愿意独立或与子女共同居住，越来越多的老年人不愿意住养老院。（4）"空巢"老年人家庭数量明显增加。2010年，虽然老年人平均拥有3.2个子女（城市为2.7个，农村为3.6个），但49.3%的老年人处于"空巢"状态，其中9.7%的老年人属于"独居"状态，余下的39.6%与配偶同住，"空巢"老年人的比例较2000年上升10.4%，其中城镇上升12.0%，农村上升7.7%。

中国老龄科研中心2010年的调查显示，72.7%城镇老年人和68.1%农村老年人有兴趣参加社区组织的活动，但2003年进行的城乡老年人抽样调查结果表明，截至2000年，63.2%的城市社区没有老年人活动室，农村为 59.2%；67.4% 的城市社区没有运动场所，农村则为 80.5%，74.7% 的城市社区没有老年大学，农村则为 82.3%。城乡老年人参与太极拳、书画、打球、唱歌跳舞、集邮收藏、旅游和学电脑等活动的比例均不足 10.0%。

五、老龄健康研究受到各国普遍关注

前述数据说明，中国老年人的健康状况、生活状况不容乐观。而联合国 2000 年"千年民意测验"全球调查显示，人们最希望的是拥有良好的健康状况，健康更是老年人福利水平的一个重要维度。联合国千年发展目标提出：健康是经济发展的目标之一，也是实现其他减贫目标的手段。老龄化社会需要关注老年健康，并采取有效措施以促进老年人健康长寿，因为健康老龄化的实现，会减轻老龄化的压力。基于上述原因，对"老龄健康"问题的研究已经成为各个国家的重要战略组成部分。例如，美国国立卫生研究院（National Institutes of Health，NIH）每年投入近 100 亿美元，也就是 NIH 总经费 35% 的科研经费开展"老龄健康"研究，其下属国家老龄研究院（National Institute on Aging，NIA）每年投入 10 亿美元进行"老龄健康"相关研究。2004 年欧盟 12 国（包括奥地利、芬兰、保加利亚、以色列、拉脱维亚、法国、意大利、罗马尼亚、卢森堡、西班牙、英国、瑞典）启动了"欧洲研究领域老龄化主题"（ERA - AGE），进行老龄化政策设计和产品开发。2007 年 12 月英国政府宣布投入 13 亿英镑对以"老龄健康"为首的四大关键领域进行研究。1995 年，日本成立"日本国立长寿科学研究所"（National Institutes of Longevity Science，NILS），专门研究老年人的医疗保健、日常照料、经济赡养、情感关怀等需要当代社会共同关注的社会问题。

人们之所以关注老龄健康，除了基于提升老年人生命质量的目的，另一个原因就是人们深刻认识到，人口老龄化是挑战也是机遇：一方面，老年人需要社会抚养，带来了养老保障支出和社会服务人员配备的压力，老龄化是"人口红利"的对立面；另一方面，随着生活水平及医疗条件的提升，现在70岁左右的老年人一般健康状况良好、精力充沛，如果让这些具有丰富职业经验和工作技能的老年人继续服务家庭和社会，并通过制定相关政策对老年人口实施财富的再分配（比如国家财政转移支付等手段），可以实现第二"人口红利"。据世界卫生组织（WHO）统计，很多老年人通过定期照护孙子女的方式实现对家庭的支持；通过在组织和协会做些退休后的工作，对年轻一代提供经验支持；也能带动"夕阳产业"的发展。

但是，在较长的时期内，"未富先老"的中国将面临较为突出的资源局限性矛盾：年龄的增长使健康资本的折旧和健康资本供给呈反向变动，需要个体、家庭和政府不断增加健康投资，但由于中国老年人口规模庞大，社会保障基础薄弱，政府不能完全替代家庭在养老中的作用。在此背景下，由于家庭能提供各种资源来保护其成员的健康，使家庭对老年人健康产生极其重要的影响。代际支持对老年人健康的不可替代性表现在：一是代际支持能够解决老年人的心理需求；二是代际支持解决老年人生活方面的需求；三是老年人在健康状况允许的条件下，也可以照看孙子女等，有助于和谐代际关系。

在社会养老制度尚未根本建立的中国，老年人需要也更愿意从家庭方面获得经济供养、生活照料和精神慰藉。同时，由于中国当前正处于经济转型期，年轻一代在就业和照顾家庭方面面临许多困难，需要得到老年父母的帮助，也就是所谓的"啃老"，这种从父母到子女的代际支持无疑也会对老年人的健康产生影响。特别是低龄老年人，上要赡养父母，下要继续供养成年子女，健康会面临更大的威胁。另外，人们的价值观、生活方式都正经历着前所未有的变化，代际支持的动机、代际支持的方式必然会有所改变，而这些改变也会在一定程度上影响老年人的健康。

中国的养老是以家庭养老为基础的，这不仅体现在代际经济与生活上的互助，也体现在双方精神上的慰藉。政府要依靠和调动各方力量满足养老需求。但是，由于家庭养老观念的淡化、"父母在，不远游"束缚的打破、"空巢老人"越来越多、农村养老保障尚未建立、农村集体经济薄弱等问题的存在，养老问题存在严重挑战。

第二节 研究现状

一、代际支持健康效应结论不统一

（一）健康度量标准不统一

影响老年人健康的因素众多，其中代际支持逐渐成为近年来研究的热点，而"健康"的概念如何界定，会直接影响度量的结果。谢宇（2006）认为定量研究有"三只脚"，缺一不可。第一个就是把研究对象"概念化"（conceptuation），把要研究的问题想清楚；第二个是研究设计，即数据如何说明要研究的问题，也就是模型设计与选择的问题；第三个才是从数据分析到研究结果。其中最重要的不是统计，而是清晰的概念。

研究代际支持对老年人健康的影响时，刘岚、陈功（2010）用自评健康作为因变量，研究城镇已婚妇女照料父母对自身健康的影响；王德文（2008）、王萍（2011）则以 ADL 为健康变量；也有学者将生活满意度、认知与抑郁症等作为因变量；还有部分学者未将幸福感、生活满意度、认知与忧郁作区分，合并称为"心理健康状况"。为了体现个体健康在生理和心理方面的差异，刘宏、高松、王俊等学者（2011）利用主观自评健康、客观他评健康和主观幸福度三类指标来表示个人的健康水平，认为这样的设计能更全面地进行个体健康评价。陈先华（2009）对老年人综合健康评价进行了全面研究，将健康的五个维度进行了综合：日常生活自理能力（ADL）、躯体健康、社会资源、经济资源、精神健康。

（二）所用数据代表性存在差异

有些研究用的是全国性数据，如王德文等应用的是中国老年人健康影响因素跟踪调查（CLHLS）数据，包括在中国辽、吉、黑、冀、京、津、晋、陕、沪、苏、浙、皖、闽、赣、鲁、豫、鄂、湘、粤、桂、川、渝等 22 个省、市、自治区的随机抽样调查两期面板数据。也有研究用的是某一个地区的数据，如王萍、高蓓在研究代际支持对老年人认知影响时，用的是在安徽巢湖地区农村老年人抽样调查的三期面板数据；高歌、高启杰（2011）用的则是 2010 年对河南省叶县农村调研的截面数据。

（三）自变量/控制变量不统一

王萍、高蓓（2011）在研究代际支持对农村老年人认知功能的影响时，用"过去一年内子女为父母提供的现金与实物"来衡量自变量"经济支持"，并将经济支持的真实值按照所处区间转换成数字 0~9；用子女"为父母提供如洗衣服、打扫卫生、洗碗，及帮助洗澡、穿衣服等"衡量"生活照料"自变量；用"和这个孩子感情亲近吗？""和这个孩子相处得好吗？""孩子愿意听你的诉说吗?"三个问题作为"情感"自变量;控制变量则包括年龄、性别、婚姻、教育、职业、收入、IADL、ADL、心理福利等。宋健、黄菲(2011)则将经济支持按照数值区间转换成数字1、2、3;高歌、高启杰(2011)在研究农村老年人生活满意度影响因素时,选择"与子女见面频次、子女是否孝顺、与子女关系是否融洽、生病时由谁照顾"等作为代际支持变量;王德文(2008)在研究2002年的代际支持对2005年老年人ADL的影响时,选择2002年的居住方式、社会经济因素、人口特征变量以及接受医疗情况等作为控制变量;而王萍、李树茁(2011)在研究代际支持对农村老年人ADL的影响时,选用经济支持、日常照料及情感支持作为代际支持自变量,选择括性别、年龄、婚姻、教育、职业、收入、慢性疾病数、认知功能、子女可得性、老年人的居住安排为控制变量。

(四)研究方法多样化

如王萍、高蓓(2011)利用三期跟踪调查巢结构的纵向数据,采用的是分层线性模型中的个体增长模型。高歌、高启杰(2011)采用了Logistic回归模型进行分析。Shen(2011)利用工具变量法(IV)发现,与子女同住的老年人往往具有更好的自评健康,而在躯体健康方面则没有明显的差异,进一步,根据老年人婚姻状况进行分样本书,发现离婚或丧偶老年人与成年子女同住,有利于健康和生活质量的改善;控制了收入及医疗服务的可及性之后,老年人与其子女/(外)孙子女同住仍能改善老年人的认知能力和生活质量。王德文在研究代际支持对ADL影响时,考虑了各因素健康效应的时滞性,采用2002年的自变量/控制变量,应用Multinomial Logistic回归分析原理分析各因素对2005年老年人ADL状况的影响。

（五）研究结论不一致

目前关于子女与老年父母间的代际支持认识并不深入，未能取得一致结论：有研究认为代际支持对老年人有积极的作用，也有研究认为代际支持对老年人健康有消极作用。

如王德文（2008）等发现，子女的日常照料对老年人的 ADL 有保护作用，尤其是老年人生病时，如果得不到照料将极大损害老年人的 ADL。王萍、高蓓认为双向经济支持能减缓老年人认知功能衰退速度，获得子女日常照料能加速认知功能衰退。美国 Silverstein 和 Merril 和 Vern L. Bengtson（1994）的研究结果表明接受子女日常照料有损老年人健康。Ghuman, S. 和 Ofstedal, M. B（2004）的研究认为，老年女性为子女提供日常照料对其健康有利，但 Liu, X. 和 Liana, J.（1995）发现，老年人向子女提供日常照料会恶化其生理健康。

二、代际支持影响因素研究结论不一致

（一）经济支持的测量多样化

研究经济支持的影响因素，首先需要弄清楚如何测量"经济支持"，不少学者采用的是"净流量"。如郭志刚通过父母与子女间发生的双向经济支持计算出"净流量"，根据净流量大于零还是小于零，判断经济支持是"供养"还是"赡养"。江克忠、裴育、夏策敏（2013）也是以老年人得到的经济支持与提供的经济支持的净值来衡量代际转移的方向，并细分为老年人与父母、子女、孙子女等三种情况的经济支持。而丁志宏（2014）则用"过去一年子女给老年人的钱数"衡量经济支持。

（二）所用数据多样化

江克忠、裴育、夏策敏（2013）利用的是 2008 年中国健康与养老追踪调查（CHARLS）项目组在浙江、甘肃两省的 PPS 抽样调查数据。宋健、黄菲（2011）研究独生子女与父母的代际互动情况时，采用的是中国人民大学2009年在北京、保定、黄石和西安四个城市调查的3282人。丁志宏（2014）在研究城市子女对老年父母经济支持时，采用的是2010年在北京市宣武区分层抽样得到的调查数据。张航空、孙磊（2011）研究养老金能否"挤出"代际经济支持时，使用的数据是"2003年上海市老年人口状况与意愿跟踪调查"在上海全部12个区县，采取分层三阶段定额随机抽样的方法获取的3865份样本。

（三）自变量多样化

为了证实养老金对代际经济支持的影响程度，张航空、孙磊（2011）选取的控制变量包括老年人的年龄、性别、婚姻、存活子女数、教育、其他收入和住院天数。江克忠、裴育、夏策敏（2013）以受访者家庭人均资产、年龄、性别、婚姻状况、子女数、是否与子女同住、教育水平、家庭总人口、户籍、居住地（甘肃或浙江省）、是否患有慢性病、自评健康状况、是否残疾、是否吸烟、是否喝酒等为自变量。宋健、黄菲（2011）选取的控制变量包括子女特征：性别、年龄、户籍、收入、经常询问的事情种类数、子女养老观念以及父母特征：户籍、教育、就业状况、健康、经常关心的事情种类数、与子女的居住距离。丁志宏（2014）选取老年人个体特征（性别、年龄、婚姻、教育、居住方式、收入和ADL等）和子女特征（性别、排行、教育、收入和居住方式）为自变量。

（四）研究方法多样化

江克忠、裴育、夏策敏（2013）选择Heckman（1979）两步估计法进行实证研究，先分析哪些因素影响代际支持发生的概率，然后研究哪些因素影响经济支持的规模，为了控制遗漏变量对经济支持的影响，作者还采用了家庭固定效应模型进行实证。

宋健、黄菲（2011），张航空、孙磊（2011），丁志宏（2014）采用的是 Logistic 回归模型。

（五）研究结论不一致

世界银行（2007）对中国的调查显示，子女提供经济支持往往是出于老年人生活和健康的需要，健康状况差的老年人更可能获得子女的经济支持，体现的是利他动机。而江克忠、裴育、夏策敏等（2013）发现，收入水平越低、残疾越严重、子女越多、子女教育水平越高，老年活动经济支持的概率越高；经济落后地区或农村户籍的子女对父母提供的经济支持概率较低，呈现交换动机的特征。

有研究认为儿子比女儿为父母提供了更多经济支持；也有研究认为在城市并不存在这方面的差异，在城市中女儿更可能提供更多的经济支持。丁志宏等（2014）发现，城市子女给老年父母钱属于"游离型"——比例和数量都不高。

三、国内外研究空白及本书问题的提出

（一）国内外研究空白

虽然有关家庭代际支持与老年人心理健康、生理健康和生活满意度之间关系的相关研究以及代际支持影响因素的研究已经逐渐受到学者的关注，但已有结论往往并不一致。Hwang 等（2011）认为，既有的研究无法得到一致的结论，其主要原因在于：第一，内生性问题没有很好地解决；第二，样本量过小，缺乏足够的代表性；第三，忽视了样本的异质性。作者认为已有研究存在以下空白或不足：

1. 利用社会经济发展水平不同省份的数据，分样本进行经济支持与老年人健康因果关系对比研究尚属空白

中国地域辽阔、人口众多、文化差异明显，中、西部地区经

济较为落后，其人口特征及公共卫生体系建设与发展中国家更为相似；而东部地区的人口结构和公共卫生体系方面与发达国家更为相似。根据曾毅等学者2010年的研究成果，中国东、中、西部人口结构与家庭户规模、家庭户类型分布（包括一代户、二代户、三代及以上户、隔代户、夫妇户和单身户）、老年人口与子女共同居住的状况、老年人的健康状况各不相同，而这些问题都会导致经济支持的差异，以及经济支持对老年人健康的影响差异。中国老年人的健康存在性别、城乡以及东、中、西部的显著差异，他们对经济支持的需求也有差异。另外，有学者指出，同一时期的不同人群可能有不同的健康状态和变化趋势（Robine等，2002），对于中国这样地域辽阔，东、中、西部发展不均衡的大国，如果只关注老年人健康的平均水平，可能会形成错误的认识（杜鹏等，2006）。中国东、中、西部老年人健康存在地区差异，也从侧面折射出医疗卫生体系在改善居民健康状况、提高居民生活质量方面的地区差异，有必要分别从区域、性别、城乡等视角，对经济支持的现状、影响因素，以及经济支持对老年人健康的影响，进行对比研究。

另外，由于东、中、西部城乡存在经济发展水平的差距以及老年人存在年龄和健康差异，针对不同的研究对象，各因素对代际经济支持的影响并非完全相同，有必要进行分样本书，以利于对策设计的针对性。

2. 实证方法的选择难以科学地识别因果关系

关于代际经济支持健康效应的研究，许多文献忽略了数据的层次性和自变量的内生性问题，而能将两者同时结合起来，考虑解决生态学谬误和内生性问题的就更少了。代际支持虽然会对健康产生影响，但同时，健康状况不佳的老年人可能会获取更多的代际支持，此时，如果不考虑这种内生性问题，可能出现的结论是获取代际支持越多，健康状况越差。存在内生性问题时，单纯采用普通最小二乘法（OLS）估计结构模型会产生偏误，采用面板数据固定效应也只能消除不随时间变化的异质性，而难以消除随时间变化的不可观测因素，导致所得到的结论是有偏的，甚至是错误的。类似问题也出现在国外学者对宗教信仰和健康关系的研究中，学者们发现宗教信仰和健康关系十分模糊，许多结论相互矛盾，甚至在同一篇文献中都会出现相悖的结果（Benjamins，2004；Green 和 Elliott，2010），主要原因就是没有处理好内生性问题。

数据的层次性是实证分析不容忽视的另一个问题。老年人之间的攀比心理会严重干扰代际支持对心理健康的影响，如分别处于经济发展水平不同的两个社区的两位老年人，假设其子女提供同样多的经济支持，其中处于经济落后社区老年人感觉其获取的经济支持比同一社区其他老年人获取的要多，其满足感自然会高；反之，另一位处于经济发达社区的老年人虽然获取了和前面那位老年人同样多的经济支持，但和周围所熟悉老年人相比却处于较低水平，则会产生不满足感。另外，同样的代际支持对不同家庭的老年人健康会产生不同的影响。因此，必须考虑数据的层次性对健康的影响，即分析模型中必须纳入个体、家庭、社区甚至地区变量，以免产生所谓的"生态学谬误"。

关于代际经济支持影响因素的研究，已有文献同样较少考虑经济支持对健康的反向影响。另外，已有文献大多直接进行多因素分析，很少考虑通过两步回归将未获得经济支持的样本排除，导致回归结果存在偏误。

此外，已有研究有的是用全国性数据，虽然代表性强，但忽视了异质性的问题，缺少地区间的比较研究；有的文献采用的是某一个地区的数据，虽然一定程度上克服了地区方面的异质性，但结论是否具有普适性值得考虑。数据方面存在的另外一个问题是，有些文献采用的是截面数据，这种数据用来研究健康效应问题尤其不合适，除非自变量在不同年份变化不大，稳定性很强。有的文献也用了面板数据，但面板数据仍然无法解决对于反向因果误差和随时间变化的遗漏变量误差，此时，应用滞后期数据或许更好。特别对于健康问题的研究，必须关注经济支持的健康效应具有滞后性，如果用当期的经济支持数据研究经济支持对健康的影响，会弱化经济支持的健康效应，而且无法解决反向因果关系导致的内生性问题。

3. 缺少双向代际经济支持的健康效应研究

已有经济支持健康效应研究主要关注的是获得子女支持（向上）对老年人健康的影响，而老年人对子女提供经济支持（向下）对自身健康的影响研究较少。现实生活中更常见的现象是，老年人在向子女提供经济支持的时候，可能也会从子女处获得一定的经济支持，已有研究往往将两者抵消后的净值作为研究对象，忽略了对各自的研究。

4. 缺少代际经济支持现状的描述性分析

已有研究缺少对中国当前经济支持现状进行的描述分析，很少有统计数据来描述不同年龄、不同性别、不同健康状况、不同经济状况、不同子女数的老年人获得了什么样的经济支持、获得了多少经济支持或者向子女提供了多少经济支持、老年人的各种需求中究竟有哪些必须通过家人提供，哪些可以由社会或社区提供，以及核心家人的结构和数量对于代际支持究竟有什么样的影响。

5. 变量选择不全面

健康衡量方面，已有研究往往选择某一项健康指标来研究代际经济支持的健康效应，但老年人健康评价应当是多维的，应当同时考虑躯体、精神、社会等方面，如此方能深入而全面地反映老年人健康状况，而且不同学者对健康基础维度有着不同的划分。作为衡量健康状况的综合性指标"自评健康"，深受广大学者的欢迎，但只有少量文献用其检验经济支持的健康效应。Poortinga（2006）等学者认为自评健康作为反映个人健康状况的主观指标，既能反映个体对现有疾病严重程度的认知与判断，也能反映那些没有被诊断出来但却已经有症状的疾病，能够综合性地反映老年人的健康状况。Ideler 和 Benyamini（1997）等人通过总结和对比与自评健康相关的二十多年的文献后指出，自评健康在一定程度上甚至比其他客观指标更全面与准确，能很好地说明真实的身体健康状况，在控制了患病状况、他评健康等变量后，发现自评健康仍能反映个人健康的重要信息，可以对发病率、死亡率作出很好的预测。即便认识到自评健康也具有主观性的缺陷，一些学者仍偏向于使用自评健康（即便他们的数据库有很多客观健康指标）。

健康的测量是多维度的，健康影响因素也是多方面的，既有 Grossman 健康生产函数所包含的年龄、性别、工作、收入、生活行为方式等个体因素，也有居住模式、个人社会资本、社区社会资本以及医疗保险、社会保险等社会因素。根据健康的新概念，现代医学模式将健康的影响因素分为四大类：一是生物遗传因素；二是环境因素（包括自然环境以及社会环境，如经济、文化环境等）；三是行为与生活方式；四是卫生服务因素（如卫生服务的利用、卫生资源配置、医疗保障制度等）。因此，在分析代际支持对健康的影响时，应尽可能地将这些控制变量考虑进去，克服已有研究变量较少所带来的模型解释能力较差的问题。但是，由于所用数据库并未收集到文献中所提到的所用数据，如宗教信仰、环境污染等，因此实证模型中纳入的控制变量并不全面。

另外，在代际支持影响因素研究方面，代际支持动机的理论阐述基本是从"经济人"角度出发，很少涉及价值观、社会文化及情感支持等主观因素，而且日常照料和情感支持较少提及。虽然几种代际支持的重要理论被分别阐述，但在实际生活中，他们可能相互作用；而且，由于家庭代际支持对历史、文化传统以及社会经济条件的依赖性，对代际支持的解释更不是一种理论就能阐述清楚的。还有，代际经济支持的影响因素更多考虑的是子女特征，实际上老年人自身特征、政府转移、医疗保险、养老金等社会保障因素也是影响代际经济支持的重要方面。

（二）问题的提出

中国的人口老龄化问题越来越严重，如何提高老年人健康水平，保证老年人生命质量，是关系健康老龄化和积极老龄化的社会性问题。在社会保障制度尚未完全建立的中国，家庭养老是应对老龄化的重要途径之一。家庭养老主要通过家庭代际经济支持、日常照料和精神慰藉的方式实现，那么：

1. 转型期的中国社会，家庭代际经济支持的现状如何？是否存在地区、性别、年龄、城乡及经济状况的差异？

2. 经济支持除了满足老年人养老所需之外，是否具有生理、心理方面的健康效应？

3. 如果经济支持确实具有健康效应，那么又是哪些因素影响了代际支持的获得或提供？中国家庭代际支持的动机是什么？政府转移支付、医疗保险和养老保险是否具有替代效应？

第三节 研究意义与研究目的

一、研究意义

以往的研究由于所用数据、变量及方法存在较大差异，关于代际支持的健康效应存在结论不一致，甚至相矛盾的情况，导致决策者在制订政策时无所适从。本书采用北京大学CHARLS项目组提供的2008~2012年在浙江、甘肃两省的追踪数据首先解决了数据质量问题，因为该套数据收集过程中，问卷的设计参考了若干国际知名的调查问卷，样本的选择、数据的处理科学严谨，数据质量已经获得了国内外学者的高度评价（赵耀辉，2013）。同时，浙江省代表了中国东部经济最发达的省份，甘肃省代表了中国西部经济最不发达的省份，有利于分析不同经济发展水平下，代际经济支持的健康效应及影响因素是否存在差异。2008年、2012年两期调研数据，有利于控制代际经济支持健康效应的滞后性以及代际经济支持影响因素的反向因果关系。本书进行的分样本书，解决了样本的异质性问题，发现了经济支持健康效应及影响因素在不同群体间的差异性，可以提供决策者政策制定的针对性，避免政策的"一刀切"。另外，本书关于老年人健康影响因素及研究方法的综述，可以为相关问题的研究提供有益的参考。

二、研究目的

本书结合中国"未富先老"的现实，通过对家庭代际经济支持健康效应及影响因素的研究，为政策制定者提供如何在社会保障尚不健全的背景下，实现健康老龄化、积极老龄化的思路，缓解社会养老的压力。具体包括以下几点：

1. 通过描述当前中国老年人代际经济支持及社会保障状况，了解中国老年人晚年生活的经济来源构成，为政府制定社会保障支持提供参考。

2. 通过代际经济支持健康效应检验，为健康老龄化提供新的途径。

3. 通过代际经济支持影响因素研究，为政府合理配置社会保障资源提供理论依据。

三、研究内容

本书将从老年健康与家庭经济支持的角度，回顾代际支持与老年人健康因果关系的理论，综述经济支持与老年健康的实证研究，并通过2008~2012年浙江、甘肃两省的两期追踪数据的实证研究，分析经济支持对老年人生理健康、心理健康的影响，并分析健康等因素对家庭经济支持的影响，为实现家庭养老和健康老龄化提供政策思路。

（一）理论研究

文献综述国内外关于经济支持对健康的影响、其他因素对健康的影响以及影响经济支持的因素等理论，以及国内外健康衡量的方法，为后文实证研究中，因变量和控制变量的选择提供参考；构建基于健康生态学理论的健康影响多层次模型；探索解决经济支持与老年健康因果关系内生性解决方法。

（二）实证分析

应用中国健康与养老追踪调查（CHARLS）2008~2012年调查数据，应用单因素分析法，描述老年人健康状况以及老年人与子女间的双向经济支持情况，并分样本进行地区、男女、城乡、年龄段、经济状况进行经济支持差异研究，全面展示经济转型时期家庭养老中代际经济支持的现状。

应用多层次模型分析经济支持对老年人自评健康、慢性病、日常活动能力（ADL）、抑郁症和生活满意度的影响。为了控制经济支持与老年健康的交互因果关系所产生的内生性，因变量——健康指标，采用2012年的调查结果，而自变量和控制变量则采用2008年的调查结果。为了研究健康对经济支持的影响，健康自变量采用2008年的数据，因变量——经济支持采用2012年数据。其原因在于，老年人的健康状况具有相当的稳定性，2012年的健康状况和2008年的健康状况会高度相关，ADL、慢性病、抑郁症等健康指标尤其如此。

为了检验中国家庭经济支持的动机、经济赡养对精神赡养是否有替代性以及检验模型的稳健性等，分析过程中采用逐步回归法，依次加入相关变量。

（三）政策建议

结合经济支持对健康影响的实证分析，以及健康对经济支持的影响实证分析，探讨养老保险和医疗保险等社会保障制度对经济支持的替代性，针对性地提出经济支持的方式以及增强经济支持的途径，以实现健康老龄化、积极老龄化。

四、逻辑框架

本书的研究将依次回答以下三个问题：（1）经济支持对老年健康的不同维度各有什么影响？（2）如果经济支持确实能影响健康，那么，影响经济支持的因素又有哪些，健康是否影响经济支持？（3）明确经济支持的影响因素之后，如何提高经济支持的数量与质量，最终提高老年人健康水平？本书结构框架如图1-1所示。

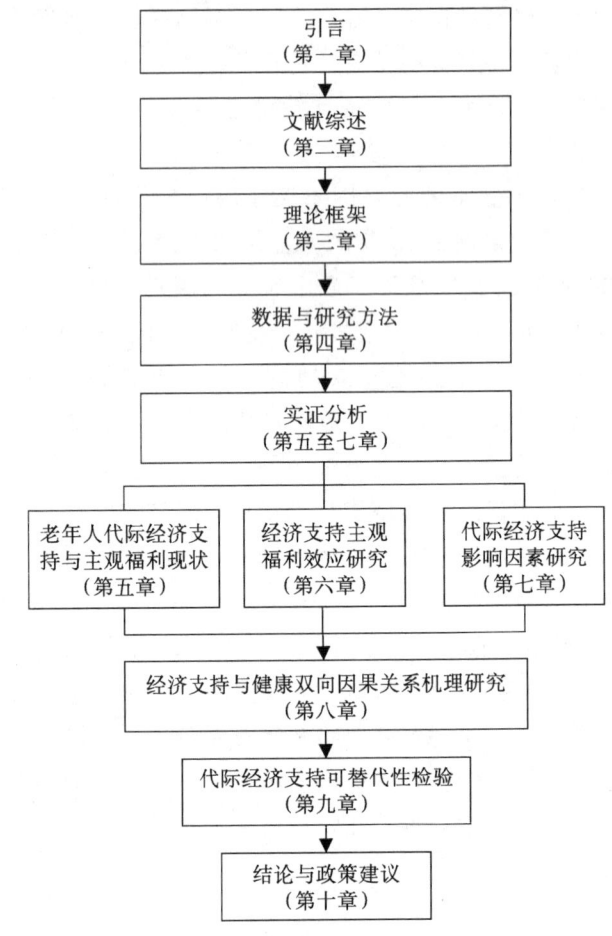

图 1-1 本书结构框架示意图

文献综述

本章主要对经济支持的健康效应、代际经济支持影响因素进行综述。由于代际支持只是影响老年人健康的因素之一，需要在研究中加入其他的控制变量，因此，本部分还要通过对健康影响因素文献的回顾，为后面的实证研究中控制变量的选择打下基础。本章采用 health/elder health/generation support/economical support/ health influence factor/ causal relation 等关键词，搜索 PubMed、Medline/Ovid、Elsevier、JSTOR、CNKI、维普等数据库中的相关文献。

第一节 健康测量

1948 年，世界卫生组织（WHO）重新界定了健康的内涵，指出没有疾病、不虚弱仅仅是健康的最基本的要求，更重要的是身心和社会适应都应该处于完好状态，并从身体机能、心理状况、独立能力、社会关系、生活环境、宗教信仰与精神寄托六个维度测量健康相关生命质量。

一、健康评价单项指标

常用的老年人健康评价单项指标有人口预期寿命（Life Expectancy，LE）、健康期望寿命（Active Life Expectancy，ALE）、伤残调整期望寿命（Disability – Adjusted Life Expectancy，DALE）、日常生活自理能力（Activities of Daily Living，ADL）和社会服务设施利用能力（Instrumental Activity of Daily Living，IADL）。其中，人口预期寿命、健康期望寿命、伤残调整期望寿命三个指标在计算的过程中都需要一定的假定条件，客观性较弱。曾毅等学者提出，虽然老年人的健康指标有很多，但常用自评健康（Self – Reported Health，SRH）、ADL 和 IADL、老年人生活满意度等指标，并且健康评价开始向综合性、整体性和客观性方向发展，还出现了一些新的测量指标，如虚弱指数（Frailty Index）、肢体表现状况（Physical Performance）、整体健康（Complete Health）等。

二、健康评价综合指标

老年人健康评价应当是多维的，应当同时考虑躯体、精神、社会等方面，如此方能深入而全面地反映老年人健康状况，而不同学者对健康基础维度有着不同的划分。

对健康的综合测量可以采用综合量表进行测量。目前，4 个最常用的健康量表分别是健康效用指数（Health Utilities Index，HUI）、六维健康调查短表（Short Form 6D，SF – 6D）、欧洲五维健康量表（European Quality of Life 5 – Dimensions，EQ – 5D）和健康指数量表（Quality of Well – being，QWB），其中的

EQ-5D 由于使用方便、简明易懂，在全世界范围内得到广泛应用。

陈先华（2009）对老年人综合健康评价进行了全面研究，将健康的五个维度进行了综合：日常生活自理能力（ADL）、躯体健康、社会资源、经济资源、精神健康五个单维，评分均采用6分制，五项内容评分之和为综合评分，综合评分越高，其综合健康状况越差。其中，由 Katzs（1963）提出的 ADL 指标，具体内容又可划分为日常生活自理能力（ADL）和社会服务设施利用能力（IADL）。长期以来，研究者主要利用由美国人 Lawton 和 Brody 制定的日常生活能力量表（包括 Phyiscal Self-Maintenance Scale（PSMS）和 Instrumental Activities of Daily Living Scale（IADL））测度老年人的日常生活自理能力。躯体健康指躯体无明显畸形，运动器官正常，运动无明显受限。精神健康是老年人健康的一个重要方面，包括认知能力及精神健康的主观评价等内容，也包括生活、经济、医疗等方面的满意度。社会健康可以用老年人人际关系状况及社会参与度来测量。

另外，虚弱指数也是反映老年人综合健康的指标。老年医学研究认为，"虚弱"（faint）是老年人口健康的重要特征，被列为2004年老龄化研究的十大热点问题之一。Rockwood 等人在20世纪90年代将老年人的虚弱状况分为健康、轻度虚弱、中度虚弱和虚弱四类，之后，进一步细分为非常健康、健康、健康良好、表面虚弱、轻度虚弱、中度虚弱和严重虚弱七类，计算公式为：

$$虚弱指数(\text{Faint Index}, \text{FI}) = \frac{健康指标中取值为不健康的指标个数}{老年人健康指标的个数}$$

针对老年人虚弱的测量，曾宪新等（2011）把整体健康分为躯体健康和精神健康两个维度，构造了健康综合指标。

三、卫生经济学对健康的测量

卫生经济领域关于健康的研究往往倾向于选择多维度的健康指标，分别从生理与心理角度反映个体健康状况，如刘宏、高松、王俊等学者（2011）利用主观自评健康、客观他评健康和主观幸福度三类指标来表示个人的健康水平，这样的设计能更全面地进行个体健康评价。

第二节 代际经济支持的现状及其主观福利效应

代际经济支持普遍存在于世界各地，只不过西方国家的代际经济流动属于"接力"式：更多的是由父母流向子女，在中国更多的是"反馈"式：先是父母抚养子女，然后是子女赡养父母。对美国消费者1983～1985年的财务状况调查显示，3.6%的父母获得子女的经济支持，84.2%的子女得到父母的经济支持。而对于发展中国家或地区来说，代际经济支持对老年人家庭收入和支出都是极其重要的，如肯尼亚25%以上的代际经济支持是子女提供给父母的；中国台湾75%的受访者在上年向父母提供了经济支持，而仅仅18%的受访者从父母那里得到了经济支持。Lennartsson（2011）提出，社会转型、家庭结构变迁以及医疗保障的推广，导致代际转移发生了极大改变：老年人为成年子女提供越来越多的代际支持，代际支持的主要方式是金钱的支持，支持的方向是父母给子女。

一、代际支持对老年人生理健康的影响

大量研究表明，代际支持与老年人死亡率高度相关。王萍（2012）利用安徽巢湖地区跟踪调查数据，采用个体增长模型发现，无论是获得还是提供代际支持，都会对老年人生理健康产生显著影响，而且代际支持通过影响老年人生活满意度和抑郁程度，最终影响老年人生理健康，体现了代际支持对健康的选择效应和用进废退理论，其中的原因在于，获得代际支持会加速老年人日常活动能力（ADL）的衰退速度，而提供代际支持则可以减缓其 ADL 的衰退速度。但是，对面临各种与老龄化有关的功能和健康挑战的老年人来说，情感支持可能更重要。宋璐（2006）利用安徽省老年人生活福利状况跟踪调查数据，发现对子女提供代际支持虽然有利于老年男性健康，但却不利于老年女性健康；子女提供生活照料的增加反而不利于老年人健康，而对子女生活进行照料和情感交流，则有利于老年女性健康。

二、代际支持对老年人心理健康的影响

Cong 和 Silverstein（2008）研究指出，中国老年人的心理健康与代际支持高度相关，原因在于，子女在提供照料过程中与父母的沟通，有助于缓解患病老年人的心理紧张，可以给老年人带来良好的精神状态，而且情感支持比日常照料和经济支持更能促进老年人的心理健康。另外，来自子女之外的其他亲人的情感支持也有利于老年人心理健康。

在当前人口流动日益常态化的背景下，"时间—金钱"互惠模式的代际交换不但有利家庭经济状况的改善，而且也有利于留守老人的心理健康。在中国农村，儿子外出打工，儿媳妇照顾老年人，体现了"男主外，女主内"传统，能够减轻老年人的抑

郁程度。相反的例子是，20世纪80年代以来，由于湖北京山地区年轻人大量外出务工，使得留守老年人缺乏养老保障，导致农村老年人的自杀率较以前有很大提高。当经济支持不足时，适度的情感支持能够起到替代作用，不过，此时的情感支持必须符合老年人预期，才能促进老年人的心理健康，否则可能会伤害老年人自尊。类似地，日常照料和经济支持过多，可能会增加老年人依赖感，感觉生活失去控制，会对老年人健康产生消极影响。李兵水等（2013）基于实地调查数据，利用Probit回归模型发现，代际支持的双方关系越好，越有利于老年人心理健康。

中国目前老年人独居的可能性大于以往任何时期，离婚、丧偶导致的独居对老年人认知功能的损害很大，而双向的经济支持和情感支持能够减缓认知功能衰退速度。但是，老年人从成年子女处获得日常照料却加速其认知功能的衰退速度。截面数据研究也表明，代际间的双向经济支持有利于农村老年人的认知功能。国外研究还表明，子女提供的代际支持可能导致老年人心理抑郁，而抑郁又是损害认知功能的危险因素。

三、代际支持对老年人生活满意度的影响

生活满意度是个体针对自身生活质量的一种主观评价，经常用来衡量老年人生活质量和社会发展水平。王萍（2011）发现，子女提供的经济支持、双向日常照料及情感交流能提升老年人的生活满意度；而且子女提供的经济支持对日常照料具有替代作用，而日常照料的不足降低了农村老年人生活质量，经济支持能够极大地提升农村老年人的幸福感（贺志峰，2011）。Elza Maria（2007）认为结构化的代际支持通过丰富社会资本，进而有利于双方的健康和生活满意度。左冬梅（2012）将代际经济交换的生理年龄效应、队列的历史效应和家庭生命周期效应加以分解，

发现老年人的经济福利有所提升。

以 2010 年对河南省叶县农村的养老调查数据为基础，高歌（2011）对农村老年人的生活满意度进行了分析，发现 50% 以上的老年人不满目前的生活状况，生病时子女的照料情况能显著影响老年人的生活满意度。郭志刚（2007）也发现，核心家人提供的生病期间的照顾和情感慰藉最令老年人满意。Cong 和 Silverstein（2008）指出，在中国农村照看留守孙子女的老年人往往会获得子女更多的经济支持，加强了代际情感交流，促进了老年人心理健康，进而能够提升其生活满意度。更重要的是，代际间的转移是家庭稳定的重要因素，比如，Ling Xu 和 Iris Chil（2011）就发现，中国农村老年人如果认为孙子女孝顺或家庭和睦，则会对生活产生满意感。

另一方面，有证据表明老年人与子女的相互交流有利有弊，从而对老年人健康及幸福感产生积极或消极的影响。Cong 和 Silverstein（2008）发现，老年人提供给子女的经济支持能够增强老年人的自我效能感和心理平衡感；给子女提供日常照料能够提升老年人的权威感和互惠能力，能给照料者本人带来愉悦以及感受到自身的价值，有助于他们的心理健康；无力为子女提供支持，无形中削弱了老年人的生活满意度。利他动机理论认为，提供支持是为了接受者的福利得到改善，这无意间也给父母带来了福利。但对中国的研究发现，老年人给予子女较多的日常照料会恶化他们的健康状况，从而降低他们的生活满意度，因为家庭照料约束了照料者的生活范围，他们的日常活动围绕着家庭进行、处理所负担的照料责任，容易产生孤独、孤立、厌烦和挫败感。在家庭关系方面，Morris（2011）研究揭示，家庭关系以及相互依存的关系与老年人生活满意度正相关。郭志刚（2007）研究发现，经济是否拮据能显著影响老年人生活满意度，而老年人并不关注经济供养的来源；与核心家庭成员同住的老年人生活满意度较高，而独居会严重降低老年人的生活满意度；生病时有人照顾，尤其是核心家庭成员照顾，更能提高老年人生活满意度；配偶在非经济方面的影响一直很重要。是否有子女会影响老年人生活满意度，但这种影响基本不存在子女性别差异。

四、代际支持对老年人自评健康的影响

韦玮（2007）发现，与子女同住的老年人自评健康较好。Li 等（2009）研究发现，与其他居住模式相比，夫妻同住的高龄老人自评健康最好，其次就是与子女同住。Liu 等（1995）基于武汉的调查数据发现，老年人与子女间双向的情感支持与老年人的健康自评状况有正向关系，虽然其检验结果无统计上的意义。向同住的配偶、子女提供支持能减少孤独感，提高自评健康水平，向子女提供或得到支持能提高自评健康的稳定性，但过度的支持反而不利于健康。

第三节　控制变量对老年人主观福利的影响

代际支持只是影响老年人主观福利的因素之一，研究者还需将其他主观福利影响因素作为控制变量加入模型之中。近年来，人们更多地关注社会经济等非医学因素对主观福利的影响。有数据显示，在主观福利影响因素中，遗传因素占15%，自然环境因素占7%，生活方式和行为因素占60%，医疗因素占8%。

一、社会经济地位对主观福利的影响

社会经济地位主要通过受教育程度、职业地位和收入水平三个方面进行衡量。影响健康的社会经济因素包括出生、成长、生活、工作等社会因素和收入、消费等经济因素，也包括卫生系统。这些因素受权力、金钱和资源分配状况制约以及政策选择的影响。社会经济因素是造成健康不公平现象的主要因素，导致地区间甚至个体间的健康差异，而这些差异或许是可以避免的。利用英国两年的家庭调查（GHS）数据，在消除健康选择效应及完善收入的计量方法之后，Benzeval 等（2001）发现，健康与收入间的非线性关系减弱，但并未消失；进一步加入民族、性别、年龄、受教育程度、职业、家庭财产、父母社会经济地位等变量后，收入与健康的关系仍然显著。Kristine 和 Ajrouch（2007）研究认为，较低的受教育水平往往意味着较低的自评健康、更多的慢性病和较差的功能性健康。收入能通过影响老年人对信息技术的投入而产生健康效应，比如，Torp 等（2008）的研究发现，信息和通信技术能够促进照顾配偶的老年人的健康。控制内生性问题之后，跨国研究也证实了绝对收入能够影响健康，比如 Pritchett 和 Summers（1996）以婴儿死亡率和期望寿命来反映一个国家居民的健康水平，利用跨国截面数据对低收入家庭进行研究，发现健康状况随收入增长而明显上升，而且，OLS 和工具变量回归均证明，这种正向关系不是单纯的相关性，而是呈因果性和结构性的。经济状况对老年人的物质生活、精神生活、健康状况及心理状态等都有着重要的影响，而经济状况一般是通过个人收入能否满足个人需要来衡量。

收入差距导致健康差异的机制有以下几种：首先，收入差距影响医疗公共投资和支出。收入差距会导致居民医疗消费出现分化，富人可能会感觉本地公共服务并不能满足其需求转而到其他地方寻求医疗服务，使本地公共品的价值被低估、相应的公共支出缩减（Deaton，2003）。同时，贫富差异阻碍了相关公共政策的实施（Kawachi，1999），比如，医疗设施投入不足，最终影响个体健康状况。其次，贫富悬殊会通过社会资本的差异影响人们的健康（Wilkinson，1996）。当然，收入差距的健康效应依赖于个人的经济水平：低收入人群会缺失医疗卫生与教育方面的个人投入。最后，贫富悬殊会使低收入人群产生挫败感及压力，导致情绪低落或不良的行为习惯（如吸烟或饮酒），而吸烟与过量饮酒不利于老年人健康与长寿（Schoenbaum，1995）。不过，也有研究认为，老年人经常性适度饮用葡萄酒等非烈性酒反而能改善健康与延长寿命。日常饮食中，如果经常食用蔬菜、水果、豆制品、鱼类则有利于老龄健康。但 Judge（1995）却认为，贫富差距在一定程度上有助于提高人们的健康。第一，富裕群体的存在会促使医疗机构引进先进的医疗技术，搭便车和外部效应有利于人们健康水平的普遍提高。第二，收入差距扩大有可能使政府税收增加，增强政府公共支出能力，改善地区医疗保健等公共服务水平，促进人们健康水平的提高。

二、居住模式对主观福利的影响

居住模式、婚姻状况、家庭结构、日常护理等因素都会对老龄健康产生非常重要的影响，Grossman（1972）认为，在健康生产模型中，收入、教育、营养摄入和环境条件等可能是更重要的变量，尤其在夫妻同住的居住模式下，夫妻双方的相互照顾能对老年人的健康产生积极影响。Hellstrom 和 Hallberg（2001）发现，家庭成员提供了 84.1% 的家庭帮助，其中家务劳动和居家护理占 53.1%。基于 2002 年、2005 年、2008~2009 年的中国健康长寿追踪调查（CLHLS）数据，加入相关的控制变量之后，Zeng 等（2012）发现，对中国老年人来说，有女儿比有儿子更容易改善老年人健康状况，原因在于女儿更注重孝道，老年人与女儿的关系更融洽,女儿提供的照料更容易让老年人感到满意,有利于保持较好的认知能力及较低的死亡率,这种优势在高龄老年人(80岁以上)当中更加明显。但经济学家们逐渐发现,不是婚姻而是与婚姻相联系的日常照料、情感慰藉等其他要素影响了老年健康,因此,经济学家逐渐将目光转向了由日常照料、情感慰藉等要素所构成的养老模式。利用中国高龄老年人(80岁以上)健康长寿调查数据,Gu等(2007)发现,居住养老院的高龄老年人的死亡率较其他高龄老年人高35%。根据同样的数据样本,Chen和Short(2008)发现,与女儿同住的高龄老年人往往拥有最好的精神状况,而独居高龄老人则精神状况最差。刘宏等(2011)将老年人生活的不同经济来源与不同居住模式结合起来,作为养老模式替代变量,研究养老模式的健康效应,发现养老模式显著地影响了老年人健康,也就是晚年生活的经济来源和居住模式会共同或单独影响老年人健康及生活满意度,其中,有独立经济来源且独立居住的老年人夫妻最为健康和幸福,而依靠他人提供经济来源且独居的老年人往往健康状况与幸福感最差。

三、医疗保障对主观福利的影响

学者们长期关注医疗保障的主观福利效应,例如,Pagán等(2007)认为,墨西哥的医疗保险严重影响了该国居民对预防保健服务的利用,如老年人慢性病发病率与医疗保险覆盖不足有很强的相关性;黄枫、甘犁(2010)认为,享受医疗保险的老年人比无医疗保险的老年人预期寿命要长。Cheng(2012)研究发现,参加新农合之后,农民只需负担总医疗费用的一小部分,医疗负担极大减轻,一定程度上解决了"看病贵"难题,使农民有了更多途径利用医疗服务,而且也提高了农民利用医疗服务的可能性,最终使得广大农民的健康状况因为新农合而得到改善。

因此，农民是新农合的最大受益者，对于经济来源有限的农村老年人更是受益匪浅。

四、社会资本对主观福利的影响

Putnam（2000）指出，主观福利是与社会资本关系最紧密的领域。薛新东、刘国恩（2012）利用2008年中国健康与养老追踪调查（CHARLS）数据，实证分析了社会资本与健康状况之间的关系，发现社会资本对健康状况有显著影响。有研究认为健康水平与个人社会资本而不是社区社会资本相关，但鲍常勇（2009）的研究发现，社区社会资本与人口健康之间存在正相关关系。利用美国有关数据，在控制个人水平社会资本变量后，采用多变量分析的方法，Browning C.（2002）等分析了社区社会资本对人群健康的影响，发现社会资本高的社区中，人群健康状况明显要好。Franzini L.（2003）的研究发现，虽然个人社会资本对美国得克萨斯州心脏病人的存活年数起决定性作用，但社区社会资本也是一个很重要的解释因素。Lindstr M.（2004）在分析了瑞典有关数据后发现，社区社会资本与人群的自评健康水平显著相关。但Veenstra G.（2005）在利用多变量分析方法研究了英国有关人口健康的数据后却认为，社区变量与人群健康水平并没有显著的相关关系。在研究了美国几个社区的人口健康数据后，Subramanian（2002）发现，个人社会资本、社区社会资本与自评健康间存在多层次交互作用机制，比如，同样在信任度较高的社区，信任程度高的个体获得的自评健康得分也较高，信任程度低的个体获得的自评健康评分也较低，说明社会资本只是有助于那些信任程度高个体的自评健康。利用英国健康与生命周期调查数据，Mohan J.（2005）用多变量分析的方法研究了社区社会资本与健康的关系，结果也不支持社区社会资本影响人群存活水平的观点。

五、社区环境对主观福利的影响

生活环境质量对老年人主观福利的影响程度可能超过经济收入。有研究表明,空气污染使老年人患病率与死亡率显著上升。生活在安全感差、交通拥挤、噪声大等环境较差城市的老年人健康状况明显不如经济条件差但自然环境好的老年人。可见,老年人对环境质量更为敏感。人口快速老龄化以及生态环境的恶化对老龄健康会有显著的负面影响。对于老年人的脆弱性及其对环境的敏感性,实际工作中应分析老年人的健康状况与社区环境的相关关系,识别对健康危害最大的环境因素,并采取适宜的弥补措施。

Zeng 等（2010）认为,社区社会经济环境、自然环境与空气质量都会影响老年人的健康,并使用来自中国健康长寿追踪调查（CLHLS）的1.5万名老年人及其所居住社区数据,控制了个体水平的因素,采用 HLM－Logistic 回归模型分析发现,社区的适龄劳动参与率、居民文化程度以及经济发展水平都显著地影响老年人的生理、心理及整体健康状况与死亡率。

第四节 代际经济支持影响因素

对西方家庭代际支持的研究发现,老年人的社会地位、经济状况、教育程度等特征都会影响代际支持,健康状况不佳的老年人不但身心备受折磨,还需要子女提供更多的代际支持。农村子女与老年父母间的代际支持随着父母年龄的增长有所下降。虽然女性的平均寿命高于男性,但女性的健康期望寿命低于男性,有更长的时间需要获得帮助,而且,女性扮演的社会角色异于男性，表现得更为敏感，需要得到更多的情感支持。

一、老年人健康状况对代际支持的影响

老年人健康状况会影响代际支持的获取，获取代际支持的增加说明老年人健康状况恶化，获得日常照料的老年人大多健康条件较差，但情感支持与老年人的健康状况负相关，也就是老年人健康状况较差时，子女更可能提供经济支持和日常照料，而非情感支持，是"久病床前无孝子"的生动写照。

二、代际支持动机对代际支持的影响

到目前为止，美国关于代际经济支持动机的研究处于领先地位，其研究结论主要分成两种，分别是利他动机和交换动机，这也是社会上最主要的两种动机。而在日本，代际支持的利他动机并不明显，中国台湾地区的代际支持则是利他动机和交换动机并存。对于中国大陆家庭的代际支持研究发现，在很多情况下，子女的经济状况与其对父母的经济支持水平表现出同向变动：社会经济状况越好的子女，越可能向父母提供更多的经济支持，所以，交换动机和利他动机两者之间难以分辨。农村子女是否为父母提供经济支持并不影响父母对孙子女的照看，体现了家庭支持的利他动机。胡宏伟（2012）认为，社会保障特别是医疗保障释放了老年人的医疗卫生服务需求，增加了相应支出，提高了子女经济供养的水平，因此，体现了利他动机。

Secondi（1997）的实证研究发现，利他动机和交换动机同时存在于中国农村家庭的经济支持当中，Lee, Y. 和 Xiao, Z.（1998）认为，利他动机更能解释中国家庭的代际支持行为。刘爱玉、杨善华（2000）认为，中国家庭的代际支持与父母的需要高度相关，西方学者的三种理论（利他理论、交换理论和权

力理论）缺乏对中国问题的解释力，因为中国农村向上的经济转移是由于老年人的收入低、健康差，支持利他模型。范成杰（2013）研究发现，向下的、单向失衡的代际支持取代了向上的、双向平衡的代际支持，是江汉平原农村家庭养老面临困境的症结所在，子代的养老行为日趋理性化。上述文献表明，中国家庭的代际经济支持主要出于利他动机和交换动机。

三、子女个体特征对代际支持提供的影响

王树进（2009）实证分析发现，子女的性别、职业、家庭平均税后收入与开支、房价及其兄弟姐妹个数都会影响其对父母的经济支持。在中国传统的父系家庭体系下，子女的数量和性别，在家庭养老中均具有重要的影响，老年人获得日常照料的可能性随子女数量的增加而下降，其获得经济支持的可能性则随之增加。但谢桂华（2009）使用2006年全国社会综合调查的抽样数据发现，子女给予父母各方面照料的频繁程度不受兄弟姐妹数量的影响，独生子女并不比非独生子女更频繁地照顾父母。兄弟姐妹间的养老行为存在示范作用，兄弟姐妹分担程度越高，子女个体越有可能提高对老年父母的支持。子女质量的作用已经开始凸显，父母投资有效地提高了子女为父母提供赡养的概率，这可以视为子女质量对数量的替代效应。

中国农村的社会现实中，性别在决定子女是否为父母提供支持中起着关键作用。在家庭中，往往是儿子而不是女儿为父母提供根本性的老年支持，老年父母多与已婚儿子同住，儿子比女儿负担更多的养老责任，他们为父母提供的经济支持和日常照料的数量明显高于女儿。而女儿更多地为父母提供情感沟通和日常照料等辅助性的老年支持。周律（2012）基于利他和交换动机假说，发现子女的孩子对代际转移动机有显著的影响，但子女性别

的影响并不显著,建议政府应考虑农村地区子女的孩子对代际经济支持的影响,从而提高公共资源的效用。

四、劳动力流动对代际支持的影响

学术界关于子女的外出到底如何影响他们的经济赡养行为尚无定论。聂焱(2011)认为,社会结构的变动改变了代际交换的条件,提高了赡养成本,打破了代际交换的平衡:劳动力外流使得空间距离增加、相对经济状况下降,而且,由于外出子女的经济供养能力普遍偏低,子女赡养意愿由自律转化为他律、赡养能力相对降低。叶敬忠、贺聪志(2009)对蒙古国、泰国、中国内地和中国香港的流动人口研究也发现,子女外出会恶化老年人的经济状况。但是,也有学者提出了不同的观点,他们认为,外出子女通常会考虑到自身对老年父母照料不足,而增加对老年父母的经济支持进行补偿,相当于"金钱换时间"。比如 John Knodel(2007)对墨西哥和泰国的研究表明:一旦子女外出后收入增加,往往会增强对老年父母的经济赡养。不难发现,子女外出对经济赡养行为的影响与其所处的社会环境有关,存在地区差异。

经济发达地区子女与老年人情感疏远程度较高,居住距离也较远,老年人的社会地位也较低,得到子女帮助的机会较少。比如在美国乡村,居民对赡养父母的责任感较城市地区更为强烈。陈彩霞(2000)认为,人口流动不会影响家庭养老,原因在于日常照料由成年妇女提供,而成年妇女外出的可能性较低;虽然成年男性会外出,但其提供的主要是经济支持,而外出打工反而会增强支持能力。张文娟(2012)提出,在流动人口的经济状况获得改善的同时,他们与父母之间仍旧延续了传统的代际互惠和交换模式,调节了子女之间养老分工,但保留了资源分配优化的群体合作分工方式。

研究还发现，代际居住距离会影响各项代际交流的进行，但是对三类代际支持的影响存在差异：老年人的居住模式和居住距离对其获取经济支持的影响不大，但会影响日常照料和情感慰藉的获取。

五、社会保障对代际支持的影响

社会保障对子女经济供养老年人的影响一直是学术界关注的热点问题。有学者认为，社会保障政策对代际经济支持有挤出效应，也有学者认为利他动机下，养老金会"挤出"代际经济支持，而交换动机下，养老金会"挤入"代际经济支持。交换动机下，老年人为子女提供的经济支持越多，得到子女的回报也就越多，而社会保障可以增加老年人拥有的资源、增强老年人为子女提供经济支持的能力，使得代际间的经济交换能力差距变小，出现"挤入"效应：老年人获得社会保障越多，子女对其提供的支持也就越多。Anette（2006）认为，家庭成员之间具有利他主义情感，老年人的效用取决于自身的消费和子女的效用，每个成员会根据父母或子女的收入来决定自身的消费，以实现效用最大化。老年人一旦拥有养老金，子女就会减少经济支持以保持自身的消费，以将父母的消费维持在养老金计划运行前的水平，而没有养老金的家庭获取个人支持的可能性要高出20%，也就是"挤出"的比例低于100%。在南非，养老金增加对代际经济支持的替代率为30%。不过，也有学者认为完善的社会保障系统有利于构建和谐的代际关系，不会"挤出"经济支持。唐利平（2010）通过对江苏和四川两省810户农村居民入户问卷调查数据分析，也发现农村养老保险影响子女养老意愿。

城市老年人随着社会保障制度的建立和完善，其生活来源已发生变化，很多人以退休金、养老金等作为最主要的经济来源，对代际经济支持具有"挤出效应"。杜鹏、吴超（2006）根据2004年全国人口变动抽样调查数据分析发现，老年人的生活经济来源主要来自子女或其他亲属，但紧随其后的就是离退休金，60%的城市老年人以退休金为主要生活来源。Attias – Donfut（1995），Kohli（1999）研究认为，养老金已经改变了代际经济支持的方向。

六、代际支持影响老年人健康的机制

20世纪60年代，精神病领域的学者在研究生活压力对健康的影响时，提出了社会支持（social support）的概念，认为社会支持对健康的影响模型主要有四种：（1）主效应模型。丁宇等（2005）认为，社会支持的增益作用具有普遍性，完善的社会支持系统有益于身心健康，而与个体是否面临压力无关。而且社会支持可以独立于应激状况而发挥作用，只要社会支持能让个体保持良好的心绪就能增进其健康。（2）缓冲效应模型。宫宇轩（1994）认为，社会支持的健康效应是有限的，只是在人们面临较大压力时可以减轻甚至免除压力对健康造成的不利影响，能弱化压力与患病之间的联系。（3）动态效应模型。Mutran S. 和 Steiner S.（1986）认为，社会支持和压力是互动的，这种关系还会随时间的推移而变化，并影响健康。（4）逆向缓冲作用模型。施建锋（2003）认为，对于已经处于压力状态下的个体而言，社会支持可能使得个体压力感更强，应对压力的办法更少。

另外，健康经济学研究者近来坚持认为，在理解社会地位、行为模式的健康效应时，中间变量的中介作用不容小觑。例如，在流行病学和健康研究中，一致认为社会经济地位对健康的影响既存在直接作用，也存在间接作用，而间接作用的发挥正是通过中介变量实现的。再如，王曲、刘民权（2005）认为，学术界关于收入是否具有健康效应并未取得一致意见：不少学者认为并非收入而是中间变量影响了健康，该中间变量与收入和健康均具有相关性，收入仅仅是该中间变量的一个标志，其中，一个最突出的中间变量就是个体的受教育水平。验证方法就是在收入与健康的回归模型中随后加入教育水平变量，收入的健康效应系数的统计显著性降低甚至消失。例如，将医疗与教育作为控制变量加入模型后，Auster 等（1969）发现，收入越高，死亡率也越高。Newhouse（1980）也发现，教育的健康效应要超过收入的健康效应。不过，众多研究也发现，即使控制了教育因素后，收入的健康效应依然存在。Sorlie 等（1995）研究了收入水平、受教育年限、职业、就业状况、物质状况、种族和家庭规模等因素对美国 25 岁及以上年龄群体死亡率的影响，发现 65 岁以下居民的死亡率与收入负相关。将年龄和种族作为控制变量后，年收入在 5 万美元以上家庭和年收入在 0.5 万美元家庭的 25~64 岁男性死亡率相差 70%（后者高于前者）。进一步控制了包括教育在内的其他变量后，这一比例从 70% 降低到 30%。

第五节　研究方法综述

一、反向因果关系导致的内生性问题

陈云松、范晓光（2010）指出，近几十年，虽然定量分析方法日臻完善，但实证研究仍然局限于数据质量、研究设计和模型设置，尚处于对实证结果的描述阶段，对于因果判断仍然做得不够。谢宇、TedMouw、Christopher Winship、Michael Soble、Stephen Morgan 等学者强调，实证分析应当注意因果关系，关注回归分析中的模型设置问题；陈云松在一篇文献中提到，Aage Sorensen、Raymond Boudon、Jon Elster、Peter Hedston 等学者侧重强调要把厘清社会机制、社会过程和统计推断结合起来。这些学者从不同的侧重点强调了解释性机制或者因果推断的重要性。从理论研究的政策意义角度来看，唯有进行因果分析才能预测事件是否会发生，并提出有针对性的干预手段，从而为制定对策、改良社会提供依据（王天夫，2006）。

雷晓燕（2010）在研究退休是否影响老年人健康时，认为健康状况本身就是决定是否退休的重要变量，存在反向因果带来的偏误；同时，在模型设置过程中，某些不便观测的变量（如个人偏好、身体素质等）会同时影响健康和退休，如果不能将这些变量加入模型，则会产生遗漏变量误差。之所以会出现同一问题的实证研究得出不同结论的现象，其最主要原因就是实证方法的问题，然后就是不同研究所用的数据不同以及进行研究的年代不同。20世纪80年代后期开始，Kerkhofs（1999）和 Dave（2006）等很多学者试图利用面板数据来解决内生性问题，但效果并不理想，因为面板数据法对于处理反向因果误差和随时间变化的遗漏变量误差效果并不理想，而实际上这两种误差可能相当严重。不过，较普通最小二乘法（OLS）而言，面板数据法倒是可以消除不随时间变化的遗漏变量误差。近年来，有一些文献用工具变量（Instrument Variables，IV）以及断点回归（Regression Discontinuity，RD，即有效利用现实约束条件进行因果关系研究的实证方法）的办法较好地解决了内生性问题。

王小龙、兰永生（2011）在研究劳动力转移对留守老年人健康影响时，采用两阶段最小二乘法（2SLS）消除内生性影响。他们选择"外出打工人数占社区总人口比重"作为工具变量，其理由是，该工具变量不受个体家庭留守老年人健康的影响，而且"家庭劳动转移规模"与"外出打工人数占社区总人口比重"高度相关。Ettner（1996）通过 IV 法证实了收入的健康效应，利用的是美国 1987 年截面数据，同样采用 2SLS 工具变量法，发现收入具有显著的健康效应。薛新东、刘国恩（2012）为克服社会资本内生性所带来的估计偏差，选取个人所在社区"是否有通车的马路"和"个人到最常去公交车站的距离"作为工具变量，并利用有限信息最大似然法（LIML）进行两阶段最小二乘估计，以此来识别社会资本与健康之间的因果关系。再如，国内外学者都认为"空巢"与老年人健康状况密切相关，但究竟是正相关还是负相关仍存在分歧：有学者认为"空巢老人"大多健康状况不佳，但也有学者认为"空巢"对老年人健康具有保护性效应。这一研究的难点在于如何克服内生性问题，已有研究基本是讨论"空巢"与老年人健康的相关关系，而非因果关系。

为避免内生性的不利影响，研究者一般利用跟踪调查数据，将基期健康状况作为控制变量，分析自变量对报告期健康的影响。如刘宏、高松、王俊等学者（2011）就是充分控制个体的初始特征，利用两期微观个体数据，从时间上确定关键变量的因果关系，减少养老模式与健康之间的内生性影响。不过，假如老年人基期时已经预计到报告期健康状况将出现恶化而提前与子女合住，那么这种方法就无法完全消除反向因果关系的不利影响，内生性问题仍未得到很好的解决。此种情况下，使用工具变量方法或许能更好地识别因果关系。

封进、余央央（2007）等学者也认为，用滞后期的收入差距解释收入与健康之间的因果关系更有说服力，而且，用滞后期的收入差距作为自变量可以解决收入差距健康效应存在的时滞性问题。诸如 Anand 和 Barnighausen（2004）、Ruststein（2000）等众多学者利用滞后期数据揭示了医疗服务供给和公共卫生支出具有积极的健康效应。Blakely 等（2000）以美国收入差距（基尼系数）作为自变量，发现自变量滞后期不同，其健康效应不同：滞后期与健康效应正相关，这一特点在 45 岁以上人群体现得更为明显。利用同样的数据，Subramanian 和 Kawachi（2004）也发现，滞后 15 年的基尼系数能显著影响受访者报告期健康。究其原因，在于收入差距影响医疗公共支出和公共品的提供需要一个过程，同样，收入影响人们的心理和行为也需要一定的时间。遗憾的是，大部分检验收入差距健康效应的文献都采用当期的收入差距作为自变量，这一做法的合理解释是发达国家收入分布相对稳定，不同时期的收入差距基本接近。不过更合理的解释应该是滞后期的收入差距与报告期健康状况之间存在因果关系。

选择外生性变量和滞后期数据及工具变量法都是控制健康选择效应的有效方法，Case（2001）研究养老金对南非养老金领取者本人及其他家庭成员健康的影响就采用了外生性变量的方法。该研究选择养老金作为收入变量，发现养老金能保护贫困家庭的家庭成员健康，其健康路径就是养老金可以改善家庭成员的营养状况和缓解家庭成年成员的压力。为了识别健康与社会经济地位（SES）的因果效应，另一个替代性的识别策略是考察未预期到的健康变化对 SES 的影响。

二、生态学谬误问题

由于受到时间、资金等资源的局限，研究者大多采用分步骤、多层次的方法进行大规模人口问题的样本收集，使数据往往具有多层次结构特点。比如，老年人寓于家庭中，家庭寓于社区/村庄中，这就构成了三个层次、具有嵌套结构的数据/巢数据

(nested data)。现有研究往往把来源于不同社区/村庄/家庭的高层次数据与个体（低层次）数据进行合并，应用基于个体水平的模型进行分析，导致很多原本由分组带来的差异被解释为个体的差异，结果会存在如下的问题：（1）所有未被拟合入模型的背景信息最终都被包含在模型的个体层次误差项中（Duncan, Jones, Moon, 1998），而由于相同背景下的个体误差必然相关，这就违反了多元回归的基本假设；（2）忽略背景因素则意味着各回归系数同等作用于一切情境，这就反映了"在不同背景条件下，事物的发生机制本质相同"的错误观点。如此便产生了所谓的生态学谬误（ecological fallacy），该谬误具有"以全概偏"的特征，原因在于同一层次的样本量具有相似性，样本之间不完全独立，其提供的信息量较低（Duncan 等，1998）。Douglas A. Luke（2011）认为，在集体层面搜集和分析健康数据是一种非常常见的现象，比如，Carroll（1975）发现，日常食谱中脂肪含量较高的国家，其居民患乳腺癌致死的比例也较高，一般会因此得出看似合理的结论：摄入更多脂肪的女性更容易患乳腺癌，但 Holmes 等（1999）的健康研究表明，个体脂肪摄入量与乳腺癌之间的关系并不明显。Carroll 的推论犯了生态学谬误，即群体间的关系被假设同样存在于个体。Douglas A. Luke（2011）认为，这类问题的解决更可取的方法是使用多层次的测量和分析工具。如王萍等采用三期跟踪调查巢结构（Nested-structure）的纵向数据（Longitudinal Data），采用分层线性模型（Hierarchical Linear Models, HLM）中的个体增长模型（Individual Growth Model, IGM）考察了代际支持对老年人认知功能发展趋势的动态影响。与之相反的情况是，由于外部因素的不可控，如果仅仅依赖所搜集的个体信息来进一步获得个体所从属的群体信息，很可能会产生"原子谬误"（Hox, 2002），也就是"以偏概全"的错误。

更为重要的是,数据的聚类性质和嵌套结构使统计学上四个最基本假定(即线性、正态、方差齐性和独立性)中的方差齐性和独立性假设很难满足,使模型的分析结果可能会低估标准误,而高估自变量对因变量的影响。

特别地,研究健康问题更要考虑高层次数据,如环境对健康的影响:社会环境的紧张可能会影响被研究个体的情绪;药物能否对患者的心理状态产生效果与患者所处社会结构有关;儿童的健康与儿童的饮食习惯、儿童所处地区环境污染状况、环境刺激、儿童与父母的关系等都有关系。由此可见,健康所处理的是非常复杂的开放体系中的问题,无法控制、限定或消除其中的外部环境因素,从而使得能够测量和分析环境因素的多层次模型就显得极其重要。如余慧等(2008)在控制个体基本特征之后,采用多层线性模型发现,集体性社会资本独立于个体性社会资本对心理健康产生影响,而且集体性社会资本是解释邻里间心理健康水平差异的关键。

美国国立卫生研究院2000年发布了《走向多层次分析:健康研究中社会和文化维度的进步与前景》(行为及社会科学研究办公室,2000)的报告,该报告的研究目标有两个:一是扩展与健康相关的社会科学研究;二是将社会科学研究整合进跨学科的、多层次的健康研究中。为实现上述两个目标,该报告建议进行群体、网络、邻里和社区层次的数据测量。该报告以烟草控制对健康的影响为例,对多层次模型进行分析,见表2-1。

表2-1 健康研究的不同层次:烟草控制对健康的影响

分析层次	烟草控制对健康的影响
文化/政治	测量烟草税对人口吸烟比例的影响
社会/环境	测量家庭与同辈影响在青少年吸烟行为中的相对重要性

续表

分析层次	烟草控制对健康的影响
行为/心理	设计有效的吸烟预防与禁止项目
器官	防止吸烟者体内肿瘤的形成
细胞	尼古丁摄入对新陈代谢影响的研究
分子/基因	尼古丁依赖的基因研究

注：William D. Berry 著，吴晓刚主编．因果关系模型．格致出版社，上海人民出版社．2011。

2003年，美国国家科学院医学研究所关于公众健康的报告，清楚地反映了多层次因素的相互依赖性和层级化特征，展现了健康决定因素的社会生态模型，该报告强调，公共健康专家以及研究者必须理解和应用社会生态学路径，分析健康的影响因素。表2-2列出了健康和社会科学研究中曾经用到的多层次模型。

表2-2　健康和社会科学研究中的多层次模型与结构

模型	多层次结构	示例
物理	个体存在于物理环境：生物环境、生态环境、物理构建环境	Diez-Roux（2001）；Perkins（1993）
社会	个体存在于社会结构之中：家庭、同辈以及其他社会网络	Buka（2003）；Rice（1998）
组织	个体和小群体存在于特定的组织之中	Maes（2003）；Villemez（1998）
文化	个体或群体存在于特定的社会文化历史环境中	Lochner（2001）；Luke（2004）
时间	对某一个体在不同时点的多次观察	Boyle & Willms（2001）
分析	个体研究中的多元效应测量	Goldstein et al.（2000）

注：William.D.Berry 著，吴晓刚主编．因果关系模型．格致出版社，上海人民出版社．2011。

三、卫生经济学老龄健康研究常用方法

王俊、龚强、王威（2012）对经济学者们研究老龄健康时常用的研究方法进行了总结（见表2-3）。可以看出，研究者较常使用的方法是，首先进行微观计量，其次进行变量相关性分析，最后进行检验。此外，建立模型、随机实验、模拟实验，也是研究老龄健康时经常采用的方法。当然，这些方法往往被综合地加以运用。

表2-3　卫生经济学研究"老龄健康问题"的主要方法及重要文献

研究方法	相关文献
1. 微观计量：问卷调查搜集资料，对采集到的数据进行描述统计，简化形式回归模型，多元线性回归分析，非线性回归，分层回归等	Chaudhuri（2009）；Kang et al. Jin & Christakis（2009）；Pagan et al.（2007）；Bath et al.（2000）；Knapp et al.（1996）；Michaud & Hallberg（2001）；Tran & Khaututsky（2000）；Rock et al.（1996）；Bittner & Kirt（1995）；Balston（1993）；Ranhoff & Laake（1995）.
2. 理论模拟：建立模型，推理分析，逻辑分析	Stoian & Fishback（2010）；Orsini（2010）；Bonsang（2009）；Yang & Zhou（2009）；Arafia et al.（2008）；Mete（2005）；Jayadevappa（2006）；Asous（2001）；Choi（1996）；White（1992）
3. 政策实验：追踪搜集，使用系统随机抽样方法，半结构化访谈，搜集实证资料分析	Bansod（2009）；Top et al.（2008）；Manthorper et al.（2008）；Lee（2007）；Robert（2001）
4. 随机实验：随机对照实验（RCT）跟踪，试验，个案分析	Macintyre et al.（1999）；Beigel et al.（1998）；Spence（1993）；Olivius et al.（1996）

注：王俊，龚强，王威. "老龄健康"的经济学研究. 经济研究，2012（1）：134－140。

本章小结

通过第二章的文献梳理发现，代际支持、年龄、性别、民族、城乡、婚姻、居住方式、教育程度、收入、职业状况、吸烟、锻炼、饮食、医疗可及性、遗传、信仰等对老年人健康都有影响，但结论不完全一致，其原因可能和研究对象的选择有关，也可能与研究方法有关。代际支持不仅对中国老年人健康有着积极的影响，而且有着鲜明的中国传统文化特征，因此，研究结论与西方国家的相关结论存在较大差异。比如，Clark（1969）、林戈（1999）等学者指出，西方国家的经济发展已经实现了工业化，崇尚独立性及个人利益，老年人不愿意过分依赖代际支持。中国的"孝"文化根深蒂固，子女赡养老人、孝顺父母天经地义，是一种非常重要的"反馈模式"（费孝通，1999），而且来自子女的代际支持对老人的健康影响最大，配偶次之，朋友、社区等提供的支持影响最小，这一点完全符合费孝通教授的"差序格局"理论。已有研究基本是从代际支持的角度研究代际支持对老年人健康的影响，或老年人健康对代际支持的影响，尚未发现单纯从代际经济支持的角度对两者的关系进行研究。

另外，中国工业化进程的加速、老龄化的加剧以及家庭结构的核心化，养老观念、养老方式必然随之改变，子女提供的代际支持会逐渐减少，需要更多地依赖社区提供更多的养老服务，需要国家提供更多的社会保障，但已有研究很少将社区因素及社会保障因素纳入代际支持的影响因素之中。

已有文献对收入、社会经济地位的健康效应进行了大量研究，但很少对家庭代际经济支持的健康效应进行系统研究。老年人获得的家庭经济支持虽然也能改善其自身经济状况，但其特殊之处在于，老年人获得子女的经济支持可能会对其产生心理压力，进而对其身心健康产生不利影响。

已有文献也对代际经济支持的影响因素进行了大量研究，但更多是从子女特征入手，很少从老年人特征角度研究，处于何种情况下的老年人更需要经济支持。

第三章

理论框架

为了研究代际支持与老年人主观福利的因果关系，首先明确了老年人、主观福利以及代际支持等基本概念；然后介绍 Grossman 模型、因果关系理论及健康生态学理论，在此基础上分别构建了本书的主观福利效应检验模型：两期滞后 HLM 模型，以及代际经济支持影响因素模型：Heckman – GHLM。

第一节 基本概念

一、老年人

世界卫生组织（WHO）将年龄 65 岁（含 65 岁）以上的人称为老年人，其中 80 岁以下的为老年人，80 岁以上的为老老年人；而包括中国在内的亚洲国家一般将 60 岁以上的人称作老年人，因此本书将 60 岁及 60 岁以上的受访者定义为老年人。

二、主观福利

健康是主观福利的主要内容，测量健康的标准不同，有着相同潜在健康水平的个体可能会有不同的健康结论：健康可以定义为没病，也可以定义为状态完好，或者两者之间的状态。本书借鉴曾毅等学者的研究方法，分别从 ADL、慢性病、抑郁症、生活满意度和自评健康五个维度进行老年人健康的衡量，其中，ADL、慢性病为客观指标，抑郁症、生活满意度和自评健康为主观指标，前四个为单一指标，最后一个为综合指标。

三、经济支持

经济支持（economical support）是代际支持（intergeneration support）的组成部分。代际支持是一种双向非正式的代际交换（intergeneration exchange），表现为代际间相互提供经济支持与日常照料或帮助，以及双向的情感交流。西方学者早期将代际支持称为代际社会支持（intergeneration social support），随后学者根据其研究目的称其为代际交换、代际转移（intergeneration transfers），而中国学者对此未作区分。本书中经济支持是指代际提供的金钱或物质支持，但物质支持的多少也是以货币的形式来反映；日常照料包括代际提供的做家务、护理和看护等内容；情感交流包括日常见面、打电话和写信等形式。由于本书所用的 CHARLS 数据并未提供日常照料方面的数据，故将日常照料与情感交流合并为"精神慰藉"，并用日常见面次数、打电话和写信的次数来替代。

四、健康老龄化与积极老龄化

"健康老龄化"概念是世界卫生大会 1987 年第一次提出的，随后，世界卫生组织及老年人学会又明确了"健康老龄化"的具体目标，意味着老龄健康开始受到全世界的关注。健康老龄化是指老龄化社会背景下，老年人群体中的大多数人身心健康，能够充分发挥躯体、心理、智力、社会和经济的潜力，使其处于较好的功能状态。

明确了"健康老龄化"的概念与目标之后，1999 年 WHO 又提出了"积极老龄化"概念：尽可能增加健康、参与和保障机会的过程，以提高人们老年时的生活质量。这一概念在强调"健康"的同时，更是首次提出了"参与和保障"，较"健康老龄化"的含义更为积极、深刻与广泛，既强调了政府的责任，也突出了老年人健康的积极意义：不但可以参与自身劳动，减轻家庭养老负担，而且可以更多地参与社会活动，为社会、家庭贡献一分力量，发挥余热，实现"老有所为"。

第二节 理论基础

一、Grossman 健康需求理论

Grossman（1972）用人力资本理论解释了人们对卫生和健康的需求。依据人力资本理论，个人必须在教育、培训和健康方面对自己投资以提高自己的收入，消费者想要的不是医疗保健本身，而是健康，医疗保健属于派生需求或者说是引致需求，消费者不是消极地从市场购买医疗服务，其本身也会花时间努力地改

进健康,而健康会持续存在且不会立刻贬值,所以健康可以被看做资本。Grossman 模型使人们彻底地理解了各变量在医疗服务生产过程中通过对健康资本的需求所产生的作用,这些变量包括年龄、教育、健康状况和收入等。Grossman 模型有助于人们预测各种社会经济因素对健康的影响,为人们通过模型研究某因素的健康效应时,确定哪些变量可以作为控制变量引入模型,提供了一个明确的理论基础,避免了变量引入的随意性以及由此导致的分析思路混乱。完整的 Grossman 模型是:

$$H = f(x) = f(生活方式、收入、公共物品消费、教育、时间投入、个人禀赋、环境禀赋等)$$

其中,H 代表个体当期健康水平,x 表示健康影响因素。

借鉴 Grossman 模型,结合健康生态学理论及研究目的,本书构建了如图 3-1 模型。

这一模型的变量选择,既有微观层面的变量,如老年人个体特征与老年人的社会经济地位,也有中观层次的变量,如老年人的家庭特征变量,还有宏观层次的变量,如老年人所在社区特征变量,符合健康生态学理论的要求。变量包括了个人禀赋、教育、收入、生活方式、公共物品消费、环境禀赋等,符合 Grossman 理论的要求。

二、因果关系理论

社会经济地位同健康水平之间的因果关系存在两种完全对立的观点:社会因果论和健康选择论。社会因果论认为,社会经济状况决定人口的健康水平,社会经济地位越高,其健康状况越好。健康选择论认为,只有健康状况较好的人才能获得较高的社会经济地位,而不是相反。上述两种观点都得到了验证。比如,1960~1970 年,学术界发现医学技术以及经济水平的发展会减

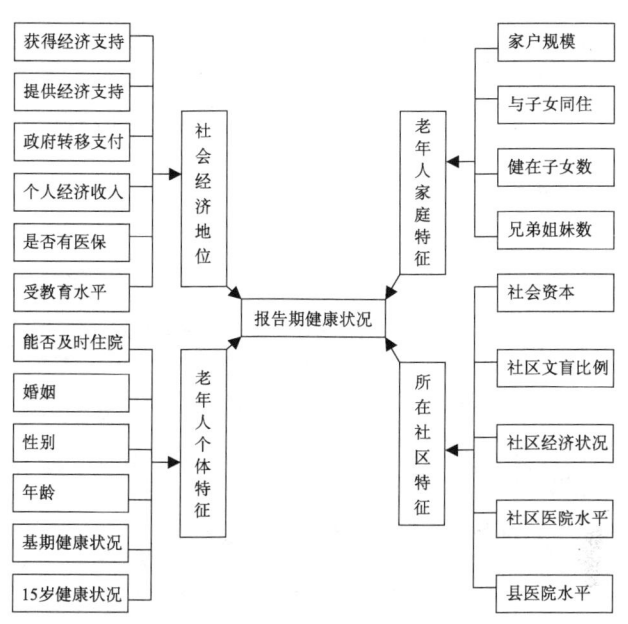

图 3-1　经济支持健康效应理论模型

轻健康不平等程度。但 Black 等（1980）也发现，1970~1980年，英国社会的健康不平等状况反而加重的趋势；欧美国家的研究也发现会经济地位与健康状况正相关，也就是社会经济越发展，健康差距越明显。社会因果论和健康选择论都说明了社会经济地位与健康的关系，但是其因果方向是相反的。

要厘清变量间的因果关系到底是单向因果关系还是交互双向因果关系，首先必须弄清楚单向因果的条件。单向因果关系要求变量 X 和 Y 之间的关系同时满足以下三点：(1) X 和 Y 具有共变性，也就是两者的相关系数不等于 0；(2) X 和 Y 具有时间上的继起性，也就是先有 X 的变化，进而引起 Y 的变化；(3) X 和 Y 的相关具有直接性，或者说是"非虚假性"，也就是 X 的变化直接引起 Y 的变化，而非通过第三方的中介作用。这种单项因果关系的条件假定，在实际研究中可能是不成立的,因此,往往需要借助跟踪数据进行研究,目的就是为了确定变量间的因果顺序。Steven E. Finkel (2010) 针对两期数据构建了如图3-2的交互因果模型。

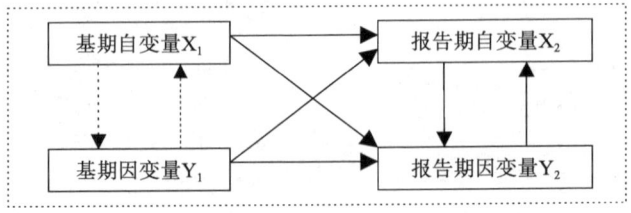

图3-2 两期数据带交叉滞后作用的模型

其对应的模型为:

$$Y_2 = \beta_0 + \beta_1 X_2 + \beta_2 X_1 + \beta_3 Y_1 + \sum \beta_i Z_i \qquad (1)$$

$$X_2 = \beta_0 + \beta_1 Y_2 + \beta_2 Y_1 + \beta_3 X_1 + \sum \beta_i Z_i \qquad (2)$$

对方程(1)、方程(2)的分析既可以分成独立的两步分别进行回归分析,也可以利用两阶段最小二乘法同时对两方程中的系数进行估计。

借鉴这一模型,本章构建如图3-3的研究模型。

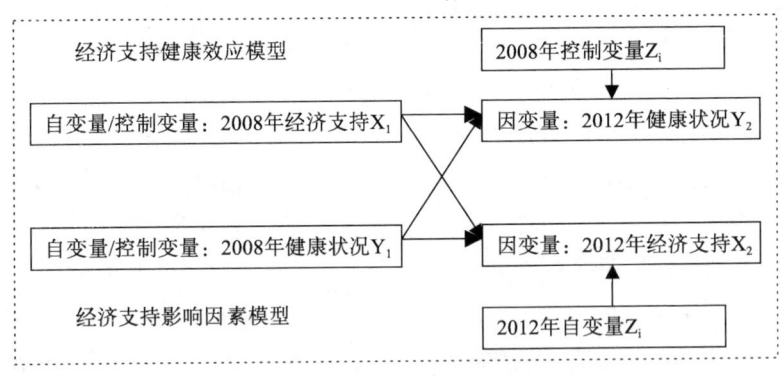

图3-3 因果关系模型

图 3-3 反映了报告期的健康状况 Y_2 与基期的健康状况高度相关，也和基期的经济支持相关。虽然也受当期经济支持的影响，但由于经济支持所产生的健康效果具有滞后性，也就是说当期提供的经济支持所产生的健康效果当期很难体现出来，尤其像对慢性病、ADL 及自评健康的影响可能要经过若干年才能体现出来，所以可以用基期的经济支持作为自变量，研究经济支持的健康效果，这样也可以避免内生性问题（经济支持与健康存在互为因果关系，也就是本书在研究经济支持对健康的影响时，健康反过来也会影响经济支持的获得或提供，也就是内生性问题）。

根据图 3-3 可以分别构建健康效应模型：

$$Y_2 = \beta_0 + \beta_1 X_1 + \beta_2 Y_1 + \sum \beta_i Z_i \tag{3}$$

以及影响因素模型：

$$X_2 = \beta_0 + \beta_1 Y_1 + \beta_2 X_1 + \sum \beta_i Z_i \tag{4}$$

三、健康生态学理论

健康生态学（Health Ecological）理论最早可以追溯至古希腊著名的西波克拉底医生，他第一次强调了环境因素在预防保健及社会健康中的作用。20 世纪初期，人们日益感受到人类生态学与公共健康的重要性，并探索用社会环境变化来解释人类疾病演变，健康生态学理论由此萌芽。美国学者 Blum 于 1974 年出版的《卫生计划——社会理论的改变及应用》中第一次提出环境健康医学模式，强调社会环境因素对健康的重要性。1996 年 Richard 等学者提出了健康生态学模型，该模型强调个体因素、卫生服务、物质及环境因素对健康共同产生影响，同时这些因素会在多个层面影响个体健康（见图 3-4）。

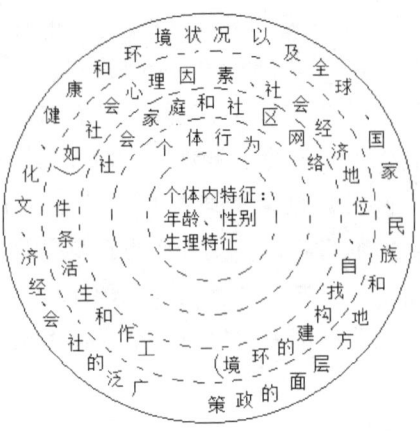

图 3-4 多层次健康影响因素模型

健康生态学理论的提出，恰好使得具有分层特征的调研数据有了用武之地。为此，学者们创立了多层线性模型 HLM（Hierarchical Linear Model），该模型也称为随机系数模型（Random Coeifficient Models）和随机效果模型（Random Effect Models）等，其最大特点是所用数据具有多层次结构，个体数据嵌套于更高层次单位。多层和嵌套分析思想始于 20 世纪 70 年代早期，至 90 年代初便形成较为系统完整的理论与方法，也出现了 HLM 软件包、Mlwin、VARCL 等专门进行多层模型统计分析的软件；同时 Stata12.0、SAS 软件中也包含了 HLM 模块。

HLM 将分属不同层次的数据结合在单一完整的模型中，以发现系统间的因果异质性。该模型的基本原理在于，它可以将因变量中的变异（variance）分成两部分，一部分属于同一群体的个体差异（即"群内变异"，within - group variance）；另一部分属于不同群体间的变异（即"群间差异"，between - group variance）。通过对变异部分的分解，HLM 将群体效应与个体效应进行区分。

和传统的回归法相比,HLM 具有如下优势:第一,HLM 对数据要求较低。应用传统的回归模型需要满足四个最基本的前提:变量间存在线性关系、变量总体上服从正态分布、各组群间具有方差齐性、个体间的随机误差独立。实际上这四个前提很难同时满足。而多层模型只需要满足变量间存在线性关系、变量总体上服从状态分布这两个假设。因此,使用 HLM 处理具有层次结构的数据时,模型参数的分析将更准确。第二,在纵向调查研究中,失去对受访个体追踪是十分常见的现象,此时如果仍用常规模型就会产生偏误,而多层次模型可以很好地解决这一问题(Bryk 和 Raudenbush,1992)。当然,实际研究中,数据的层级结构和多层模型的应用没有必然的联系:具有等级结构的数据不一定就用要用多层模型进行分析;多层模型也不一定适用于一切具有等级结构的数据。但 Snijders 和 Bosker(1999)认为,只要其他高层单位有两个或多个低层样本,多层模型依然适用。

鉴于 HLM 模型的上述优势,在前文提到的克服内生性模型,即模型(3)的基础上,进一步构建如图 3-5 多层次模型。

四、Heckman – HLM 模型

影响经济支持的因素中,代际支持动机起着非常重要的作用。已有研究认为,子女之所以提供经济支持,与父母对资源(如财产)的控制有关。也有研究认为代际支持是对父母养育之恩的"投桃报李"。还有研究认为经济支持具有利他动机,有利于家庭资源分配达到帕累托最优。因此,老年人能否获得经济支持以及获得经济支持的规模,既与老年人本身特征相关,也和社区特征相关。由于存在大量的未获得子女经济支持的老年人,会

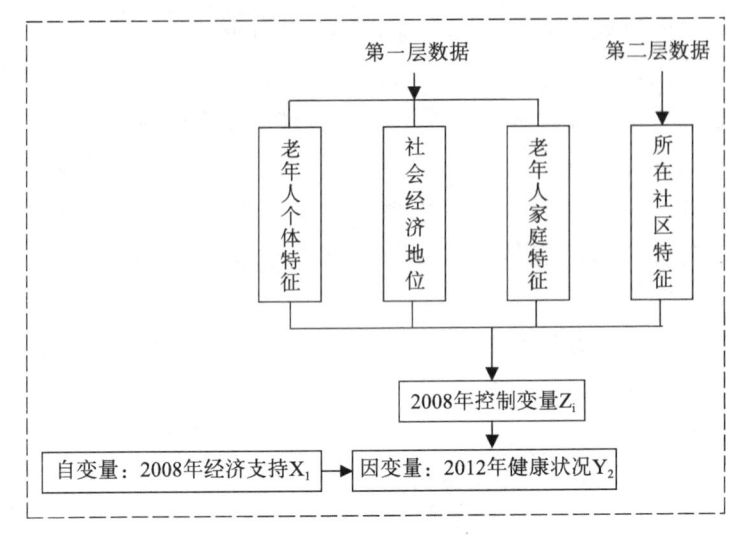

图 3-5 代际经济支持健康效应模型

产生样本选择偏误（Selection Bias）：因为人们对于代际经济支持自选择行为而导致的样本分布与总体分布不一致，样本选择偏差使估计模型有偏。为了纠正样本选择所导致的偏误，可以采用 Heckman（1974）模型，分两步进行回归：首先，构造一个估计代际经济支持是否发生的概率模型；然后，将预测概率作为新的解释变量加入原来的模型中，进行第二次回归。考虑到经济支持数据的多层性，本书将 Heckman 模型和多层线性模型（HLM）相结合，构建 Heckman - HLM 模型（见图 3-6）。

本章小结

本章首先界定了老年人、主观福利、经济支持等关键概念的内涵及测量。

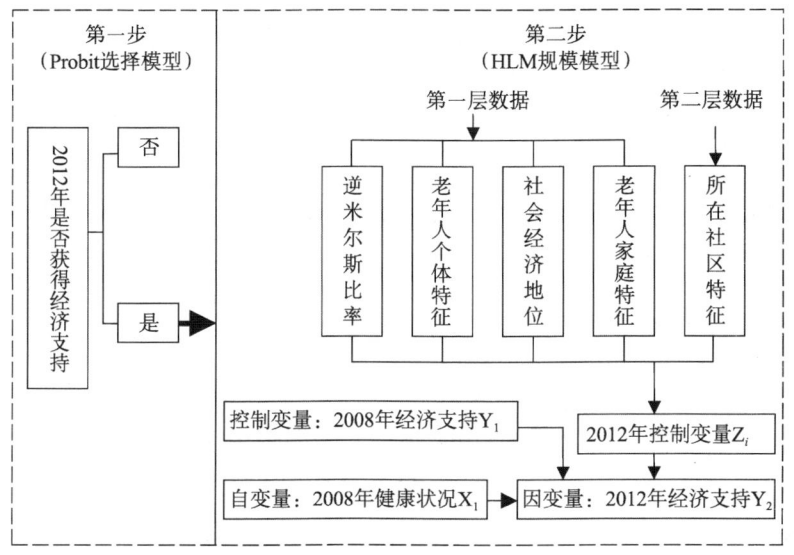

图 3-6 经济支持影响因素 Heckman-HLM 模型

其次，结合 Grossman 模型及健康生态理论构建健康影响因素模型，从以下四个方面选择了健康影响因素：（1）老年人个体特征（包括婚姻、性别、年龄、基期健康状况、15 岁健康状况等）；（2）老年人社会经济地位（包括获得经济支持、提供经济支持、获得政府转移支付、个人经济收入、是否有医疗保险、受教育水平、能否及时住院等）；（3）老年人家庭特征（包括家户规模、是否与子女同住、健在子女数、兄弟姐妹数、社会资本等）；（4）年人所在社区特征（包括社区文盲比例、社区经济状况、社区医院水平和县医院水平等）。

最后，利用因果关系理论和健康生态学理论，并结合分层数据的情况，分别构建了多层次因果关系健康效应模型和 Heckman-HLM 模型。

本章内容为后面的实证分析提供了理论支撑。

第四章

数据与研究方法

本章首先介绍研究所用的数据情况，然后介绍第五章进行数据描述所用的方法，最后利用第三章所介绍的理论基础构建第六章和第七章所用到的实证分析模型。

第一节 数据来源及抽样方法

一、数据来源

本书利用的中国健康与养老追踪调查数据（China Health and Retirement Longitudinal Survey，CHARLS），由北京大学国家发展研究院提供。该数据反映了中国中老年人个人及家庭的详细情况，为研究中国人口老龄化问题提供了数据支持。CHARLS问卷在设计上参考了美国健康与养老调查（HRS）、英国老年人追踪调查（ELSA）以及欧洲的健康、老年人与退休调查（SHARE）等问卷，具有国际可比性的同时，又结合了中国的具体国情，是一套质量很高的调查数据。问卷由8个模块组成：家户登记表、基本信息、家庭、健康状况与功能、医疗保健与保险、工作、退休与养老金、收入/支出与资产、住房特征和访员观察。CHARLS问卷对于代际转移的信息调查的非常具体，详细调查了代际支持的方向、金额和频率等信息，非常方便进行相关的研究。

项目组于2008年在浙江和甘肃两省进行了预调查，2012年进行了追踪调查。在此基础上，分别于2011~2012年及2013~2014年进行全国28个省市的基线调查。由于数据的整理耗费时间较多，2013~2014年的调查数据直至2015年2月才发布，而本书需要用两期数据进行研究，因此，在2012年开始撰写时，只能使用2008~2012年在浙江、甘肃两省的预调查数据。其中，浙江省位于发达的东部沿海地区，面积10.18万平方千米，是中国面积最小的省份之一，也是中国最具活力的省份。2013年底，浙江全省共有地级市11个，市辖区34个，县级市21个，县35个。2013年11月1日零时，浙江省的常住人口为5493.8万人，其中城镇人口64.0%；乡村人口占36.0%。甘肃省位于最不发达的西北部地区，面积45.37万平方千米，全省下辖12个地级市、2个自治州，17个市辖区、4个县级市、58个县、7个自治县。2013年底，甘肃全省总人口为2763.65万人，常住人口2553.9万。

二、抽样方法与抽样结果

CHARLS预调查针对居住在甘肃和浙江两省的45岁及45岁以上的人群，并分四个阶段进行抽样。第一阶段：县级抽样（样本量32个县/区）；第二阶段：村、居抽样（95个社区/村庄);第三阶段:家户抽样(1570户);第四阶段:个人抽样(2685人)。抽样结果见图4-1及表4-1)。从图4-1可以看出,样本县市区的分布较为均匀,比较具有代表性。2012年追踪调查人数2378人,其中1952年及以后出生(2012年年龄60岁以上)的追踪到的1287人。在住户抽样阶段,考虑到国内没有高质量的村居水平抽样框,CHARLS项目组将绘图/列表电子化,并开发了CHARLS-GIS系统。通过使用Google Earth和其他来源的地图作为底图,利用CHARLS-GIS软件完成建筑物绘制、住户列表、随机抽样,记录每个建筑物和每个住户单元的GPS信息,并对建筑物和住户单元的门拍照。从一个抽样单位(PSU)中进行最终抽样需要经过4步,包括:边界绘制、绘图/列表、初次抽样和最终抽样。

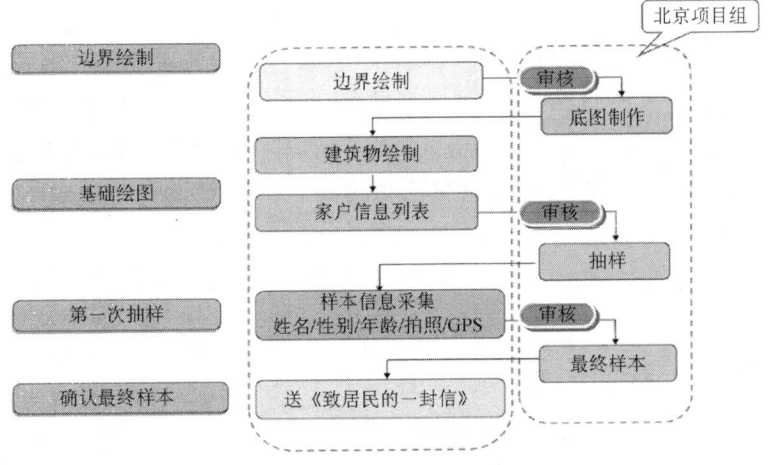

图4-1 CHARLS-GIS工作流程图

资料来源:CHARLS调查用户手册。

表 4-1　　　　　　　　样本分布情况

市	甘肃省县	样本量（户）	市	浙江省县	样本量（户）
酒泉市	敦煌县	49	衢州市	开化县	71
	玉门县	34	丽水市	遂昌县	57
武威市	凉州区	59	金华市	金东区	51
白银市	平川区	44	台州市	路桥区	44
	靖远县	42		温岭县	48
兰州市	七里河区	33		玉环县	51
临夏市	和政县	41	绍兴市	上虞县	63
定西市	渭源县	65	宁波市	海曙区	29
	通渭县	47		慈溪县	28
平凉市	静宁县	50		象山县	66
	崆峒区	48	杭州市	萧山区	43
	泾川县	53		富阳县	54
天水市	清水县	41	嘉兴市	嘉善县	36
	麦积区	41	湖洲市	南浔区	54
陇南地区	成县	55	温州市	泰顺县	64
	礼县	39		苍南县	55

资料来源：作者根据 CHARLS 调查用户手册自行整理。

第二节　统计分析方法

一、描述统计分析

本书在以下方面采用描述统计：老年人的主要人口、社会、经济学特征，健康特征、老年人及其子女双向经济支持特征、行为选择及原因分析；数值变量主要采用均数、中位数和四分位数进行分类；采用构成比、相对比对分类变量进行描述。

二、单因素统计分析

为了比较不同分组之间各项指标的差异,本书采用单因素统计分析。比如比较子女提供经济支持性别间的差异;老年人接受或提供经济支持性别、年龄、健康状况间的差异,以及差异是否具有统计学意义上的显著性,而且不同类型的数据采用不同的检验方法,具体检验方法如图 4-2 所示。

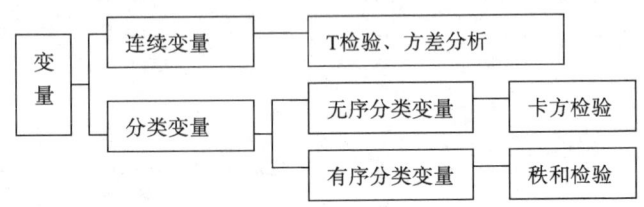

图 4-2 数据差异性检验方法

对于定量资料,如果变量具有正态分布、独立性和方差齐性的特征,则采用 T 检验或方差分析;否则,首先进行数据转换,使其具备正态分布等特征,再进行方差分析。

对于定性资料,无序分类变量采用卡方检验,有序分类变量则采用秩和检验(Kruskal Wallis Test)。卡方检验与秩和检验的共同点是对总体的分布特征没有要求,也不进行总体参数推断,只是推断总体分布,或推断两个分类变量是否相互独立。两种检验方法的区别在于,卡方检验只能说明各组数据在分布上是否有差异,而不能说明平均值是否相同,而且卡方值大小与分类变量的顺序无关,因而卡方检验一般不对有序变量进行检验,否则会导致信息损失、检验效率低下,甚至结论错误。

三、多因素实证分析——HLM 模型

考虑到所用数据层次性及中国国情,经济支持对老年人健康

的影响会受到个人特征、家庭特征及社区特征的影响,本书采用多层线性回归模型。根据理论研究和统计分析结果,采用逐步回归法,选择相关变量中对因变量影响较大的自变量纳入模型。首先用低层级的数据（如老年人个体特征）建立第一层回归模型,再把第一层回归方程中的截距和斜率分别作为因变量,将高层级数据（如社区特征变量）作为自变量,建立两个第二层回归模型,分析不同层面自变量产生的影响。

（一）空模型

假设有一个两层结构的数据：老年人和社区,老年人寓于社区中,同一社区的老年人样本特征可能不是独立的,而具有很大程度的相关性,构建如下"空模型"（因为该模型未包含任何自变量,故称其为"空模型"）：

第一层　　$y_{ij} = \beta_{0j} + \varepsilon_{ij}$

第二层　　$\beta_{0j} = \gamma_{00} + \delta_{0j}$

上述空模型可以合并为：

$y_{ij} = \gamma_{00} + \delta_{0j} + \varepsilon_{ij}$

相当于将 β_{0j} 分解为固定成分和社区层次的随机成分,社区截距包括固定成分和估计的社区残差。其中,y_{ij} 代表 j 社区的老年人健康状况；β_{0j} 代表截距（即社区老年健康平均值）；j 下标表示每个社区拥有各自的截距,是区分多层模型与普通模型的标志（普通模型的截距没有下标）,γ_{00} 代表总平均值或总截距,是固定参数；δ_{0j} 代表社区层次的随机变量,是 j 社区的截距到总截距的距离；ε_{ij} 是个人层次的随机变量,也就是分布于 j 社区的 i 个人到该社区截距的偏离。由于 δ_{0j} 随机变量的存在,说明不同社区对应的截距是不同的,该方程才成为多层模型。当一个指标带有 ij 时,该指标在同一社区内因个人而异；当一个指标仅有下标 j 时,该指标因社区而异。

上述等式的成立必须具备以下条件：一是 δ_{0j} 和 ε_{ij} 分布于不同层次，δ_{0j} 属于社区层次，属于 ε_{ij} 个体层次，且 δ_{0j} 与 ε_{ij} 相互独立，互不影响；二是 δ_{0j} 和 ε_{ij} 呈正态分布，设群间 $Var(\delta_{0j}) = \tau_0^2$，群内方差（个体方差）$Var(\varepsilon_{ij}) = \sigma_0^2$；三是 σ_0^2 在所有社区都是相等的，具有固定效应，而 τ_0^2 却不必相等，具有随机效应，也就是老年人个体特征数为固定效应变量，社区特征变量属于随机效应变量。

上述两个方程虽然是没有包括任何自变量的空模型，却能帮助研究者作出如下判断：（1）社区间变异相对于老年人健康变异是否具有显著性，以决定是否有必要使用多层线性模型，若 δ_{0j} 的变异成分（τ_0^2）显著地不等于0，则说明老年人个体健康随社区而异，需要使用多层次模型；（2）社区特征对老年人个体健康影响的大小。两个随机参数的变异成分（τ_0^2 和 σ_0^2）之和构成总变异，比较 τ_0^2 与总变异即可了解社区因素的相对重要性。若社区特征解释了老年人健康所有变异的话，则 σ_0^2 等于0，表明老年人健康不因同一社区内老年人个体特征而异，也就是同一社区的老年人其健康状况是相同的，社区特征是影响老年人健康的唯一变量，其老年人健康状况的差异全部来自社区的差别。反之，若老年人的健康差异与社区因素无关，则 τ_0^2 等于0，表明老年人健康差异不因社区而异，只因个体而异，也就是老年人健康只受老年人个体特征影响而与社区特征无关。τ_0^2 和 σ_0^2 之间的关系被称为群间关联度系数（Intra-Class Correlation，ICC）：

$$\rho = \frac{\tau_0^2}{\tau_0^2 + \sigma_0^2}$$

群间关联度系数反映的是社区随机变量的变异占老年人健康总变异的比重，代表社区因素对老年人健康的影响程度。τ_0^2 越大，则 ρ 越大，表明社区因素对因变量的作用就越大。而 σ_0^2 越大，则 ρ 越小，表明老年人个体特征对老年人健康的作用越大。

若 ρ = 0.5，则老年人健康一半的变异来自社区差异，另一半来自老年人个体差异。通过比较"空模型"和非"空模型"随机变量的变异值，可以判断自变量对因变量的解释能力。如果 τ_0^2 显著地不等于 0，则说明有必要采用 HLM 模型，需要建立随机截距和随机斜率模型。

（二）随机截距和随机斜率模型

本书的研究中只有截距项可以随机变动，而每个社区的回归系数则是相同且固定的，其主要原因是，对于个体层面的变量，如年龄、婚姻状况等，并没有充分理由来假定宏观层面的特征对其会产生结构性影响，但社区因素会影响老年人健康的平均值。而且，本书研究的兴趣在于纠正由于聚类而引起的样本之间的不独立，并假定低层次因素（个体层次因素）对因变量（生活满意度）的影响在各高层次（社区层次）之间是恒定的，所以随机截距模型就足够了（杨菊华，2012）。同时，建立多层次模型主要是研究经济支持对老年人健康的影响，出于模型简约的考虑，也没有必要考虑个体层面变量系数的随机效应。

考虑到老年人个体特征（低层因素）对老年人健康的影响因社区特征（高层因素）而异，同时，社区因素对老年人健康的影响程度也因为老年人个体的差异而不同，也就是不同层次的变量间存在互动关系，因而需要构建所谓的随机截距和随机斜率模型。该模型允许不同社区老年人健康的截距和斜率都不相同，也就是既允许截距因社区而不同，也允许因老年人个体因素对健康的影响随社区的不同而不同（斜率不同）。其两层模型如下：

第一层　个体层次　　$y_{ij} = \beta_{0j} + \beta_{1j}x_{1ij} + \varepsilon_{ij}$　　　（1）

第二层　社区层次　　$\beta_{0j} = \gamma_{00} + \gamma_{01}G_{1j} + \delta_{0j}$　　　（2）

$\beta_{1j} = \gamma_{10} + \gamma_{11}G_{1j} + \delta_{1j}$

其中，β_{1j} 是 x_{1ij} 的系数，代表 j 社区内老年人 i 个体特征层次因素对老年人健康的影响，下标 j 表明老年人个体层次特征的作用因社区而异。由于老年人个体分属不同的社区，而社区特征又作用于个体行为，所以，β_{0j} 和 β_{1j} 是不固定的，而社区而异，均为随机变量，是社区特征 G_{ij} 的直接函数。

第二层方程是对第一层方程回归系数的再回归：首先，每个社区的系数都回归于社区特征；其次，低层模型中的截距和斜率在高层模型中成为因变量。其对应的混合固定效应模型为：

$$y_{ij} = (\gamma_{00} + \gamma_{01} G_{1j} + \gamma_{10} x_{1ij} + \gamma_{11} G_{1j} x_{1ij}) + (\delta_{0j} + \delta_{1j} x_{ij} + \varepsilon_{ij})$$

该等式包括固定效果和随机效果两部分。第一个括号中的成分代表固定效果，由总截距、社区特征、老年人个体特征及这两个层次因素之间的互动变量所组成。γ 代表回归系数，其中 γ_{00} 代表总平均值（总截距）；γ_{01} 表示社区特征的回归参数效果；γ_{11} 表示不同层次因素之间的互动（即个体因素可因群体而异）。

第二个括号内的成分代表随机效果，它们是区分多层次模型与普通模型的标志。其中，ε_{ij} 的变异值（σ_0^2）表示老年人健康在社区内变异的大小，而该变异没有被模型中包含的老年人个体和社区因素所解释；δ_{0j} 的变异值（τ_0^2）表示老年人健康在社区间变异的大小，而该变异未能被社区特征所解释。

（三）健康效应模型——广义多层线性模型（GHLM）

因为本书的因变量——老年人健康为二分变量，即所谓"受限因变量"（Limited Dependent Variable），而普通多层线形模型要求因变量的分布具有连续正态分布的特征，因此，需要使用广义阶层线性模型（Generalized Hierarchical Linear Model，GHLM）进行回归分析。与一般线性模式不同，在 GHLM 模型构造过程中，由于因变量的抽样分布不符合连续正态分布特征，因此要通过一个连接函数，将因变量进行转换，再进行线性回归分析。一般来说，二元因变量属于二项分布或贝努里分布，必须通

第四章 数据与研究方法

过对事件的发生比取自然对数转换后,即对二分因变量取逻辑特值(Logit)后,才能进行线性回归分析。也即因变量抽样模式:$y_{ij} \mid p_{ij} \sim B(1, p_{ij})$,GHLM 连接函数为:$\eta_{ijk} = \log\left(\dfrac{p_{ijk}}{1 - p_{ijk}}\right)$。二元 Logistic 回归模型可以分析因变量在各个类别之间发生转变的概率。也就是说,在控制其他自变量的情况下,可以对某一特定自变量对因变量变化的影响进行分析,从而检验本书提出的研究假设。二元 Logistic 回归模型中发生比率(odds ratio),即 Exp(β),表明当自变量取值每增加一个单位时,属于该组的发生比率是属于参照组的发生比率的 Exp(β)倍,而 Exp(β)−1 则表示自变量取值每增加一个单位时,因变量发生率的增加量。

本书所采用广义多层线性模型(GHLM)形式如下:

第一层 个体层次:

$$\eta_{ij} = \mathrm{logit}(p_{ij}) = \log\left(\dfrac{p_{ij}}{1-p_{ij}}\right) = \beta_{0j} + \sum \beta_{ij} X_i + \varepsilon_{ij}$$

其中,β_{ij} 是个体层次的回归系数,X_i 为个体层次自变量向量,ε_{ij} 是个体层次的 j 社区中个体 i 未被方程解释的残差。

第二层 社区层次:

$$\beta_{0j} = \gamma_{00} + \sum \gamma_{0j} Z_j + \mu_{0j}$$

$$\beta_{ij} = \gamma_{i0}$$

其中,γ_{0j} 是社区层次变量的回归系数,Z_j 为社区层次自变量,μ_{0j} 是社区层次的残差。第一、第二层次模型的混合效应模型为:

$$\eta_{ij} = \mathrm{logit}(p_{ij}) = \log\left(\dfrac{p_{ij}}{1-p_{ij}}\right) = \gamma_{00} + \sum \gamma_{0j} Z_j + \sum \gamma_{i0} X_i + \mu_{0j}$$

四、多因素实证分析——Heckman – HLM 模型

关于经济支持影响因素的研究,本书选择 Heckman(1979)

两步估计法进行实证研究。首先考虑子女向父母提供经济支持的发生概率，即子女是否提供经济支持受哪些因素的影响；然后，考察子女已经为父母提供经济支持的前提下，经济支持的规模受哪些因素的影响。

个体的 Heckman 模型的一般形式为：

$$S_i^* = Z_i\gamma + v_i, \begin{cases} S_i = 1 & S_i^* > k \\ S_i = 0 & S_i^* \leq k \end{cases} \quad (1)$$

$$Y_i^* = X_i\beta + u_i \quad (2)$$

式中，S_i^* 为子女是否提供经济支持的不可观测潜变量（latent variable）；k 为阈值。当 $S_i^* > k$ 时，子女为父母提供经济支持，即 $S_i = 1$；当 $S_i^* \leq k$ 时，$S_i = 0$；Z_i 为所有影响子女是否提供经济支持的变量集合。Y_i 为子女提供经济支持的规模；X_i 为所有影响子女提供经济支持规模的变量集合。经推导，所建模型的最终形式为加入逆米尔斯比率（Inverse Mill's Ratio，IMR）作为新变量的线性回归方程，即

$$Y_i = E(Y_i \mid S_i = 1) + v_i = X_i\beta + \beta_\lambda\lambda_i + v_i \quad (3)$$

式中，$\lambda_i = \varphi(Z_i\gamma)/\phi(Z_i\gamma)$，其中 $\varphi(Z_i\gamma)$ 为标准正态分布的密度函数，$\phi(Z_i\gamma)$ 为相应的累积分布函数。

β_λ 为 IMR 的待估系数，如果该系数显著，则证明存在选择性偏误，那么 Heckman 规模模型就是有效的。考虑到老年人获得经济支持的多少存在社区间差异，而且 Y_i 属于连续变量，因此，对于模型

$$Y_i = E(Y_i \mid S_i = 1) + v_i = X_i\beta + \beta_\lambda\lambda_i + v_i$$

采用 HLM 回归，也就是对于经济支持因素的研究所采用的模型为 Heckman – HLM 模型。

五、局部加权回归散点图

局部加权回归散点平滑法（Locally weighted scatterplot smoothing, Lowess）是研究二维变量关系的一种有力工具。其主要思想是，取一定比例的局部数据，在这部分子集中拟合多项式回归曲线，而不是根据全体数据建模，根据全体数据建模虽然可以描述整体趋势，但得到的结果往往和现实情况有一定差异。Lowess曲线的光滑度与选取数据比例有关：比例越高，拟合越光滑。

本章小结

CHARLS数据分别抽取了中国经济最发达和最不发达的省份进行追踪调查，数据具有较强的代表性和较高的质量，为得到可信的研究结果提供了数据保障。由于调研数据具有分层特征，有可能需要采用HLM模型。但分层数据不一定都要采用HLM模型，是否需要采用，应当通过"空模型"进行检验。通过检验后，本书采用两层随机截距和随机效应模型。考虑到代际经济支持健康效应检验中因变量（健康）属于二分类变量（0代表健康，1代表不健康），需要采用广义多层线性模型（GHLM）。

关于代际经济支持影响因素的研究，首先应当考虑有很大比例的老年人并未得到子女的经济支持，如果直接采用Logistic模型回归，结果可能是有偏误的，因此，需要首先考虑代际经济支持发生的概率，在此基础上再考虑经济支持发生的规模，所以，本书需要Heckman两步模型。同样，由于所用数据是分层的，需要将Heckman模型与HLM模型结合，构建Heckman-HLM复合模型。

本章的内容为后面章节的实证分析做了必要的准备。

第五章

老年人代际经济支持与主观福利现状

本章首先对有关变量的含义或测量方法进行说明，再对样本特征分浙江、甘肃省分别进行描述，最后对老年人的主观福利状况及就医行为进行统计。本章的重点是描述统计老年人日常生活经济来源、老年人获得家庭经济支持的情况、老年人提供家庭经济支持的情况、老年人获得精神慰藉的情况，以及老年人主观福利状况与获得经济支持的关系、老年人获得精神慰藉与获得经济支持的关系。

第一节 变量及样本特征

一、变量含义及变量处理

关于老年人主观福利，我们用自评健康、ADL、慢性病、抑郁症和生活满意度五个指标来反映，各主要变量的含义如表 5-1 所示。

第五章 老年人代际经济支持与主观福利现状

表 5-1　　　　　　　　　变量含义及变量处理

变量	变量含义
自评健康	1=很好，2=好，3=一般，4=不好，5=很不好。二分类变量时，"很好""好"归为健康，"一般""不好""很不好"归为不健康，即 0=健康，1=不健康
ADL	日常活动能力（ADL）包括吃饭、穿衣、洗澡、起床、上厕所、大小便控制、做家务、做饭、购物、财物管理、吃药等 11 项内容，每项内容设 4 种分值：1=没困难，2=有困难但仍可完成，3=有困难需要帮助，4=无法完成。二分类变量时，如果上述 11 项总分为 11，则表示无困难，大于 11，则表示有困难，即：0=无困难，1=有困难
慢性病	包括：（1）高血压病；（2）血脂异常（包括低密度脂蛋白、甘油三酯、总胆固醇的升高或（和）高密度脂蛋白的下降）；（3）糖尿病或血糖升高（包括糖耐量异常和空腹血糖升高）；（4）癌症等恶性肿瘤（不包括轻度皮肤癌）；（5）慢性肺部疾患，如慢性支气管炎、肺气肿或肺心病（不包括肿瘤或癌）；（6）肝脏疾病（除脂肪肝、肿瘤或癌外）；（7）脏病（如心肌梗死、冠心病、心绞痛、充血性心力衰竭和其他心脏疾病）；（8）中风；（9）肾脏疾病（不包括肿瘤或癌）；（10）胃部疾病或消化系统疾病（不包括肿瘤或癌）；（11）情感及精神方面问题；（12）与记忆相关的疾病（如老年痴呆症、脑萎缩、帕金森症）；（13）关节炎或风湿病；（14）哮喘等 14 种。对每一种慢性病赋值：1=有，0=无。总分大于 1，则表示至少有一种慢性病，因此二分类变量为：0=无慢性病，1=有慢性病
抑郁症	包括：（1）我因一些小事而烦恼；（2）我在做事时很难集中精力；（3）我感到情绪低落；（4）我觉得做任何事都很费劲；（5）我对未来充满希望；（6）我感到害怕；（7）我的睡眠不好；（8）我很愉快；（9）我感到孤独；（10）我觉得我无法继续我的生活等 10 个问题，每个问题的答案选项是：1=很少或者根本没有，2=不太多，3=有时或者说有一半的时间，4=大多数的时间。对于正向问题，如"我对未来充满希望""我很愉快"进行反向计分。总分大于 10 则表示有抑郁症现象，等于 10 则表示无抑郁症。二分类变量为：0=无，1=有

续表

变量	变量含义
生活满意度	1＝极其满意，2＝非常满意，3＝比较满意，4＝不太满意，5＝一点也不满意。二分类变量时，"极其满意""非常满意""比较满意"归为满意，"不太满意""一点也不满意"归为不满意，即 0＝满意，1＝不满意
经济支持	包括来自子女和孙子女的现金和非现金物质的经济赡养。对经济支持进行标准化处理：计算第 i 个样本的经济支持总数 E_i；再计算总体样本经济支持的平均数 $\overline{E}$ 和标准差 $(var(E))^{1/2}$；则第 i 个样本的标准化经济支持指数：$EC_i = (E_i - \overline{E})/(var(E))^{1/2}$。这样可以解决经济支持的非正态性，也有利于对回归结果的解释与比较
政府转移支付	低保；退耕还林；农业补助；五保户补助金（用来补助那些无法自力更生的低收入者、盲人、身体残疾者、老人和小孩）；特困户补助；其他工伤人员供养直系亲属抚恤金；突发事件或重大灾难之后的补助（即救济金、赈灾款，包括实物形式补助）
非工资收入	退休金或养老金（包括政府和事业单位、企业基本养老金，企业补充养老金，农村、城乡、城镇居民养老金，商业养老金、高龄老人养老补助等）；失业补助；无保障老人生活补贴；工伤保险金包括误工补贴、伤残补助、丧葬费等；独生子女老年补助；医疗救助；政府给个人的其他补助；社会捐助；其他收入（离婚后的赡养费、子女抚养费等）

二、样本特征

在浙江、甘肃两省追踪到的 2378 名受访者中，60 岁及以上老年人占 55.6%。表 5-2 显示，60 岁及以上老年人两省共抽取了 1321 名，其中 60~69 岁的老年人 765 名，占 57.9%；70~79 岁的老年人 412 名，占 31.2%；80 岁及以上的老年人 144 名，占 10.9%。浙江省的高龄老年人比例高于甘肃省。男性老年人多于女性老年人，农村户口老年人远远多于城镇户口老年人，符合中国目前城市化水平较低的现实。在婚老年人高于非在婚老年人,有41.4%的老年人有3~4个子女,甘肃省老年人拥有3个及3个以上子女的比例高于浙江省。有38.1%的老年人与子女同住,但浙江省的这一比例低于甘肃省。93.4%的子女与老人住在同一个县,但甘肃省的这一比例低于浙江省,反映了欠发达地区的子女更可能外出打工。将近一半的老年人文化水平为文盲,而甘肃省的老年人文盲率高于浙江省15个百分点,说明中国老年人文化水平总体偏低,欠发达地区老年人的文化水平则更低。从老年人的社会资本情况看,浙江省的情况远远好于甘肃省,说明经济发达地区老年人的社会活动、精神生活更为丰富。从生活习惯看,甘肃省老年人的吸烟比例高于浙江省老年人,但饮酒比例则较低。

表5-2　　　　2012年60岁以上老年人样本特征　　　　单位:人

变量		浙江省	甘肃省	合计
年龄	60~69岁	403 (57.0%)	362 (59.0%)	765 (57.9%)
	70~79岁	213 (30.1%)	199 (32.4%)	412 (31.2%)
	80岁及以上	91 (12.9%)	53 (8.6%)	144 (10.9%)
性别	男	363 (51.3%)	316 (51.5%)	679 (51.4%)
	女	344 (48.7%)	298 (45.8%)	642 (48.6%)
户口	农村	563 (79.6%)	507 (82.7%)	1070 (81.1%)
	城市	144 (20.4%)	106 (17.3%)	250 (18.9%)
婚姻	在婚	535 (75.7%)	447 (72.8%)	982 (74.3%)
	非在婚	172 (24.3%)	167 (27.2%)	339 (25.7%)
教育	文盲	309 (43.7%)	358 (58.3%)	667 (50.5%)
	小学	332 (47.0%)	181 (29.5%)	513 (38.8%)
	初中	41 (5.8%)	51 (8.3%)	92 (7.0%)
	高中以上	25 (3.5%)	24 (3.9%)	49 (3.7%)

续表

变量		浙江省	甘肃省	合计
与本县/市/区人们平均生活水平相比	好得多	4（0.6%）	3（0.5%）	7（0.6%）
	好一些	34（5.5%）	26（4.7%）	60（5.1%）
	差不多	200（32.1%）	129（23.4%）	329（28.0%）
	差一些	166（26.6%）	126（22.9%）	292（24.9%）
	差很多/不知道	220（35.3%）	267（48.5%）	487（41.4%）
子女数	0个	23（3.3%）	27（4.4%）	50（3.8%）
	1~2个	298（42.2%）	203（33.1%）	501（37.9%）
	3~4个	277（39.2%）	266（43.3%）	534（41.1%）
	5个以上	109（15.3%）	118（19.2%）	227（17.2%）
与子女同住	是	254（35.9%）	249（40.5%）	503（38.1%）
	否	453（64.1%）	365（59.5%）	818（61.9%）
子女居住距离	附近（本县）	612（95.5%）	502（90.9%）	1114（93.4%）
	外地	29（4.5%）	50（9.1%）	79（6.6%）
吸烟	是	265（37.5%）	264（43.2%）	529（40.1%）
	否	442（62.5%）	347（56.8%）	789（59.9%）
饮酒	是	239（33.8%）	119（19.5%）	358（27.2%）
	否	468（66.2%）	492（80.5%）	960（72.8%）
社会资本	有	320（45.3%）	163（26.6%）	483（36.6%）
	无	387（54.7%）	451（73.5%）	838（63.4%）

资料来源：根据 CHARLS 数据整理，表中括号外数字为人数，括号内数字为样本人数占该省 60 岁以上样本总人数的百分比。

三、样本老年人的健康状况及就医行为

表5-3中的变量为分类有序变量，因此对浙江、甘肃两省的差异性检验用的是秩和检验。总的来看，除生活满意度、15岁之前的健康状况、是否及时住院、有几种医疗保险等几项无明

显差异,其余变量在两省之间都存在显著性差异。

老年人自评健康状况"好"或"不好"的各占一半,但浙江省的自评健康明显好于甘肃省,且具有统计学意义。绝大部分受访老年人日常活动能力(ADL)无困难,但浙江省老年人的状况要好于甘肃省的老年人。绝大部分老年人有一种以上的慢性病,且浙江省老年人患慢性病的种类少于甘肃省老年人。一个不容忽视的问题是,浙江省有 39.8% 的老年人存在抑郁症问题,而甘肃省老年人较浙江省老年人更高了 20 个百分点,说明心理健康是严重困扰老年人的一个健康问题,而且落后地区的老年人患抑郁症的情况更严重。因此,浙江省老年人的健康状况明显好于甘肃省老年人的健康状况。其中的原因通过以下 3 个指标可以进行部分解释:在常规体检方面,经济发达的浙江省较经济欠发达的甘肃省高了 30 个百分点,而在是否及时治疗方面,浙江省较甘肃省高出 7.7 个百分点,在是否及时住院方面,浙江省较甘肃省高 2.8 个百分点。总的来看,老年人及时就医的比例都很高,拥有医疗保险的老年人比例也很高。

表 5-3　　　　　2012 年样本健康及就医行为　　　　单位:人

变量		浙江省	甘肃省	合计	秩和检验
自评健康	好 (0)	397 (56.2%)	257 (41.9%)	654 (49.5%)	$\chi^2=23.868$
	不好 (1)	310 (43.8%)	357 (58.1%)	667 (50.5%)	$p=0.000$
ADL	无困难 (0)	640 (90.5%)	507 (82.6%)	1147 (86.8%)	$\chi^2=88.643$
	有困难 (1)	67 (9.5%)	107 (17.4%)	174 (13.1%)	$p=0.000$
慢性病	0 种	172 (24.3%)	106 (17.3%)	278 (21.0%)	$\chi^2=4.315$
	1 种	234 (33.1%)	164 (26.7%)	398 (30.1%)	$p=0.0378$
	2 种	161 (22.8%)	145 (23.6%)	306 (23.2%)	
	3 种以上	140 (19.8%)	199 (32.4%)	339 (25.7%)	

续表

变量		浙江省	甘肃省	合计	秩和检验
抑郁症	无 (0)	414 (60.2%)	242 (40.3%)	656 (50.9%)	$\chi^2 = 38.123$
	有 (1)	274 (39.8%)	359 (59.7%)	634 (49.1%)	$p = 0.000$
生活满意度	满意 (0)	461 (65.2%)	423 (68.9%)	884 (66.9%)	$\chi^2 = 2.542$
	不满意 (1)	246 (34.8%)	191 (31.1%)	437 (33.1%)	$p = 0.1108$
15岁前健康状况	好 (0)	545 (77.1%)	451 (73.5%)	996 (75.4%)	$\chi^2 = 0.959$
	不好 (1)	162 (22.9%)	163 (26.5%)	325 (24.6%)	$p = 0.327$
是否进行过常规体检	是	579 (82.0%)	314 (51.3%)	893 (67.8%)	$\chi^2 = 95.212$
	否	127 (18.0%)	298 (48.7%)	425 (32.2%)	$p = 0.000$
是否及时看病	是	690 (97.7%)	552 (90.2%)	1242 (94.2%)	$\chi^2 = 5.226$
	否	16 (2.3%)	60 (9.8%)	76 (5.8%)	$p = 0.022$
及时住院	是	674 (98.0%)	511 (95.2%)	1185 (96.7%)	$\chi^2 = 0.798$
	否	14 (2.0%)	26 (4.8%)	40 (3.3%)	$p = 0.372$
医疗保险	城镇职工医疗保险	73 (11.1%)	51 (9.3%)	124 (10.3%)	$\chi^2 = 1.268$
	城镇居民医疗保险	30 (4.6%)	30 (5.5%)	60 (5.0%)	$p = 0.2601$
	新农合	489 (74.5%)	452 (82.2%)	941 (78.0%)	
	城乡居民医疗保险	42 (6.4%)	7 (1.3%)	49 (4.1%)	
	公费医疗	22 (3.4%)	10 (1.8%)	32 (3.4%)	

资料来源：根据 CHARLS 数据整理，表中括号外数字为人数，括号内数字为样本人数占该省60岁以上总样本人数的百分比。

第二节　样本老年人经济来源状况

一、样本老年人家庭外经济来源

表5-4显示，平均有11.0%的老年人有工资收入，年平均

第五章 老年人代际经济支持与主观福利现状

工资收入为 16788.2 元，标准差为 1195.4 元。但无论从绝对数还是从相对数来看，浙江省老年人的工资收入都高于甘肃省老年人：浙江省有 17.5% 的老年人有工资收入，平均年收入 17777.7 元，标准差为 1318.8 元，而甘肃省的这三个数字则分别为 3.3%、10651.0 元和 2286.1 元，说明甘肃省老年人拥有工资收入的比例和工资收入金额都远远低于浙江省，而且标准差远远大于浙江省，说明甘肃省老年人的工资收入差距高于浙江省老年人。64.7% 的老年人有非工资收入，其中浙江省 77.7% 的被访老年人有非工资收入，而甘肃省仅为 48.9%，且收入的金额也远远低于浙江省。两省老年人的退休金和养老金也存在显著差异。甘肃省领取政府转移支付的老年人的比例远远高于浙江省老年人，其中的原因应该是处于中国西部的甘肃省老年人更多地领取了"退耕还林"等政府转移支付，也可能是经济欠发达地区的老年人更多地依靠政府的帮助。

表 5-4　　　　　老年人家庭外的经济收入来源　　　　　　单位：元

变量	浙江省	甘肃省	平均	方差分析
过去一年工资收入（不包括退休金等）	17.5%（17777.7 ±1318.8）	3.3%（10651.0 ±2286.1）	11.0%（16788.2 ±1195.4）	χ^2 =769.95 p =0.000
过去一年非工资收入（不包括退休金等）	77.7%（9561.4 ±650.8）	48.9%（6826.9 ±656.1）	64.7%（8595.1 ±482.3）	χ^2 =133.89 p =0.000
现在每月领取退休金	14.7%（2797.4 ±121.1）	12.2%（1938.1 ±101.0）	13.6%（2347.4 ±87.8）	χ^2 =113.71 p =0.000
现在每月领取养老金	62.7%（446.4 ±33.0）	41.4%（124.7 ±17.0）	52.1%（331.8 ±22.8）	χ^2 =732.71 p =0.000
政府转移支付收入	28.3%（1263.7 ±162.1）	64.2%（1068 ±58.6）	45.0%（1134.0 ±67.0）	χ^2 =36.52 p =0.000

资料来源：根据 CHARLS 数据整理，表中括号外的数字表示获取该项收入的老年人占全部样本老年人的百分比，括号内为各种收入的平均数及标准差。

表5-4显示,除"政府转移支付收入"甘肃省老年人获得比例高于浙江省老年人之外,甘肃省老年人拥有的其他收入的比例以及收入的绝对数都远远低于浙江省老年人,而且具有统计学意义上的显著差异。各种数据充分说明,经济发达地区的老年人晚年生活有更多的经济保障,这种保障进而可以提高经济发达地区老年人医疗服务的可及性。如此一来,经济发达地区老年人的健康状况好于经济欠发达地区老年人也就不难理解了。

二、样本老年人家庭经济支持状况

(一)老年人获得家庭经济支持状况

表5-5显示,老年人从子女处获得经济支持的最主要方式是非定期现金支持,浙江、甘肃两省的这一比例分别是31.3%和31.9%,但浙江省的绝对数是5703.6元,是甘肃省的2倍多;老年人获取子女经济支持的第二种主要方式为非定期非现金支持,而且浙江、甘肃两省各有24%左右的老年人获得这种支持,但浙江省老年人获得非定期非现金支持的绝对数是甘肃省老年人的近8倍。从老年人获得的经济支持的合计数看,浙江省老年人获得家庭经济支持的平均数为20440.6元,远远高于甘肃省的6341.0元,而且具有统计学意义上的显著性差异。

表5-5　过去一年老年人获得家庭经济支持状况　　　　单位:元

经济支持类型	浙江省	甘肃省	平均
子女提供			
定期现金支持	13.3% (33719.2±11183.6)	7.0% (10328.8±3764.6)	10.4% (26377.7±7805.4)
定期非现金支持	2.3% (9951.3±4206.1)	4.1% (1948±703.2)	3.1% (5071±1775.1)
非定期现金支持	31.3% (5703.6±682.9)	31.9% (2692.3±367.6)	31.6% (4288.2±407.3)
非定期非现金支持	24.2% (8619.4±4521.0)	24.9% (1110.1±158.5)	24.5% (5073.3±2393.0)

续表

经济支持类型	浙江省	甘肃省	平均
孙子女提供			
定期现金支持	1.4% (750±161.9)	1.0% (2154.2±1217.7)	1.2% (1276.6±475.4)
定期非现金支持	0.1% (100.0±0.0)	0.5% (70±15.3)	0.3% (77.5±13.1)
非定期现金支持	5.5% (1325.6±294.4)	4.9% (436.7±88.8)	5.2% (939.1±178.3)
非定期非现金支持	2.4% (712.4±165.4)	3.6% (423.2±117.9)	3.0% (549.3±99.5)
子女/孙子女提供			
5000元以上大额支持	6.4% (38555.9±10172.5)	2.3% (45142.9±14364)	4.5% (40118.9±8425.1)
合计	54.5% (20440.6±3701.7)	47.7% (6341.0±1122.3)	51.3% (14347.4±2172.6)

资料来源：根据CHARLS数据整理，括号外数字为获得经济支持的老年人占全部样本老年人百分比，括号内为经济支持的平均数及标准差。老年人可能既获得子女提供的经济支持，又同时获得孙子女提供的经济支持，所以上表中的百分数加起来可能大于100%。表中的合计数表示能获得家庭经济支持的老年人占样本老年人的百分比。浙江、甘肃两省获得经济支持合计数方差分析：$\chi^2=23.868$，$p=0.000$。

孙子女也向老年人提供经济支持，但比例不高，而且提供的金额也较低。另外，有4.5%的老年人过去一年一次性获得了5000元以上的大额经济支持，其中浙江省有6.4%受访老年人获得了这一支持，而甘肃省仅为2.3%，但甘肃省老年人获得这种支持的平均金额大于浙江省，且变异系数较低。

值得注意的一点是，老年人获得经济支持的标准差较大，较大标准差说明不同老年人获得家庭经济支持的差异较大，图5-1、图5-2分别是删除极值前后的直方图，不难看出，即便删除极值后，经济支持的分布仍具有非正态性，而且还可以看出，绝大部分的老年人过去一年获得经济支持在2000元以下。通过对比发现，甘肃省老年人获得非定期现金支持、非定期非现金支持和定期现金支持的比例都高于浙江省，但获得定期现金支持和获得 5000 元以上的大额支持的比例低于浙江省。

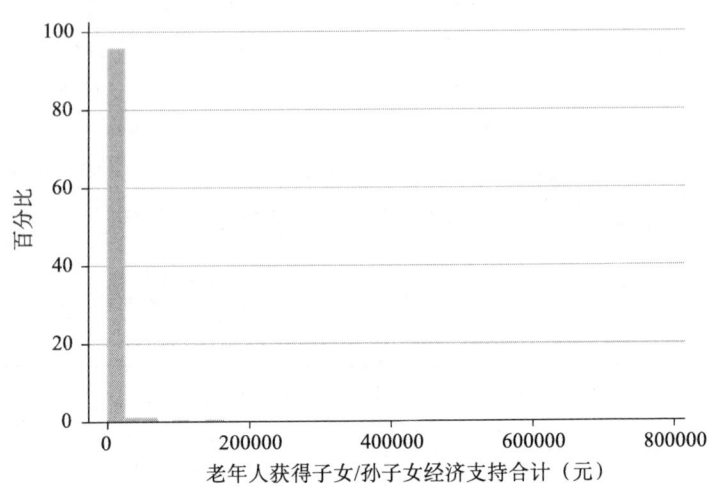

图 5-1　老年人获得经济支持直方图

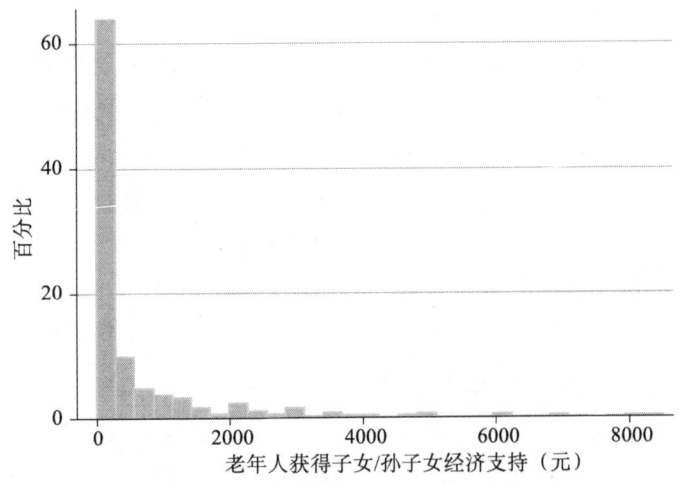

图 5-2　老年人获得经济支持直方图（删除极值）

(二) 老年人提供经济支持状况

表 5-6 显示，31.8% 的老年人向子女或孙子女提供了经济支持，平均 33318.2 元，标准差 4045.5 元。其中，浙江省 36.5% 的样本老年人向子女或孙子女提供了经济支持，平均金额为 43582.3 元，远高于甘肃省的 26.4% 和 16971.6 元。老年人提供经济支持的主要方式为非定期现金支持。老年人向孙子女提供非定期现金支持的比例远高于对子女提供的非定期现金支持，体现了"隔代亲"。

表 5-6 样本老年人过去一年提供代际经济支持状况　　　单位：元

经济支持类型	浙江省	甘肃省	平均
向子女提供			
定期现金支持	0.3% (600.0±300.0)	0.7% (7750±3839.6)	0.5% (5366.7±2859.2)
定期非现金支持	0	0	0
非定期现金支持	5.0% (37135.7±7353.5)	4.7% (13468.8±4058.9)	5.1% (25650.3±4475.5)
非定期非现金支持	0.6% (5735±4771.9)	1.3% (1005.6±277.7)	1.0% (2460.8±1477.9)
向孙子女提供			
定期现金支持	3.4% (4917.5±1954.8)	4.9% (5290.7±3314.8)	4.1% (5124.8±2019.4)
定期非现金支持	0.1% (2000.0±0.0)	0	0.0% (2000.0±0.0)
非定期现金支持	18.2% (3659.1±1629.6)	12.5% (1702.5±339.9)	15.6% (2927.7±1028.9)
非定期非现金支持	2.4% (481.8±157.6)	2.9% (1003.9±299.4)	2.6% (750.3±175.3)
向子女/孙子女提供			
5000 元以上大额支持	17.7% (74560.8±10793.2)	7.7% (41638.3±7344.2)	13.0% (65564.5±8161.8)
合计	36.5% (43582.3±6274.6)	26.4% (16971.6±2763)	31.8% (33318.2±4045.5)

资料来源：根据 CHARLS 数据整理，浙江、甘肃两省提供经济支持合计数方差分析：$\chi^2 = 719.19$，$p=0.000$。括号外为提供经济支持的老年人占全部样本老年人百分比，括号内为经济支持的平均数及标准差。

第三节　样本老年人获得精神慰藉状况

一、样本老年人获得精神慰藉状况

本书所讨论的精神慰藉包括老年人与子女见面的次数以及子女给老年人写信、视频聊天或打电话的次数。表5-7显示，41.71%的老年人每天能见到一次不住在一起的子女，其中浙江省的这一比例为46%，远高于甘肃省的36.8%，原因可能是浙江省经济发达，乡镇企业及家族企业较多，子女外出打工的较少。有11.5%的老年人一年见不到一次自己的子女，而进一步分析发现，这一部分老年人基本是60岁左右的低龄老年人，可能的原因是低龄老年人身体健康状况尚可，可以在家自我照顾，不需要子女回家看望自己。表5-7还显示，有21.5%的老人每天能和子女取得联系，浙江省的这一比例高于甘肃省；每周联系一次以上的老年人比例为27.8%，其中甘肃省的这一比例为30.3%，高于浙江省。总的来看，有61.5%的老年人每月能与子女联系一次以上，49.3%的老年人每周能与子女联系一次以上。

表5-7　老年人过去一年与子女见面/联系次数　　　　单位：人

变量		浙江省	甘肃省	合计	方差分析
见面次数	每天一次以上	325 (46.0%)	226 (36.8%)	551 (41.71%)	$\chi^2=3.33$
	每周一次以上	149 (21.1%)	127 (20.7%)	276 (20.9%)	$p=0.068$
	每月一次以上	85 (12.0%)	75 (12.2%)	160 (12.1%)	
	每年一次以上	75 (10.6%)	107 (17.4%)	182 (13.8%)	

续表

变量		浙江省	甘肃省	合计	方差分析
联系次数	一年少于1次	73（10.3%）	79（12.9%）	152（11.5%）	
	每天一次以上	172（24.3%）	112（18.2%）	284（21.5%）	$\chi^2 = 77.12$
	每周一次以上	181（25.6%）	186（30.3%）	367（27.8%）	$p = 0.000$
	每月一次以上	98（13.9%）	129（21.0%）	227（17.2%）	
	每年一次以上	17（2.4%）	33（5.4%）	50（3.8%）	
	一年少于1次	239（33.8%）	154（25.1%）	393（30.0%）	

资料来源：根据 CHARLS 数据整理，括号外的数字为不同情况下的老年人数，括号内的数字为获得情感支持的老年人占总受访老年人的百分比。联系方式包括打电话、写信、视频聊天等。

二、情感慰藉与各因素局部加权回归散点图

图 5-3 至图 5-9 中的散点表示情感慰藉次数与各相关因素的关系，曲线是对这种关系的拟合。由于各因素对应的情感慰藉次数差异较大，本书对其进行了标准化处理。

图 5-3 显示，老年人与子女见面的次数和老年人的年龄存在线性关系，老年人年龄越大，见到子女的次数越多，可能的原因是高龄老年人更需要子女的日常照料。图 5-4 显示，在删除极端值之后，老年人获得的经济支持越多，见到子女的次数越少，反映了在当前人口流动性越来越强的背景下，子女用金钱替代了对父母的看望，具有"金钱换时间"的鲜明时代特征，也可能是身体状况较好的老年人只要能有子女的经济支持，生活就可以自理，不需要子女过多的照料。

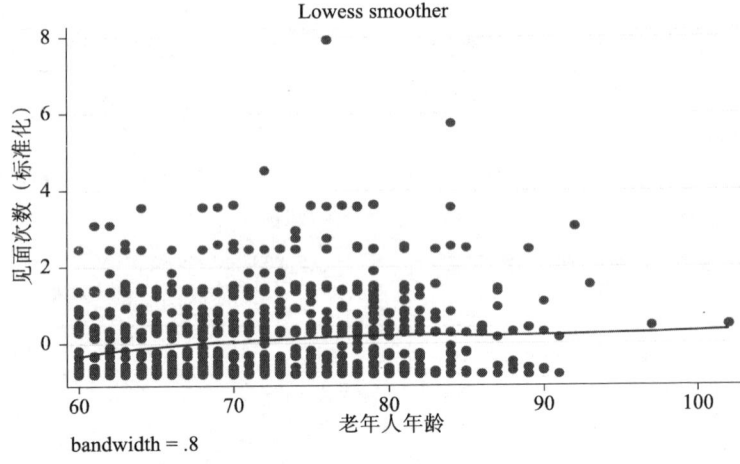

图 5-3 年龄与见面次数关系图

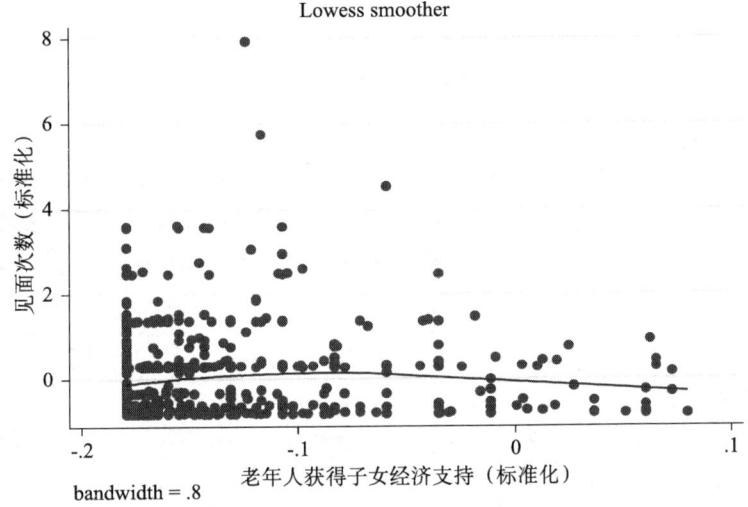

图 5-4 经济支持（删除极值）与见面次数关系图

图 5-5 显示，老年人 ADL 状况越差，和子女见面的次数越多，其原因应该是日常活动能力差的老年人更多地需要子女照

料。图 5-6 则显示,患慢性病种类的增加没有导致见面次数的明显增加,可能是慢性病对老年人的日常活动能力影响不大,慢性病严重未必导致对日常照料需求的增加。

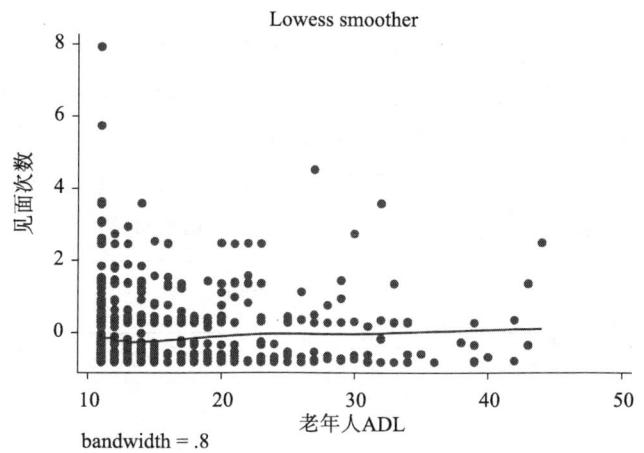

图 5-5 老年人 ADL 状况与见面次数关系图

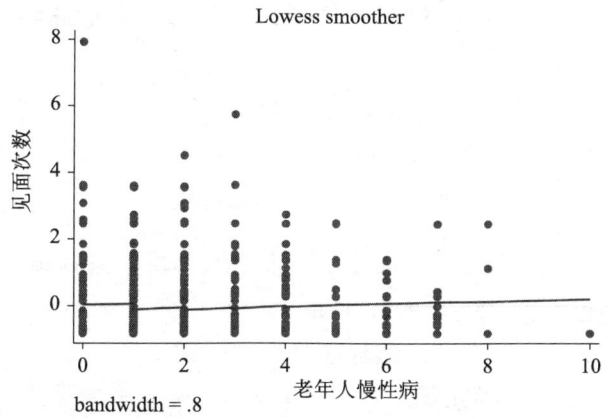

图 5-6 老年人慢性病状况与见面次数关系图

图 5-7 说明，老年人抑郁症越严重，与女子联系的次数越少。对于这种现象更合理的解释应该是：子女与老年人见面或联系的次数越少，老年人的抑郁症越严重，说明了反向因果关系的存在。因为抑郁症和下文将要提到的生活满意度都属于心理健康问题，和生理健康不同，见面次数和联系次数会影响老年人的心理健康，而不是相反。但是，生理健康却相反，生理健康状况的好坏会影响老年人与子女见面的次数。因此，关于生活满意度与见面次数、联系次数的关系图就将见面次数和联系次数分别作为自变量，生活满意度作为因变量，这样的结果更符合现实。

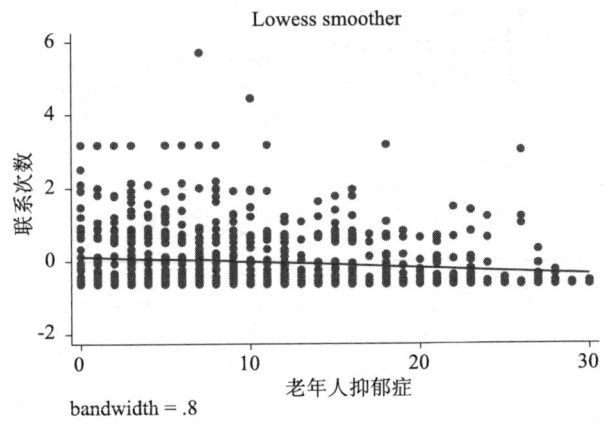

图 5-7　老年人抑郁症与联系次数关系图

图 5-8 显示老年人与子女见面次数的增加可以提高老年人生活满意度，图 5-9 显示联系次数与老年人生活满意度间的"U"形关系，一开始，随着联系次数的增加，老年人生活满意度会提高，但联系次数超过一定限度后，老年人的生活满意度反而下降。

第五章 老年人代际经济支持与主观福利现状

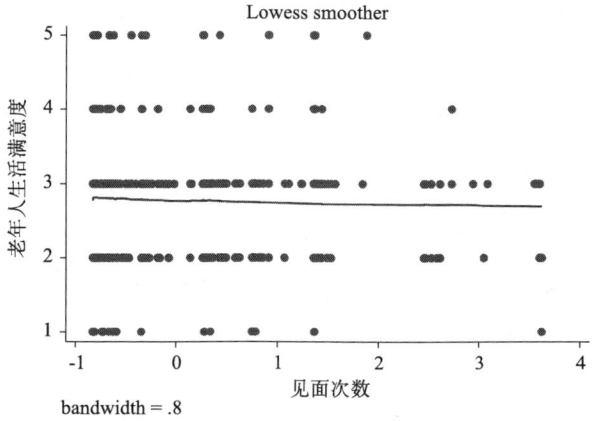

图 5-8 见面次数与生活满意度关系图

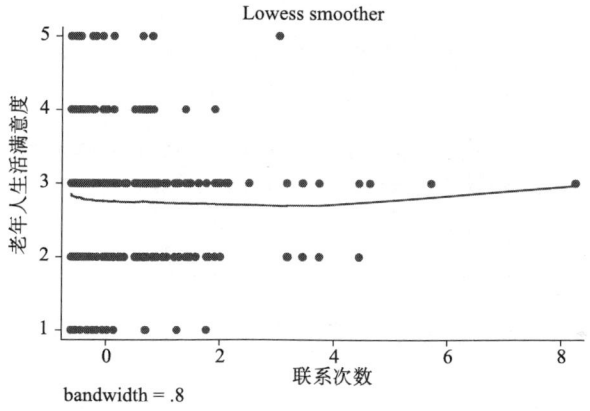

图 5-9 联系次数与生活满意度关系图

本章小结

本章通过描述统计发现，浙江、甘肃两省老年人的健康状况存在显著性差异，从自评健康、ADL、慢性病、抑郁症方面看，浙江省老年人明显比甘肃省老年人健康，可能与经济发展水平有关，体现的是社会因果论。浙江省的医疗服务利用率也高于甘肃省。

老年人养老经济来源方面，过去一年的工资收入、非工资收入、每月领取的退休金、养老金，浙江省老年人显著高于甘肃省老年人，但政府转移支付收入方面，甘肃省老年人高于浙江省老年人。

获取家庭代际经济支持方面，浙江省老年人获取子女及孙子女经济支持的比例及金额都高于甘肃省老年人。在提供经济支持方面，浙江省老年人向子女及孙子女提供的比例及金额也都高于甘肃省老年人。浙江省老年人与子女见面的次数多于甘肃省老年人，但与子女联系的次数少于甘肃省老年人。

老年人获得经济支持越多，与子女见面次数越少；ADL越严重，见面次数越多；慢性病严重程度与见面次数间的关系不明显；抑郁症越严重，见面次数越少；而见面次数越多，老年人生活满意度越高；联系次数与老年人生活满意度呈"U"形关系。

经济支持主观福利效应研究

本章共包括6个方面的内容，分别研究代际经济支持对老年人ADL、慢性病、抑郁症、生活满意度以及自评健康等主观福利的影响，并进行分样本研究。每一部分首先进行多层次模型可行性检验、模型稳健性检验。由于模型的因变量（健康）的取值采用二分变量（0 = 健康，1 = 不健康），而且数据具有分层特点（nested data），本章的回归分析采用广义多层线性模型（GHLM）。实证分5部分进行，即根据代际经济支持的健康效应分别对ADL、慢性病、抑郁症、生活满意度以及自评健康进行实证分析。在每一部分，都首先进行空模型检验，也就是检验运用多层模型的必要性；然后采用逐步回归法，依次加入控制变量，检验模型的稳健性以及经济支持影响健康的机制。

第一节 变量的选择及模型稳健性检验方法

一、变量的选择及含义

老年人主观福利测量分别从生理和心理，主观与客观2个角度，ADL、慢性病、抑郁症、生活满意度、自评健康5个方面进行。其中，ADL、慢性病属于生理健康指标和客观指标，抑郁症、生活满意度属于心理健康指标和主观指标，自评健康则是综合主观指标。

控制变量的选择依据是，首先结合 Hausman 健康需求模型，从遗传、社会经济地位、人口特征等角度选择变量，在此基础上，应用逐步回归法选择显著性较强的变量，同时，结合研究目的加入和研究目标相关的变量，如反映社区和家庭特征的变量等。相关变量及含义如表6-1所示。

表6-1 变量及变量含义

变量名称	变量含义
获得经济支持	2008年老年人从子女/孙子女处获得经济支持标准化处理后的数值
提供经济支持	2008年老年人向子女/孙子女提供经济支持的标准化处理后数值
政府转移支付	2008年包括低保、退耕还林、农业补助、"五保户"补助金、特困户补助、工伤人员供养直系亲属抚恤金、突发事件或重大灾难之后的补助标准化处理后的数值

续表

变量名称	变量含义
个人收入（不含子女提供的经济支持、转移支付）	2008年工资收入、退休金或养老金、失业补助、无保障老人生活补贴、工伤保险金、独生子女老年补助、医疗救助、政府给个人的其他补助、社会捐助标准化处理后的数值。社区经济状况很穷—1—2—3—4—5—6—7→很富
家户规模	家户成员数，包括：（1）现在没在家常住，但过去一年在家住了6个月以上，并且未来一年会回来常住的；（2）现在在家里常住，并且过去一年在家住了6个月以上的；（3）平时上学/工作，但通常每周回家，并且过去一年在家住了6个月以上的
教育程度	0=文盲 1=小学及以上
婚姻（非在婚=0）	非在婚包括离异、丧偶、从未结婚
社会资本	串门、跟朋友交往、打麻将、下棋、打牌去社区活动室，无偿向不住在一起的亲人、朋友或者邻居提供帮助，去公园或者其他场所跳舞、健身、练气功等，参加社团组织活动、志愿者活动或者慈善活动，无偿照顾不住在一起的病人或残疾人，上学或者参加培训课程，炒股（基金及其他金融证券），上网
及时住院	0=否，1=是
基期自评健康	2008年自评健康，0=健康，1=不健康
基期ADL	2008年日常活动能力，0=无困难，1=有困难
基期慢性病	2008年慢性病，0=无慢性病，1=有慢性病
15岁前健康状况	反映身体素质遗传状况，0=健康，1=不健康
社区医院医疗水平	1=不好，2=一般，3=比较好，4=非常好
县医院医疗水平	1=不好，2=一般，3=比较好，4=非常好

二、模型稳健性检验

稳健性检验的主要方法是检验自变量的回归结果对于新增的解释变量是否很敏感，如果增加新的解释变量后出现了同以前回归结果完全相反的结论，那么就可以认为以前的回归结果不具有稳健性。本章实证分析将采用逐步回归法，在经济支持和个体特征的基础之上，逐步加入医疗服务的可及性、家庭特征、老年人基期（2008年）健康状况以及社区特征变量。逐步回归法在检验模型稳健性的同时，还可以发现经济支持健康效应的作用机制或者说是中介变量。若加入新变量后，自变量对因变量显著性消失，则说明新加入的变量是完全中介变量；若加入新变量后，自变量对因变量的显著性仍然存在，但是回归系数变小，则说明新加入的变量是部分中介变量。

第二节　代际经济支持的主观福利效应检验

一、经济支持对于 ADL 的健康效应检验

（一）经济支持与老年人 ADL 关系——局部加权回归散点图

为了更清楚地反映经济支持与 ADL 的关系，绘图之前，首先分别删除了经济支持的极端值。各图中的散点分别表示 ADL = 0 和 ADL = 1 的分布情况，由于每个图删除的观测值不同（图 6-1 删除的是获得经济支持的极端值；图 6-2 删除的是提供经济支持的极端值；图 6-3 删除的是获得政府转移支付的极端值；图 6-4 删除的是老人收入的极端值），因此，各图中散点分布有所差别，但基本特征都是 ADL = 0 的点多于 ADL = 1 的点，也正因为此，各图中的 Lowess 拟合回归曲线位置都偏下。

第六章 经济支持主观福利效应研究

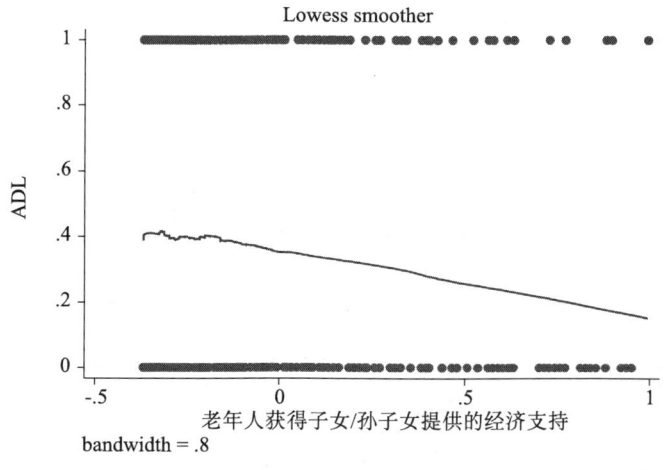

图 6-1 获得经济支持与 ADL 关系图

图 6-1 显示，老年人获得家庭经济支持有利于 ADL 改善，图 6-2 显示老年人提供经济支持与老年人 ADL 成"U"形关系，说明老年人向家庭提供一定程度的经济支持有利于改善 ADL，但是，提供的经济支持一旦超过一定限度，比如超过老年人的承受力，则不利于老年人 ADL 的改善。图 6-3 显示，获取政府转移支付较少时，不利于 ADL，当转移支付超过一定限度后，则显现有利的健康效应。图 6-4 显示，老年人收入越高，ADL 状况越好。

（二）GHLM 回归结果

空模型未加入任何解释变量，因而只有一个固定效应，即截距，回归结果显示其数值 0.363，说明样本中老年人平均 ADL 取值为 0.363，整体 ADL 状况较好，这一结果与图 6-1 至图 6-4 中的 Lowess 拟合回归线截距基本吻合（不完全一致的原因在于制图过程中删除了经济支持的极值）。空模型中的随机效应部分是多层次模型关注的重点，也是多层次模型有别于其他模型的特

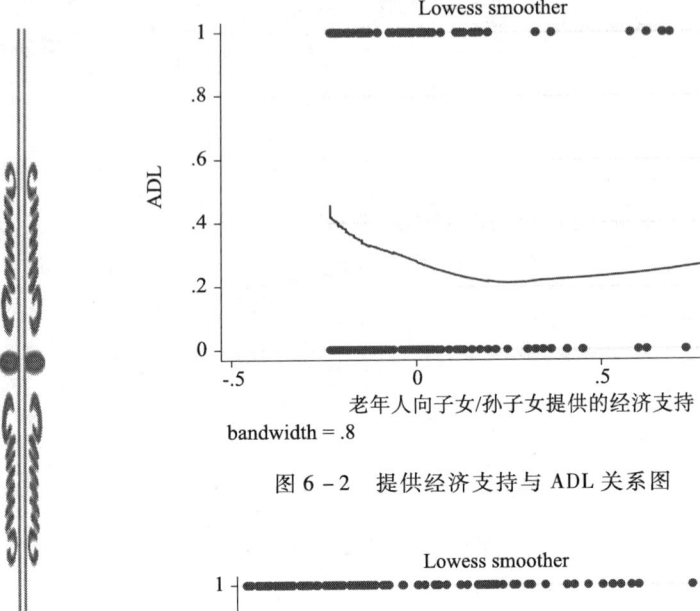

图 6-2 提供经济支持与 ADL 关系图

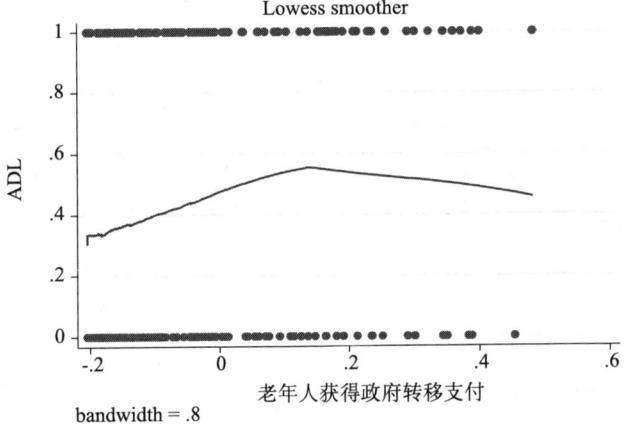

图 6-3 获得政府转移支付与 ADL 关系图

第六章 经济支持主观福利效应研究

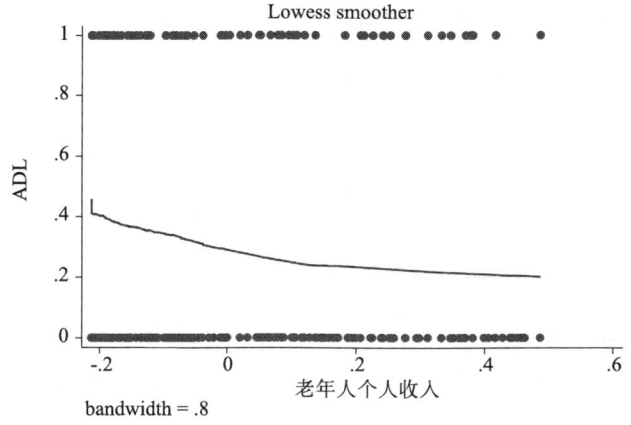

图 6-4 老年人收入与 ADL 关系图

色之处。结果显示老年人 ADL 因个体和社区而异：社区之间的变异值（即群间变异值），也就是随机效应部分的截距为 0.192，群内变异值为 0.440，意味着社区因素能解释老年健康差异的程度，即群间关联度系数（Intra-class Correlation Coefficient, ICC）为：$\rho = \dfrac{\tau_0^2}{\tau_0^2 + \sigma_0^2} = \dfrac{0.192}{0.192 + 0.440} = 0.3038$

说明老年 ADL 健康的差异 30.38% 来自社区，其余 69.62% 来自老年人个体。这说明，对属于同一社区的老年人而言，他们的 ADL 具有很强的相似性和关联性，而对于不同社区的老年人，他们的 ADL 具有很大的差异性，说明社区因素对于预测老年人健康具有重要意义。因此，模型中加入社区随机因素将改善模型的适合性，提高参数估计的准确性。

表 6-2 显示，逐步回归得到的 5 个模型 Wald chi² 相应的 Prob > chi² 取值都显著不等于 0，说明模型总体拟合度较好。同时，5 个模型都显示，获得经济支持和提供经济支持有利于改善老年人的 ADL，说明模型是稳健的。

表6-2　　　　　经济支持对老年人ADL的影响

固定效应部分	模型Ⅰ	模型Ⅱ	模型Ⅲ	模型Ⅳ	模型Ⅴ	模型Ⅵ
截距	-2.358***	-2.454***	-1.225#	-1.472*	-1.828**	-1.549#
获得经济支持	-0.1551	-0.170#	-0.213*	-0.243**	-0.187#	-0.148
提供经济支持	-0.180#	-0.169	-0.181#	-0.165	-0.152	-0.212#
政府转移支付	—	-0.349**	-0.348**	-0.337**	-0.301**	-0.370**
个人收入	-0.596*	-0.602**	-0.606**	-0.584**	-0.379	-0.458
教育程度	-0.342**	-0.363**	-0.387**	-0.398**	-0.312**	-0.224
年龄平方	0.000***	0.000***	0.000***	0.000***	0.000**	0.000**
婚姻（非在婚=0）	-0.208	-0.162	-0.196	-0.300*	-0.219	0.157
性别（男性=0）	0.286*	0.293**	0.305**	0.227#	0.123	0.224
户口（农村=0）	-0.335	-0.382#	-0.386#	-0.283	-0.154	-0.119
及时住院（否=0）			-0.942***	-0.905***	-0.861***	-0.947***
医疗保险（无=0）			-0.318	-0.313	-0.262	-0.507
家户规模				0.132**	0.108*	0.095
与子女同住				-0.266	-0.219	-0.261
健在子女数				0.136***	0.139***	0.141***
健在兄弟姐妹数				-0.024	-0.033	-0.041
社会资本					-0.253**	-0.236**
基期自评健康					0.619***	0.543***
基期ADL					0.704***	0.707***
基期慢性病					0.204	0.267#
15岁前健康状况					-0.194	-0.218
社区文盲/半文盲比例						0.007
社区经济状况						-0.442**
社区医院医疗水平						-0.115
县医院医疗水平						0.588**
随机效应						
截距	0.908	0.935	0.943	0.847	0.689	0.567
斜率	0.000	0.000	0.000	0.000	0.161	0.488
样本	1280	1265	1264	1260	1260	1177
Wald chi²	73.79	76.66	85.30	96.55	132.99	142.6
Prob > chi²	0.000	0.000	0.000	0.000	0.000	0.000

注：# 表示 $p<0.15$，* 表示 $p<0.10$，** 表示 $p<0.05$，*** 表示 $p<0.01$。

从模型Ⅰ、模型Ⅱ可以看出，获得经济支持有利于 ADL 的改善，模型Ⅱ中经济支持的健康效应在 15% 的水平上显著。模型Ⅲ加入"能否及时住院"和"是否有医疗保险"变量后，获得经济支持对老年人 ADL 改善的影响程度提高了，而且显著性也有所增强。

模型Ⅳ进一步加入反映家庭特征的控制变量，获得经济支持对老年人 ADL 的重要性和显著性都有所提高。家户规模越大和健在子女越多，老年人 ADL 越好，且在 1% 的水平上显著。与子女同住有利于 ADL，但不具有统计显著性。

模型Ⅴ进一步加入基期健康状况，结果显示，基期参与社会活动有利于 ADL 的改善，基期自评健康和 ADL 越差，报告期的 ADL 越差。

模型Ⅵ加入了社区控制变量，获得经济支持仍能改善老年人的 ADL，但没有统计显著性。社区经济水平越高，越有利于老年人 ADL 状况的改善。

另外，回归结果还显示，向子女或孙子女提供经济支持有利于老年人 ADL 的改善；获得政府的转移支付能改善老年人的 ADL 的状况，而且具有统计显著性；老年人收入越高，越有利于 ADL 状况的改善。

二、经济支持对于慢性病的健康效应检验

（一）经济支持与老年人慢性病关系——局部加权回归散点图

为了更清楚地反映经济支持与慢性病的关系，绘图之前，首先分别删除了经济支持的极端值。各图中的散点分别表示慢性病 = 0 和慢性病 = 1 的分布情况，不难发现，各图中散点分布的共同特征是慢性病 = 1 的点多于慢性病 = 0 的点，这一结果与第五

章表5-3中的结果相同（表5-3显示，21%的老年人无慢性病，79%的老年人患有慢性病），也正因为此，各图中的Lowess拟合回归曲线位置偏上。

图6-5显示，老年人获得家庭经济支持对改善慢性病的效果并不明显，图6-6显示，老年人提供经济支持会导致慢性病恶化。图6-7显示，获取政府转移支付能产生积极的健康效应。图6-8显示，老年人收入提高能显著改善老年人的慢性病状况。

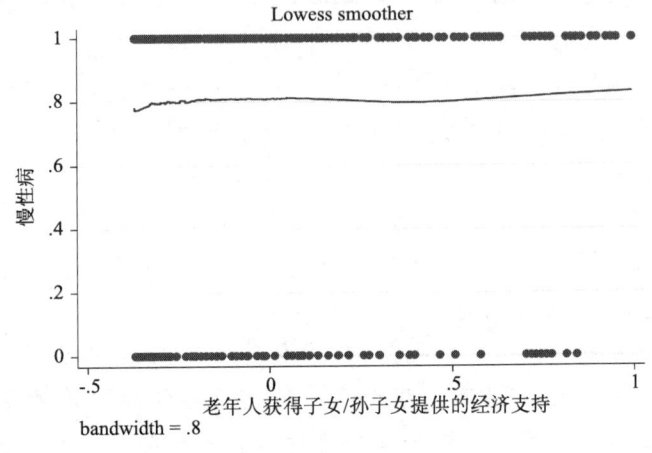

图6-5 获得经济支持与慢性病关系图

（二）GHLM回归结果

空模型未加入任何解释变量，因而只有一个固定效应，即截距，回归结果显示其数值为0.794，是样本中老年人慢性病平均取值，与图6-5至图6-8中的回归线情况吻合。结果显示，老年人慢性病因个体和社区而异，社区之间的变异值（即群间变异值），也就是随机效应部分的截距为0.062，社区内变异值为0.400，社区因素能解释老年健康差异的程度，即群间关联度系数（ICC）为：

第六章　经济支持主观福利效应研究

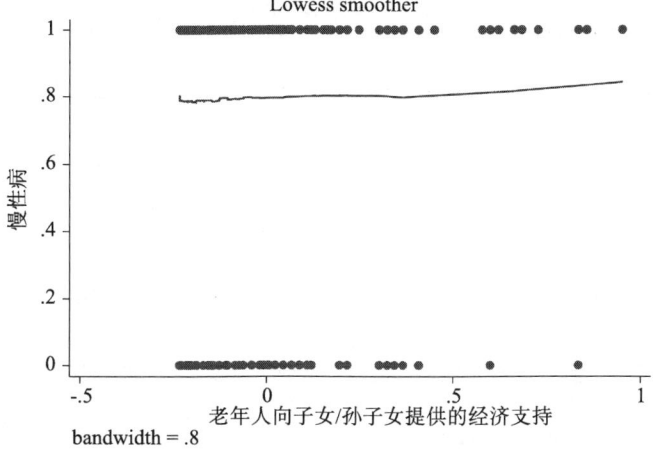

图 6-6　提供经济支持与慢性病关系图

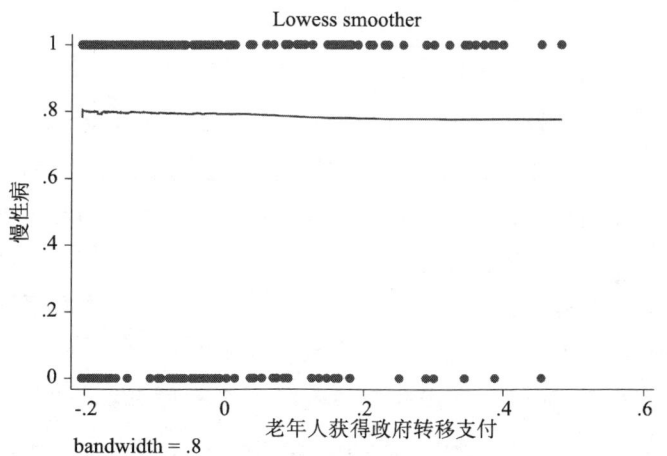

图 6-7　政府转移支付与慢性病关系图

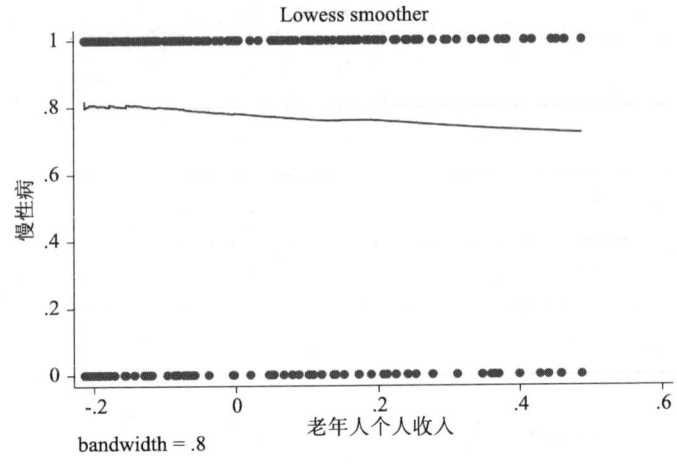

图 6-8　老年人收入与慢性病关系图

$$\rho = \frac{\tau_0^2}{\tau_0^2 + \sigma_0^2} = \frac{0.062}{0.062 + 0.400} = 0.1342$$

说明老年人慢性病的差异 13.42% 来自社区，其余 86.58% 来自老年人个体，差异较为显著。这说明，对属于同一社区的老年人而言，他们的慢性病具有很强的相似性和关联性，而对于不同社区的老年人，他们的慢性病具有很大的差异性，说明社区因素对于预测老年人健康具有重要意义。因此，模型中加入社区随机因素将改善模型的适合性，提高参数估计的准确性。

表 6-3 显示，逐步回归得到的 5 个模型 Wald chi^2 相应的 Prob > chi^2 取值都显著不等于 0，说明模型总体拟合度较好。同时，5 个模型都显示，获得经济支持和提供经济支持有利于改善老年人的慢性病，说明模型是稳健的。

从模型Ⅰ、模型Ⅱ可以看出，获得经济支持有利于慢性病的改善，并在 10% 的水平上显著。模型Ⅱ还显示，男性老年人的慢性病状况好于女性老年人，农村老年人的慢性病状况好于城市老年人。

模型Ⅲ加入能否及时住院和是否有医疗保险后，获得经济支持对老年人慢性病改善仍然显著。

表6-3　　　　　经济支持对老年人慢性病的影响

固定效应部分	模型Ⅰ	模型Ⅱ	模型Ⅲ	模型Ⅳ	模型Ⅴ	模型Ⅵ
截距	1.132**	1.183***	1.834***	2.004***	0.610	0.743
获得经济支持	-0.121*	-0.122*	-0.119*	-0.119*	-0.109#	-0.099
提供经济支持	-0.117*	-0.107#	-0.109*	-0.107*	-0.122*	-0.134**
政府转移支付	—	-0.124*	-0.124*	-0.122*	-0.098	-0.118
个人收入	-0.121#	-0.123	-0.119#	-0.111#	-0.068	-0.065
教育程度	0.277#	0.267#	0.275#	0.282*	0.308*	0.227
年龄平方	0.000	0.000	0.000	-0.000	-0.000	-0.000
婚姻（非在婚=0）	-0.192	-0.191	-0.182	-0.246	-0.116	-0.106
性别（男性=0）	0.596***	0.605***	0.607***	0.585***	0.583***	0.624***
户口（农村=0）	0.711***	0.682***	0.717***	0.775***	0.580**	0.549**
及时住院（否=0）			-0.047	-0.033	0.184	0.160
医疗保险（无=0）			-0.603	-0.582	-0.503	-0.310
家户规模				0.069	-0.020	0.003
与子女同住				-0.098	0.072	-0.067
健在子女数				0.057	0.051	0.068
健在兄弟姐妹数				-0.064*	-0.066*	-0.068*
社会资本					-0.005	0.026
自评健康					0.720***	0.723***
ADL					0.073	0.042
慢性病					1.557***	1.576***
15岁前健康状况					-0.245#	-0.211

续表

固定效应部分	模型Ⅰ	模型Ⅱ	模型Ⅲ	模型Ⅳ	模型Ⅴ	模型Ⅵ
社区文盲/半文盲比例						-0.003
社区经济状况						-0.158
社区医院医疗水平						-0.109
县医院医疗水平						0.297
随机效应						
截距	0.366	0.361	0.368	0.342	0.2784	-0.289
斜率	0.000	0.000	0.000	0.000	0.000	-0.000
样本	1289	1265	1264	1260	1260	1177
Wald chi^2	33.34	36.72	37.82	43.35	160.18	152.13
Prob > chi^2	0.000	0.000	0.000	0.000	0.000	0.000

注：# 表示 $p<0.15$，* 表示 $p<0.10$，** 表示 $p<0.05$，*** 表示 $p<0.01$。

模型Ⅳ进一步加入了反映家庭特征的控制变量，获得经济支持对老年人慢性病的重要性和显著性与模型Ⅲ相同。家户规模越大、健在子女数越多，老年人慢性病越严重，而且具有统计显著性。与子女同住有利于改善慢性病，但不具有统计显著性。

模型Ⅴ进一步加入基期健康状况，结果显示，基期参与社会活动有利于慢性病的改善，基期自评健康和慢性病情况越差，报告期的慢性病情况越差。

模型Ⅵ加入了社区控制变量，获得经济支持仍能改善老年人的慢性病，但没有统计显著性。社区经济水平越高，越有利于改善老年人慢性病。

所有模型都显示，女性老年人的慢性病较男性老年人严重，且在1%水平上显著；城市老年人的慢性病较农村老年人严重，且具有统计显著性；年龄越大，教育程度越高，慢性病患病率越高。

另外，回归结果还显示，向子女或孙子女提供经济支持、获得政府的转移支付以及提高老年人的经济收入，都有利于降低老年人慢性病的发病率。

三、经济支持对于抑郁症的健康效应检验

（一）经济支持与老年人抑郁症关系——局部加权回归散点图

为了更清楚地反映经济支持与抑郁症的关系，绘图之前，首先分别删除了经济支持的极端值。各图中的散点分别表示无抑郁症 =0 和有抑郁症 =1 的分布情况，不难发现，各图中散点分布的共同特征是有抑郁症 =1 的点和无抑郁症 =0 的点基本相同，说明患有抑郁症的老年人比例是 50% 左右，这一结果与第五章表 5 – 3 中的结果相同（表 5 – 3 显示，49.1% 的老年人患有抑郁症），也和赵耀辉（2014）等学者的研究结论一致。也正因如此，各图中的 Lowess 拟合回归曲线的截距基本都在 0.5 附近。

图 6 – 9 和图 6 – 12 显示，老年人获得家庭经济支持以及老年人收入提高能显著降低抑郁症的发病率。图 6 – 10 显示，老年人向子女/孙子女提供一定的经济支持有利于降低抑郁症发病率，但当其提供的经济支持超过一定程度时，会提高抑郁症的发病率。图 6 – 11 显示，获取政府转移支付会提高抑郁症的发病率（和表 6 – 4 回归结果有差异，可能的原因是绘制图 6 – 11 时删除了极端值）。

（二）GHLM 回归结果

未加入任何解释变量的空模型截距是 0.517，是样本老年人抑郁症平均取值；回归结果显示老年人抑郁症因个体和社区而异，社区之间的变异值（即群间变异值）为 0.148，社区内的变异值为 0.476，社区因素能解释老年抑郁症差异的程度，即群间

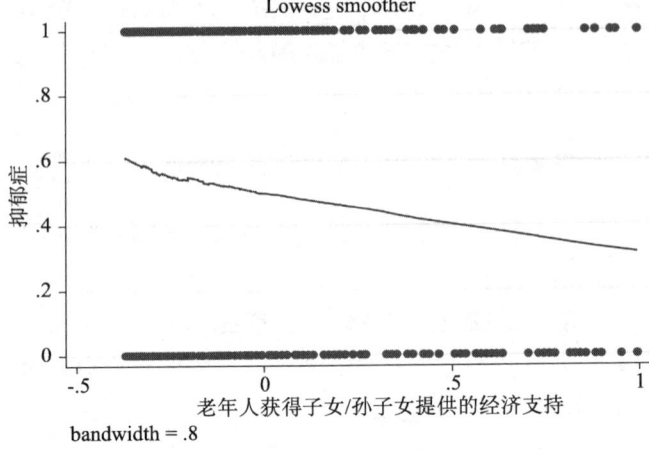

图6-9 获得经济支持与抑郁症关系图

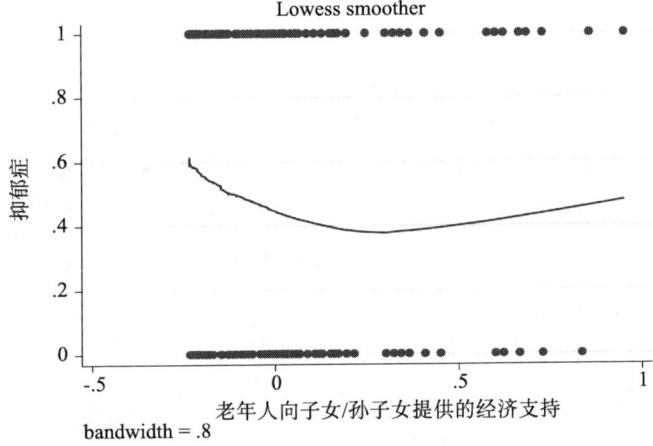

图6-10 提供经济支持与抑郁症关系图

第六章 经济支持主观福利效应研究

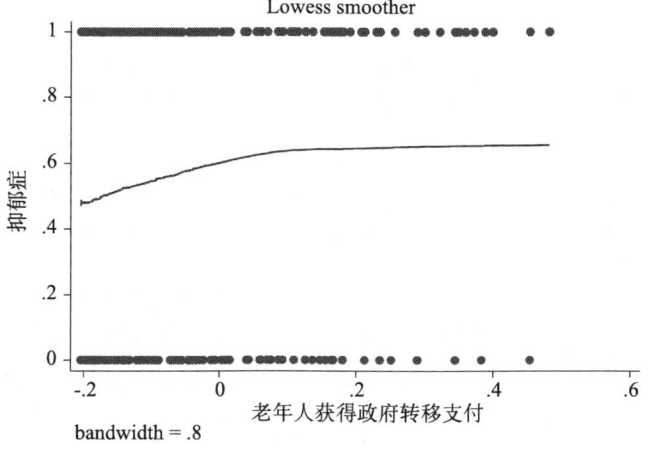

图 6-11 获得政府转移支付与抑郁症关系图

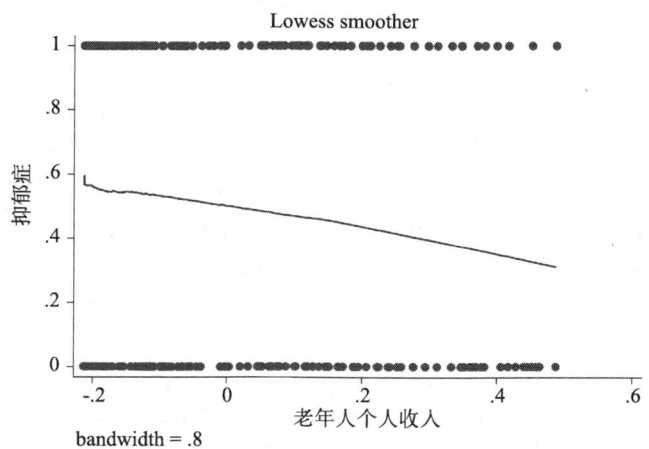

图 6-12 老年人收入与抑郁症关系图

关联度系数（ICC）为：

$$\rho = \frac{\tau_0^2}{\tau_0^2 + \sigma_0^2} = \frac{0.148}{0.148 + 0.476} = 0.2372$$

说明老年人抑郁症的差异 23.72% 来自社区，其余 72.68% 来自老年人个体。这说明，对属于同一社区的老年人而言，他们的抑郁症具有很强的相似性和关联性，而对于不同社区的老年人，他们的抑郁症具有很大的差异性，说明社区因素对于预测老年人健康具有重要意义。因此，模型中加入社区随机因素将改善模型的适合性，提高参数估计的准确性。

表 6-4 显示，逐步回归得到的 5 个模型 Wald chi^2 相应的 Prob > chi^2 取值都显著不等于 0，说明模型总体拟合度较好。同时，5 个模型都显示，获得经济支持和提供经济支持有利于降低老年人抑郁症发病率，说明模型是稳健的。

从模型Ⅰ、模型Ⅱ可以看出，获得经济支持有利于抑郁症的改善，并在 1% 的水平上显著。模型Ⅱ还显示，在婚老年人抑郁症状况好于非在婚老年人，并在 1% 水平上显著；男性老年人的抑郁症状况好于女性老年人，并在 1% 水平上显著；城市老年人的抑郁症状况好于农村老年人，并在 5% 水平上显著。

模型Ⅲ加入"能否及时住院"和"是否有医疗保险"变量后，获得经济支持对老年人抑郁症的改善仍然在 1% 水平上显著。能及时住院能有效改善老年人抑郁症，有医疗保险会显著恶化老年人抑郁症。

表 6-4　　　　经济支持对老年人抑郁症的影响

固定效应部分	模型Ⅰ	模型Ⅱ	模型Ⅲ	模型Ⅳ	模型Ⅴ	模型Ⅵ
截距	-0.025	0.003	-0.849	-0.608	-0.997	-0.639
获得经济支持	-0.237**	-0.244***	-0.282***	-0.258***	-0.202**	-0.165*
提供经济支持	-0.163*	-0.149*	-0.150*	-0.147*	-0.144*	-0.122#
政府转移支付	—	-0.120#	-0.118#	-0.114#	-0.089	-0.097
个人收入	-0.434**	-0.440**	-0.500**	-0.448*	-0.331*	-0.367*

续表

固定效应部分	模型Ⅰ	模型Ⅱ	模型Ⅲ	模型Ⅳ	模型Ⅴ	模型Ⅵ
教育程度	0.023	0.021	0.018	0.026	0.095	0.168
年龄平方	0.000	0.000	0.000	0.000	-0.000	0.000
婚姻（非在婚=0）	-0.533***	-0.548***	-0.555***	-0.683***	-0.625***	-0.556***
性别（男性=0）	0.347***	0.357***	0.380***	0.380***	0.318**	0.343**
户口（农村=0）	-0.382*	-0.403**	-0.449**	-0.387*	-0.340*	-0.337#
及时住院（否=0）			-0.500*	-0.486*	-0.430#	-0.484*
医疗保险（无=0）			1.283***	1.345***	1.412***	1.445***
家户规模				0.145**	0.105*	0.102*
与子女同住				-0.293#	-0.217	-0.240
健在子女数				0.004	-0.007	-0.015
健在兄弟姐妹数				-0.094***	-0.102***	-0.121***
社会资本					-0.158*	-0.128#
自评健康					0.715***	0.673***
ADL					0.427***	0.422***
慢性病					-0.062	-0.058
15岁前健康状况					0.036	0.053
社区文盲/半文盲比例						0.002
社区经济状况						-0.194
社区医院医疗水平						-0.162
县医院医疗水平						0.118
随机效应						
截距	0.494	0.501	0.520	0.520	0.442	0.452
斜率	0.393	0.422	0.437	0.447	0.423	0.433
样本	1289	1265	1264	1260	1260	1177
Wald chi^2	62.96	65.16	72.57	83.68	116.95	108.52
Prob > chi^2	0.000	0.000	0.000	0.000	0.000	0.000

注：# 表示 $p<0.15$，* 表示 $p<0.10$，** 表示 $p<0.05$，*** 表示 $p<0.01$。

模型Ⅳ进一步加入反映家庭特征的控制变量,获得经济支持对老年人抑郁症情况的重要性和显著性影响与模型Ⅲ相同。家户规模越大,老年人抑郁症越严重,而且具有统计显著性。与子女同住有利于缓解抑郁症;健在的兄弟姐妹越多,越有利于缓解抑郁症,而且在1%水平上具有统计显著性。

模型Ⅴ进一步加入基期健康状况,结果显示,基期参与社会活动有利于抑郁症的改善,基期自评健康和慢性病情况越差,报告期的抑郁症越严重。

模型Ⅵ加入了社区控制变量,获得经济支持仍能改善老年人的抑郁症,并在10%水平上有统计显著性。社区经济水平越高、社区医院医疗水平越高,越有利于降低老年人抑郁症患病率。

所有模型都显示,女性老年人的抑郁症较男性老年人严重,且在1%水平上显著;农村老年人的抑郁症较城市老年人严重,且具有统计显著性。

表6-4还显示,提供经济支持有利于降低老年人抑郁症的发病率,而且具有统计显著性;获得政府转移支付、提高老年人收入都能降低抑郁症发病率。

四、经济支持对于生活满意度的健康效应检验

(一) 经济支持与老年人生活满意度的关系——局部加权回归散点图

为了更清楚地反映经济支持与生活满意度的关系,绘图之前,首先分别删除了经济支持的极端值。各图中的散点分别表示满意=0和不满意=1的分布情况,不难发现,各图中散点分布的共同特征是满意=0的点远远高于满意=1的点,说明大部分老年人生活满意度较高。

图6-13和图6-16显示,老年人获得家庭经济支持以及老

年人收入提高能提高老年人生活满意度。图6-14显示，老年人向子女/孙子女提供一定的经济支持有利于提高生活满意度，但当其提供的经济支持超过一定程度时，会降低生活满意度。图6-15显示，获取政府转移支付会降低生活满意度（和表6-5回归结果有差异，可能的原因是绘制图6-15时删除了极端值），也可能是获得政府转移支付的家庭往往家庭条件较差，少量的政府转移支付很难从根本上改变家庭状况，绘图时如果考虑了获得政府转移支付金额比较大的情况，就会出现与表6-5回归结果一致的情况。

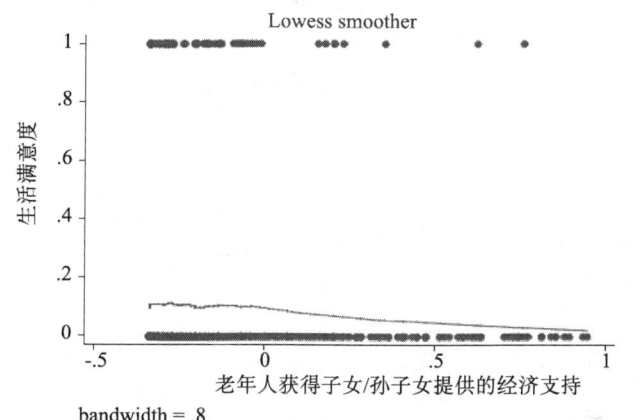

图6-13　获得经济支持与生活满意度关系图

（二）GHLM回归结果

空模型未加入任何解释变量，因而只有一个固定效应，即截距，数值0.517是样本中老年人生活满意度平均取值；随机效应是多层次模型关注的重点，也是多层次模型有别于其他模型的特色之处。回归结果显示老年人生活满意度因个体和社区而异，社区之间的变异值（即群间变异值）为0.148，社区内差异值为

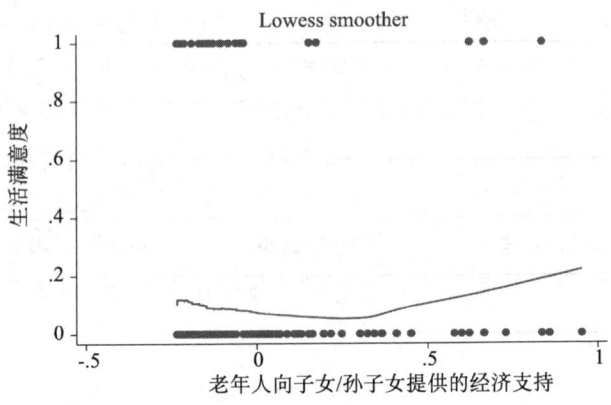

图 6-14　提供经济支持与生活满意度关系图

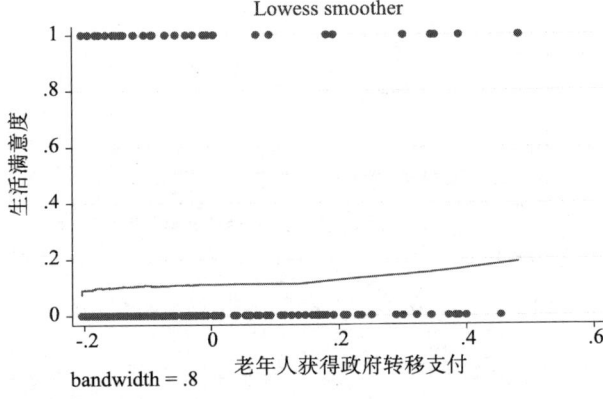

图 6-15　政府转移支付与生活满意度关系图

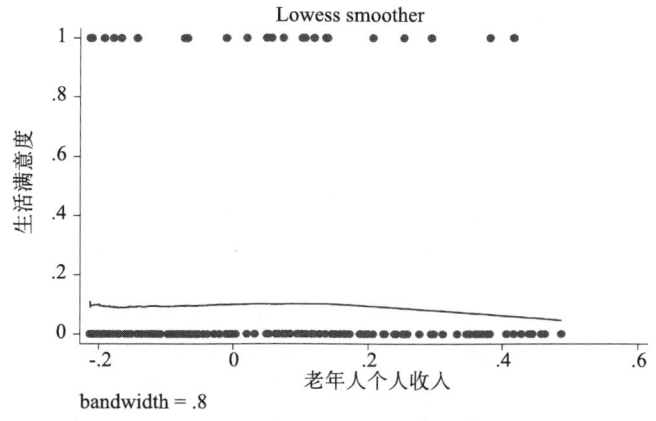

图 6–16　老年人收入与生活满意度关系图

0.291。社区因素能解释老年健康差异的程度，即群间关联度系数（ICC）为：

$$\rho = \frac{\tau_0^2}{\tau_0^2 + \sigma_0^2} = \frac{0.063}{0.063 + 0.291} = 0.1780$$

也就是老年生活满意度的差异 17.80% 来自社区，其余 82.20% 来自老年人个体。这说明，对属于同一社区的老年人而言，他们的生活满意度具有很强的相似性和关联性，而对于不同社区的老年人，他们生活满意度具有很大的差异性，说明社区因素对于预测老年人健康具有重要意义。因此，模型中加入社区随机因素将改善模型的适合性，提高参数估计的准确性。

表 6–5 显示，逐步回归得到的 5 个模型 Wald chi^2 相应的 Prob > chi^2 取值都显著不等于 0，说明模型总体拟合度较好。同时，5 个模型都显示，获得经济支持和提供经济支持有利于提高老年人生活满意度，说明模型是稳健的。

从模型Ⅰ、模型Ⅱ可以看出，获得经济支持有利于生活满意度的改善，并在 5% 的水平上显著。模型Ⅱ还显示，在婚老年人生活满意度状况好于非在婚老年人,并在5%水平上显著;男性老年人的生活满意度状况好于女性老年人;城市老年人的生活满意度状况好于农村老年人。

模型Ⅲ加入"能否及时住院"和"是否有医疗保险"变量后,获得经济支持对老年人生活满意度的改善仍然在5%水平上显著。"能及时住院"能有效改善老年人生活满意度。

表6-5　　经济支持对老年人生活满意度的影响

固定效应部分	模型Ⅰ	模型Ⅱ	模型Ⅲ	模型Ⅳ	模型Ⅴ	模型Ⅵ
截距	-0.941	-1.056	-1.344	0.411	-0.433	-1.316
获得经济支持	-0.670*	-0.695**	-0.751**	-0.724**	-0.714**	-0.653*
提供经济支持	0.023	0.022	0.025	-0.011	-0.012	-0.022
政府转移支付	—	-0.001	0.001	-0.010	0.020	0.030
个人收入	-0.251	-0.244	-0.254	-0.284	-0.231	-0.194
教育程度	0.151	0.124	0.114	0.088	0.062	0.163
年龄平方	-0.000*	-0.000*	-0.000*	-0.000**	-0.000*	-0.000*
婚姻(非在婚=0)	-0.611**	-0.571**	-0.582**	-0.519**	-0.494**	-0.386
性别(男性=0)	0.243	0.262	0.264	0.322	0.283	0.299
户口(农村=0)	-0.351	-0.347	-0.376	-0.445	-0.647#	-0.500
及时住院(否=0)			-0.334	-0.390	-0.383	-0.371
医疗保险(无=0)			0.590	0.557	0.526	0.550
家户规模				-0.163#	-0.182#	-0.151
与子女同住				-0.124	-0.010	-0.275
健在子女数				-0.090	-0.095	-0.144#
健在兄弟姐妹数				-0.177***	-0.184***	-0.146**
社会资本					0.112	0.145
自评健康					0.792**	0.743**
ADL					-0.178	-0.055

续表

固定效应部分	模型Ⅰ	模型Ⅱ	模型Ⅲ	模型Ⅳ	模型Ⅴ	模型Ⅵ
慢性病					0.290	0.239
15岁前健康状况					0.168	0.036
社区文盲/半文盲比例						0.010
社区经济状况						0.083
社区医院医疗水平						0.326
县医院医疗水平						-0.073
随机效应						
截距	0.645	0.642	0.650	0.520	0.476	0.518
斜率	0.502	0.584	0.579	0.662	0.794	0.652
样本	951	942	941	941	941	875
Wald chi^2	14.90	14.22	14.93	28.61	37.62	35.05
Prob > chi^2	0.061	0.115	0.186	0.018	0.010	0.068

注：# 表示 $p<0.15$，* 表示 $p<0.10$，** 表示 $p<0.05$，*** 表示 $p<0.01$。

模型Ⅳ进一步加入反映家庭特征的控制变量，获得经济支持对老年人生活满意度的重要性和显著性与模型Ⅲ基本相同。家户规模越大、健在子女数越多，老年人生活满意度越高，而且具有统计显著性。与子女同住有利于提升老年人生活满意度；健在的兄弟姐妹越多，越有利于提高老年人生活满意度，而且在1%水平上具有统计显著性。

模型Ⅴ进一步加入基期健康状况，结果显示，基期参与社会活动有利于生活满意度的改善，基期自评健康越差，报告期的生活满意度越低。

模型Ⅵ加入了社区控制变量，获得经济支持仍能改善老年人的生活满意度，并在10%水平上有统计显著性。社区经济水平越高，越不利于老年人生活满意度。

表6-5还显示，提供经济支持和提高老年人收入能提高老年人生活满意度，但获得政府转移支付对于老年人生活满意度的影响方向并不明确。

五、经济支持对于自评健康的健康效应检验

（一）经济支持与自评健康的关系——局部加权回归散点图

为了更清楚地反映经济支持与自评健康的关系，绘图之前，首先分别删除了经济支持的极端值。各图中的散点分别表示健康=0和不健康=1的分布情况，不难发现，各图中散点分布的共同特征是，健康=0的点远远低于不健康=1的点，说明大部分老年人自评健康较差。

图6-17显示，老年人获得家庭经济支持能提高老年人自评健康，但效果不明显；图6-18显示，老年人向子女/孙子女提供一定的经济支持有利于提高自评健康，但当其提供的经济支持超过一定限度时，会降低自评健康。

图6-19显示，获取政府转移支付会降低自评健康（和表6-7回归结果有差异，可能的原因是绘制图6-19时删除了极端值），也可能是获得政府转移支付的家庭往往家庭条件较差，少量的政府转移支付很难从根本上改变家庭状况，如果考虑了获得政府转移支付金额比较大的情况，就会出现表6-7的回归结果。图6-20略成"U"形，说明提高老年人收入能提高自评健康水平，但超过一定程度后，反而不利于自评健康的改善。

（二）GHLM回归结果

空模型的截距为0.844，是样本老年人自评健康平均取值；随机效应结果显示，老年人自评健康因个体和社区而异，社区之间的变异值（即群间变异值）为0.066，社区内变异值为0.358。因此，社区因素能解释老年自评健康的差异程度，即群间关联度

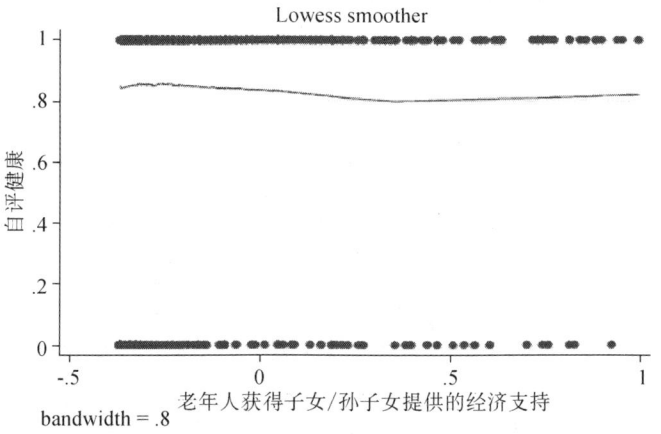

图 6-17 获得经济支持与自评健康关系图

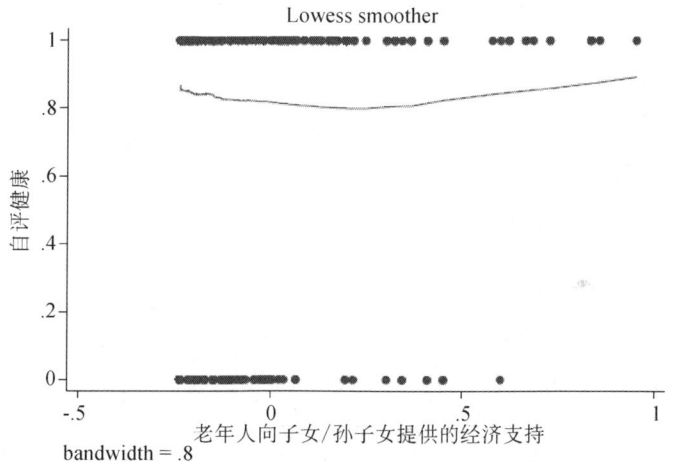

图 6-18 提供经济支持与自评健康关系图

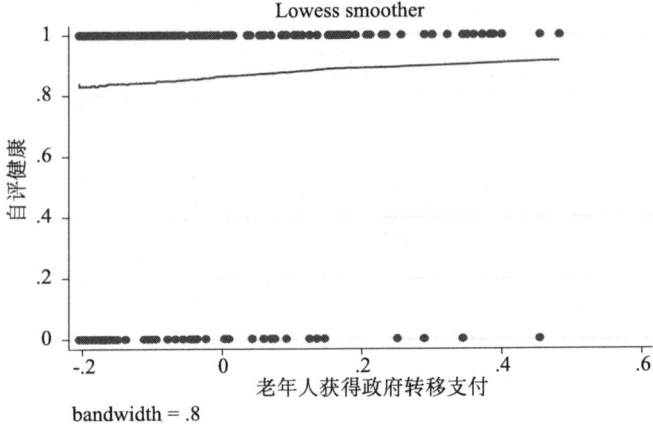

图 6-19　政府转移支付与自评健康关系图

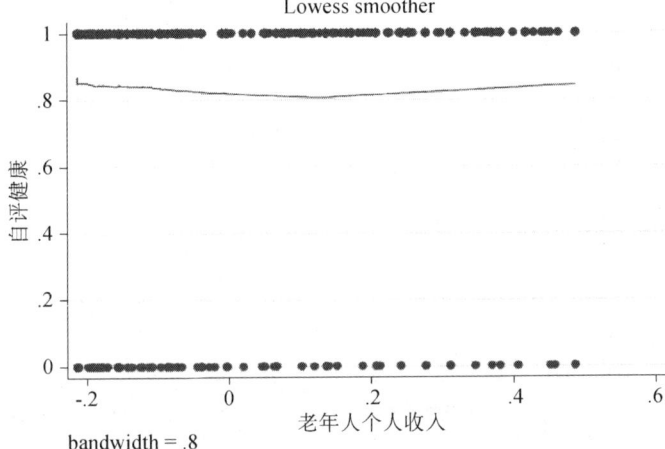

图 6-20　老年人收入与自评健康关系图

系数 ICC：

$$\rho = \frac{\tau_0^2}{\tau_0^2 + \sigma_0^2} = \frac{0.066}{0.066 + 0.358} = 0.1566$$

也即老年人自评健康的差异 15.66% 来自社区，其余 84.34% 来自老年人个体。这说明，对属于同一社区的老年人而言，他们的自评健康具有很强的相似性和关联性，而对于不同社区的老年人，他们自评健康具有很大的差异性，说明社区因素对于预测老年人健康具有重要意义。因此，模型中加入社区随机因素将改善模型的适合性，提高参数估计的准确性。

表 6-6 显示，逐步回归得到的 5 个模型 Wald chi^2 相应的 Prob > chi^2 取值都显著不等于 0，说明模型总体拟合度较好。同时，5 个模型都显示，获得经济支持和提供经济支持有利于提高老年人自评健康，说明模型是稳健的。

从模型Ⅰ、模型Ⅱ可以看出，获得经济支持有利于自评健康的改善，但并不显著。模型Ⅱ还显示非在婚老年人自评健康状况好于在婚老年人；男性老年人的自评健康状况好于女性老年人；城市老年人的自评健康状况好于农村老年人。

模型Ⅲ加入能否及时住院和是否有医疗保险后，获得经济支持对老年人自评健康的改善程度进一步增强。

表 6-6　　经济支持对老年人自评健康的影响

固定效应部分	模型Ⅰ	模型Ⅱ	模型Ⅲ	模型Ⅳ	模型Ⅴ	模型Ⅵ
截距	1.025**	1.128**	1.506*	1.472*	0.382	0.658
获得经济支持	-0.065	-0.067	-0.071	-0.074	-0.036	-0.017
提供经济支持	0.123	0.161	0.157#	0.163	0.222#	-0.225#
政府转移支付	—	-0.139**	-0.137**	-0.131**	-0.097#	-0.123**
个人收入	-0.105#	-0.109#	-0.109#	-0.105#	-0.083	-0.085
教育程度	0.379**	0.418**	0.415**	0.410**	0.362*	0.443**
年龄平方	0.000	0.000	0.000	0.000	0.000	0.000**
婚姻（非在婚=0）	0.348*	0.312*	0.322*	0.146	0.202	0.288

续表

固定效应部分	模型Ⅰ	模型Ⅱ	模型Ⅲ	模型Ⅳ	模型Ⅴ	模型Ⅵ
性别（男性=0）	0.377**	0.373**	0.384**	0.380**	0.342*	0.352*
户口（农村=0）	-0.417*	-0.446**	-0.472**	-0.366#	-0.527**	-0.634**
及时住院（否=0）			0.432	-0.372	-0.238	-0.138
医疗保险（无=0）			0.030	0.063	0.216	0.147
家户规模				0.215***	0.175**	0.168**
与子女同住				-0.664**	-0.624**	-0.687**
健在子女数				-0.011	-0.047	-0.041
健在兄弟姐妹数				-0.069*	-0.072*	-0.056
社会资本					-0.156#	-0.145
基期自评健康					1.153***	1.210***
基期ADL					-0.249	-0.286
基期慢性病					0.256***	0.480**
15岁前健康状况					-0.165	-0.188
社区文盲/半文盲比例						-0.003
社区经济状况						0.034
社区医院医疗水平						-0.232
县医院医疗水平						0.342#
随机效应						
截距	0.455	0.483	0.486	0.465	0.346	0.255
斜率	0.000	0.000	0.000	0.000	0.000	0.000
样本	1280	1265	1264	1260	1260	1177
Wald chi²	14.69	18.66	85.30	29.53	132.99	90.04
Prob > chi²	0.065	0.028	0.000	0.014	0.000	0.000

注：#表示 $p<0.15$，*表示 $p<0.10$，** 表示 $p<0.05$，*** 表示 $p<0.01$。

模型Ⅳ进一步加入反映家庭特征的控制变量，获得经济支持对老年人自评健康的重要性和显著性与模型Ⅲ基本相同。家户规模越大，老年人自评健康越差，而且具有统计显著性。与子女同住有利于提升老年人自评健康；健在的兄弟姐妹越多，越有利于提高老年人自评健康。

模型Ⅴ进一步加入基期健康状况，结果显示，基期参与社会活动有利于自评健康的改善，基期自评健康和慢性病越差，报告期的自评健康越低。

模型Ⅵ加入了社区控制变量，获得经济支持仍能改善老年人的自评健康，但影响程度有所降低，说明社区变量对经济支持的健康效应有一定的替代作用。

表6-6还显示，老年人向子女或孙子女提供经济支持能改善自评健康，但模型不稳健，获得政府转移支付能提高自评健康水平，而且具有稳健性和统计显著性，提高老年人收入水平能提高其自评健康水平。

第三节　代际经济支持主观福利效应异质性检验

由于各地经济发展水平、老年人收入水平、老年人基期健康状况、居住地等存在较大差异，老年人获得或提供同样多的经济支持，其健康效应未必相同，为了降低样本的异质性所带来的偏误，本节进行分样本回归。为了节省篇幅，回归结果只保留了部分变量。

一、不同地区回归结果

表6-7说明经济支持对中国不同地区，尤其是经济发展水平存在明显差异的不同地区，其健康效应是不同的。甘肃省老年人获得经济支持能提高其ADL水平、降低慢性病的发病率以及

抑郁症的发病率,但是对浙江省老年人却有相反的结论。为子女提供经济支持容易提高浙江省老年人慢性病发病率,但却能显著降低甘肃省老年人慢性病发病率;能改善两省老年人的 ADL 状况、降低抑郁症发病率。获得政府转移支付能显著改善浙江省老年人的 ADL 状况、慢性病状况、抑郁症状况,但却不利于甘肃省老年人抑郁症和生活满意度的改善。表 6-7 还显示,无论是浙江还是甘肃,获得经济支持、提高收入水平都有利于提高其老年人的生活满意度,向子女或孙子女提供经济支持会降低其生活满意度(但模型拟合度很差)。

表 6-7　　　　　不同地区老年人回归结果

变量	ADL		慢性病		抑郁症		满意度	
地区	浙江省	甘肃省	浙江省	甘肃省	浙江省	甘肃省	浙江省	甘肃省
获得经济支持	0.058	-0.250	0.770#	-0.160*	0.340#	-0.252*	-0.213	-0.794
提供经济支持	-0.242*	-0.104	0.108	-0.316**	-0.004	-0.297	0.041	0.011
政府转移支付	-0.483**	-0.232	-0.245**	-0.035	-0.430**	0.096	-0.564	0.172
个人收入	-0.372	-0.464	-0.209	-0.060	-0.387	-0.270	-0.861	-0.110
样本量	571	606	571	606	571	606	439	436
Wald chi^2	88.70	56.09	69.96	94.07	60.38	59.41	22.04	35.08
Prob > chi^2	0.000	0.000	0.000	0.000	0.000	0.000	0.577	0.057

注: # 表示 $p<0.15$, * 表示 $p<0.10$, ** 表示 $p<0.05$, *** 表示 $p<0.01$。

二、不同经济状况老年人回归结果

本书根据老年人家庭收入情况将老年人分为家庭收入低和收入高两组。表 6-8 显示,获得经济支持对降低低收入家庭老年人的慢性病及抑郁症发病率效果更明显。提供经济支持更有利于低收入家庭老年人 ADL 及抑郁症情况的改善,更有利于高收入家庭老年人慢性病的改善。获得政府转移支付对于改善低收入家庭老年人 ADL 及降低抑郁症发病率的效果较高收入家庭老年人效果更为明显。

表6-8　　　　　　　不同经济状况老年人回归结果

变量	ADL		慢性病		抑郁症		生活满意度	
家庭收入	低	高	低	高	低	高	低	高
获得经济支持	-0.115	-0.160	0.417*	-0.283*	-0.266*	-0.083	-0.700	-0.608
提供经济支持	-0.424#	-0.116	-0.210*	-0.182**	-0.210*	-0.023	-1.143	0.061
政府转移支付	-0.380**	-0.274	-0.120	-0.042	-0.157#	0.226	0.096	-0.100
个人收入	-3.333	-0.184	-2.610	-0.049	-1.651	-0.537*	1.671	-0.740
样本量	862	315	862	315	862	315	621	254
Wald chi^2	105.85	32.83	101.47	52.08	75.55	35.74	35.71	12.47
Prob > chi^2	0.000	0.108	0.000	0.000	0.000	0.058	0.059	0.974

注：# 表示 $p<0.15$，* 表示 $p<0.10$，** 表示 $p<0.05$，*** 表示 $p<0.01$。

三、不同性别老年人回归结果

表6-9显示，获得经济支持能更大程度的改善女性老年人的 ADL 和抑郁症情况，无论是经济性还是显著性都高于男性，但获得经济支持更能提高男性老年人的生活满意度。向子女或孙子女提供经济支持对于改善女性老年人的健康状况效果更为明显。获得政府转移支付更有利于改善男性老年人的慢性病，且具有统计显著性。提高老年人收入对改善男性老年人的 ADL 状况和降低其抑郁症发病率更为有效。

表 6-9　　不同性别老年人回归结果

变量	ADL		慢性病		抑郁症		生活满意度	
性别	男	女	男	女	男	女	男	女
获得经济支持	-0.078	-0.263#	-0.085	-0.113	-0.148	-0.226#	-0.832#	-0.512
提供经济支持	-0.143	-0.460#	-0.129*	-0.205	-0.028	-0.472**	-0.005	-0.338
政府转移支付	-0.222	-0.370#	-0.259**	0.080	-0.116	-0.065	-0.207	0.172
个人收入	-0.795*	0.231	-0.064	0.187	-0.432*	-0.271	-0.141	-0.427
样本量	609	568	609	568	609	568	475	400
Wald chi^2	82.88	73.32	96.00	62.75	61.60	59.82	23.66	34.62
Prob > chi^2	0.000	0.000	0.000	0.000	0.000	0.000	0.423	0.057

注：# 表示 $p<0.15$，* 表示 $p<0.10$，** 表示 $p<0.05$，*** 表示 $p<0.01$。

四、不同户口老年人回归结果

表 6-10 显示，获得经济支持对改善农村老年人的 ADL 降低、抑郁症发病率、提高生活满意度，无论是从经济性还是从显著性方面看，都明显优于城市老年人。提供经济支持有利于改善农村老年人的 ADL 状况和生活满意度，却不利于城市老年人；获得政府转移支付对改善农村老年人 ADL 及降低慢性病的发病率效果更为明显。提高经济收入水平，更有利于农村老年人改善 ADL 状况和降低抑郁症发病率。

表 6-10　　不同户口老年人回归结果

变量	ADL		慢性病		抑郁症		生活满意度	
城乡	农村	城市	农村	城市	农村	城市	农村	城市
获得经济支持	-0.353**	-0.034	-0.112	0.783	-0.334**	-0.035	-0.647#	-1.756
提供经济支持	-0.317#	0.043	-0.101	-0.151#	-0.140	-0.040	-0.163	0.144
政府转移支付	-0.378**	-0.382	-0.123#	10.833	-0.092	-1.661#	0.050	-7.067

续表

变量	ADL		慢性病		抑郁症		生活满意度	
城乡	农村	城市	农村	城市	农村	城市	农村	城市
个人收入	-0.774*	-0.018	-0.032	-0.623	-0.611**	-0.101	-0.241	-0.564
样本量	973	204	973	204	973	204	712	163
Wald chi^2	114	30.91	123.07	29.04	85.16	30.21	35.34	6.61
Prob > chi^2	0.000	0.125	0.000	0.179	0.000	0.143	0.048	1.000

注：# 表示 $p<0.15$，* 表示 $p<0.10$，** 表示 $p<0.05$，*** 表示 $p<0.01$。

五、不同年龄老年人回归结果

表 6-11 显示，获得经济支持对于改善 60～69 岁老年人的 ADL、降低慢性病发病率，以及提高生活满意度方面优于 70 岁以上老年人。但在降低抑郁症患病率方面，获得经济支持对 70 岁以上老年人效果更理想。向子女或孙子女提供经济支持能降低 60～69 岁老年人慢性病发病率，而且在 5% 水平上具有显著性，但却提高了 70 岁以上老年人的慢性病发病率。获得政府转移支付和提高老年人收入能显著改善 70 岁以上老年人的 ADL 状况，并在 5% 水平上显著。政府转移支付更有利于降低 60～69 岁老年人的慢性病发病率。

表 6-11　　　　不同年龄老年人回归结果

变量	ADL		慢性病		抑郁症		生活满意度	
年龄	60~69岁	70岁以上	60~69岁	70岁以上	60~69岁	70岁以上	60~69岁	70岁以上
获得经济支持	-0.323#	-0.113	-0.218*	-0.069	-0.060	-0.320**	-0.909*	-0.612
提供经济支持	-0.229#	-0.360	-0.144**	0.494	-0.100	0.001	-0.016	-4.291
政府转移支付	-0.175	-0.932**	-0.147*	-0.084	-0.150#	0.030	0.035	-0.807
个人收入	-0.384	-2.257**	-0.033	-0.635	-0.431#	-0.297	-0.201	-0.430

续表

变量	ADL		慢性病		抑郁症		生活满意度	
年龄	60~69岁	70岁以上	60~69岁	70岁以上	60~69岁	70岁以上	60~69岁	70岁以上
样本量	677	382	677	500	677	500	558	317
Wald chi^2	85.23	65.22	94.27	57.65	79.38	45.80	29.54	12.26
Prob > chi^2	0.000	0.000	0.000	0.000	0.000	0.005	0.201	0.977

注：# 表示 $p<0.15$，* 表示 $p<0.10$，** 表示 $p<0.05$，*** 表示 $p<0.01$。

六、不同婚姻状况老年人回归结果

表6-12显示，获得经济支持对改善非在婚老年人ADL、降低抑郁症的发病率效果较明显，但对慢性病的健康效应却不明显。获得经济支持能更大程度地提高在婚老年人的生活满意度。提供经济支持更有利于改善在婚老年人的ADL，降低慢性病、抑郁症的发病率，以及生活满意度的提升。

表6-12　　　不同婚姻状况老年人回归结果

变量	ADL		慢性病		抑郁症		生活满意度	
婚姻状况	在婚	非在婚	在婚	非在婚	在婚	非在婚	在婚	非在婚
获得经济支持	-0.117	-0.239	-0.091	0.855	-0.125	-0.706*	-0.717*	0.113
提供经济支持	-0.222*	0.072	-0.121*	-0.402	-0.126#	0.365	-0.041	2.146
政府转移支付	-0.365*	-0.467	-0.010	-0.518	-0.129	0.011	0.045	-0.317
个人收入	-0.468	-0.381	-0.045	-1.600	-0.301	-1.120#	-0.154	-1.132
样本量	897	280	897	280	897	280	689	186
Wald chi^2	129.46	37.37	109.99	40.86	80.40	32.73	27.17	21.46
Prob > chi^2	0.000	0.030	0.000	0.012	0.000	0.086	0.249	0.553

注：# 表示 $p<0.15$，* 表示 $p<0.10$，** 表示 $p<0.05$，*** 表示 $p<0.01$。

第四节 基于工具变量法的代际经济支持健康效应再检验

一、再检验的必要性

目前，关于代际经济支持的主观福利效应，已有研究存在的最大问题是基本没有考虑控制经济支持的内生性，大多只是一笔带过，甚至不加以提及。研究者大多通过对一系列变量的控制，使两个组别具有可比性。然而无法被观察的或未被想到的变量（即变量的遗漏）会使两组变量不具有可比性，不能满足 Gauss – Markov 定理，因而仅仅反映了代际经济支持与健康间的相关关系，而非因果关系。要认识问题的本质并设计有效的干预机制，离不开对因果关系的分析。特别地，代际经济支持与健康之间的因果关系预示着改善国民健康的途径，具有重要的政策意义。另外，已有研究大多是关于代际支持（包括日常照料、情感关怀和经济支持）对老年人健康的影响，没有针对经济支持与健康关系的研究。关于代际支持对健康影响的研究，所用数据基本是中国健康营养调查 2006 年以前的数据，或者是研究者所在团队就某一地区数据开展的研究（如李树茁课题组利用安徽巢湖市调研数据所做的研究），缺乏代表性。

同时，也有研究认为，经济支持与日常照料和情感支持相比，对老年人健康的影响不明显。但我们认为，中国是一个重孝道的国度，子女提供经济支持，显示了子女对老年人的尊重与孝顺，使老年人感到满足，在中国农村尤其如此，而且，中国老年人大多支持子女的事业，对日常照料的要求并不苛刻。因此，我们预期，经济支持对中国老年人的健康效应更明显。特别地，在处于经济转型期及家庭核心化的中国，人口流动性越来越强，经济支持对于家庭养老来说更具现实性，所以，西方的研究结论是否适用于今天的中国，也是值得我们深入探讨的问题。

因此，本部分将利用2011年中国健康与养老追踪调查数据，对代际经济支持与健康之间的关系进行研究，并着重分析以下问题：代际经济支持是否会影响健康？两者是否存在因果关系？

实际上，正如前文文献综述中讲到，老龄化社会需要关注老年人健康并采取有效的预防措施以保证老年人健康的长寿（Staquet 等，2000；Lercher，2003；Osborne 等，2003），因为老年人健康水平的不断提高，会使未来老龄化的压力比以往人们预期的要小（Sanderson 和 Scherbov，2010）。在众多影响健康的因素中，家庭对健康有及其重要的影响，因为家庭能提供各种资源来保护家庭成员的健康（Carr 和 Springer，2010）。因此，代际支持近年来成为学界研究的热点。代际支持（intergeneration support）是一种非正式的社会支持，西方学者早期将其支持称为代际社会支持，随后学者根据其研究目的称其代际交换、代际转移。它首先是时间的支持或日常照料，其次是家庭成员间的经济支持（Attias - Donfut, Ogg, Wolff, 2005a；Litwin, 2004b；Albertini, Kohli, Vogel, 2007；McGarry, Schoeni, 1995；Silverstein, Parrott, Bengtson, 1995）。"以家庭为基础的代际支持有利于缓解生活中的障碍，有利于提高老年人的独立性"（Socialstyrelsen, 2011），获得代际支持者比未获得者更为健康（Claire Scodellaro, 2012）。

随着老龄化的日益严重以及家庭子女数量的减少，代际支持越来越重要（Bengtson, 2001）。老年人如果能得到一定的经济支持，则会对生活感到满意，有较高的健康水平（Ling Xu, Iris

Chil, 2011)。代际的支持也影响老年人的精神健康（Attias-Donfut, 1995; Fritzell 和 Lennartsson, 2005）。子女提供的经济支持满足了老年人因健康和经济状况产生的需求，有助于他们的心理健康（Cong 和 Silverstein, 2008），而如果子女提供的支持未能满足老年人的需求以及子女未能提供老年人所需的支持也都会导致老年人的无助感、失望感并使代际关系紧张，从而恶化其心理健康（Krause 等, 2001），降低老年人的生活满意度。

本部分在以下方面拓展了现有研究：（1）研究选取与老年人不住在一起的子女提的供经济支持作为研究对象，克服了已有研究往往将全部子女作为研究对象的缺陷，因为一同居住的子女和父母共同消费，难以判断针对老年人的经济支持数量，而且一同居住相互间更方便日常照料和情感交流，会弱化经济支持的影响（这也是已有研究没有将经济支持单独进行研究的原因之一）；（2）选取现金支持和实物支持建立标准化的经济支持指数来测度经济支持，克服用绝对数表示经济支持所带来的数据区间过大，不便于对回归结果进行比较和解释的难题；（3）严格检验经济支持是否具有内生性，并对所选工具变量进行检验；（4）所选控制变量较为全面。既有反映老年人个体特征的变量，如年龄、受教育程度、婚姻、性别等，也有反映早期特征的变量，如当年的工作情况、15 岁以前的健康状况，也有反映生活环境的社区指标，如是否有老年活动中心、所在社区厕所情况等，可一定程度上解决变量遗漏所带来的内生性问题。

二、数据、变量与模型

（一）数据

为了使结论更为稳健，本部分与本章第三节所用数据、变量选择均有所不同，本部分利用的中国健康与养老追踪调查数据

(CHARLS), 是由北京大学中国经济研究中心 (CCER) 于 2011 年在全国 28 个省 (市/区) 150 县/区选取 450 个村庄/社区, 对 10250 个家庭的 17587 名 45 岁及以上中老人的健康、家庭、医疗保健与保险、工作、退休和养老金, 以及收入、资产和支出进行的调查。目的在于提供从社会经济状况到健康状况的全面的、高质量的微观数据, 以满足对老年人研究所需要的数据。本书主要研究独居老年人 (含与配偶同住) 从子女那里获取经济支持对健康的影响, 因此只保留了独居且 60 岁以上老年人, 最终样本数为 2511 人。

(二) 变量

结合已有文献, 选定的变量如表 6-13 所示。

1. 因变量

健康是一个多维而难以衡量的概念, 可以消极地定义为没病, 也可以积极地定义为状态的完好, 或者定义为两者之间的状态 (Ware, Allyson, Robert, 1980)。自评健康与测量健康指标会有很大差异, 哪个更能反映真实的健康状况尚存争议。有学者认为两者各自反映了健康的不同维度 (Guralnik, Branch, Cummings, Curb, 1989; Merrill, Seeman, Kasl, Berkman, 1997)。但更多学者认为自评健康标能更可靠而有效地反映老年人的健康状况 (Idler, Hudson, Leventhal, 1999)。自评健康作为反映个人健康状况的主观指标, 与反映患病状况的单项客观指标相比, 优点在于能够综合性地反映个人健康状况 (Poortinga, 2006)。大量有关健康的研究表明, 自评健康与死亡率之间有着很强的相关关系, 甚至在控制了患病状况、医生评价等客观因素后仍然如此 (如 Mossey 等, 1982; Heidrich 等, 2002)。早在 1983 年 Kaplan 与 Camacho 的研究就表明, 该指标能反映个人健康的重要信息, 可以对死亡率、发病率作出很好的预测。虽然该指标存在一些缺陷，特别是可能存在测量误差，但质量调整生命年（QALY）、健康调整生命年（HALY）与伤残调整生命年（DALY）等健康指标也同样存在测量误差。

因此，本部分选取自评健康为因变量。考虑到一些被调查者在采访开始时可能会对自己的健康状况不十分清楚，问卷要求受访者完成两次自我健康状况评价，分别在采访开始时和采访结束时，其中第二次的回答可信度应更高一些。自评健康分5种情况：很好=1，好=2，一般=3，不好=4，很不好=5。

2. 自变量

（1）子女提供的经济支持。问卷将经济支持分为现金支持和实物支持（折合成现金），每种情况又具体分为定期支持和非定期支持。本部分将上述内容合并反映，计算出老年人一年总共得到子女多少钱的经济支持。为消除该变量区间过大给分析所带来的不便，并有利于对回归结果进行比较和解释，借鉴Ronconi等（2010）的方法，对经济支持进行标准化处理：首先计算第i个样本的经济支持总数 E_i；然后计算总体样本经济支持的平均数 $\overline{E}$ 和标准差 $\sqrt{var(E)}$；最后计算第i个样本的标准化经济支持指数：$EC_i = \dfrac{E_i - \overline{E}}{\sqrt{var(E)}}$。

（2）控制变量。健康是由多种因素决定的，包括社会经济、环境、生活方式和行为、遗传和医疗卫生服务。但各因素之间存在的相关性问题以及各因素同健康独立关系估计的困难，导致难以建立正确的因果关系，使健康研究的科学价值和所建议政策的适用性十分有限。已有研究认为，较低的受教育水平往往具较低的有自我健康评价、更多的慢性病和较少的功能性健康（Kristine J. Ajrouch，2007）；教育、住房、过去的职业、收入和财富等指标和老年人的死亡率及患病率密切相关（Sundquist 和 Johansson，1997；Grundy 和 Glaser，1999；Grundy 和 Holt，2000）。社会经济状况对老年人的身体机能有明显影响，社会经济状况越差，机能状况越差（House 等，1990；Robert 和 House，1996；Grundy 和 Glaser，2000；Grundy 和 Holt，2000；Lahelma 等，2005；Minkler 等，2006；Sainio 等，2007；Laaksonen 等，2009）。婚姻状况对心理健康和自我评价健康有最大的影响，吸烟对自评健康外的其他指标有重要影响，已婚老年人健康状况最好，随后是单身和离异者（Emily Grundy，Andy Sloggett，2003）。结构化的代际支持对父母和子女双方的社会资本都有积极的作用，进而有利于双方的健康（Elza Maria de Souza，Emily Grundy，2007）。家庭对健康有极其重要的影响，因为家庭能提供各种资源来保护家庭成员的健康（Carr, D., Springer, K. W., 2010）。

表 6-13　　　　　　　　变量定义及统计特征

变量	变量定义	平均值	标准差
被解释变量			
Selfrhealth	自评健康（很好=1，好=2，一般=3，不好=4，很不好=5）	3.58	0.02
解释变量			
Econsupport	过去一年您或您的配偶从您没有住在一起的孩子那里得到的经济支持（标准化指数）	0.058	0.01
Gender	受访者性别（男=1，女=0）	0.54	0.01
Age	受访者年龄	69.43	0.14
HuKou	户口（城市=1，农村/统一户口=0）	0.27	0.01
Marital	婚姻状况（已婚并与配偶同住=1，其他=0）；	0.68	0.01
Smoking	平均每天抽多少支烟	8.00	0.23

续表

变量	变量定义	平均值	标准差
Everhealth	15岁以前的身体状况（极好=1，很好=2，好=3，一般=4，不好=5）	2.75	0.02
Education	最高学历（文盲=1，未读完小学=2，…，博士=11）	2.97	0.04
Homesize	家庭规模（除老年人外的其他家户成员数量）	0.35	0.02
Jobtype	过去工作单位性质（政府部门=1，事业单位=2，…，其他=8）	5.40	0.03
Socactive	过去一个月社交活动次数（如下棋、跳舞、串门等）	1.26	0.04
Deposit	是否有存款（是=1，否=0）	0.17	0.01
Oldinsurance	是否参加养老保险（是=1，否=0）	0.04	0.00
Healthinsurance	医疗保险的种类	1.01	0.00
Acticenter	所在村/社区是否有老年活动中心（是=1，否=0）	0.35	0.01
Toilettype	村/社区多数家庭厕所种类（室内冲水=1，…，其他=6）	3.30	0.03
工具变量			
Childrevenue	不住一起孩子年平均收入（没有收入=1，少于2000元=2，2000元至5000元=3，5000元至1万元=4，1万元至2万元=5，2万元至5万元=6，…，高于30万元=11）	4.69	0.05
Ecostatus	社区经济状况（很穷=1，…，很富=7）	3.73	0.02

（三）模型

本部分设计如下模型来研究获取经济支持与老年人健康之间的关系：

$$Selfrhealth_i = \beta_i Econsupport_i + \delta_i X_i + \varepsilon_i \tag{1}$$

其中，Selfrhealth$_i$ 为个人自评健康，Econsupport$_i$ 为标准化的经济支持指数，X$_i$ 是其他控制变量，ε$_i$ 为误差项。β$_i$ 为待估计参数，反映经济支持对健康的影响。由于健康为五级非连续变量，本书利用 order probit 模型进行分析，研究经济支持对健康的影响及其作用方向。

1. 内生性问题

模型（1）存在的最大问题是经济支持是否具有内生性。产生内生性常见原因有四个（陈云松，范晓光，2010）：（1）变量遗漏。影响老年人健康的因素很多，有些因素依赖于特定个体（如个人的心理素质、性格等），而这些因素往往难以观察与测量，导致变量遗漏。（2）自选择偏误。主要是指主解释变量 Econsupport 在某种程度上是被个人所决定的，比如，老年人会结合自评健康状况决定是否接受子女的经济支持，但这一决定到底受到哪些因素的影响，是难以判断的。因此，自选择偏误是一种特殊的变量遗漏。（3）样本选择偏误。如果对因变量的观察仅仅局限于有限的非随机样本时，就容易产生这类偏误。由于 CHARLS 数据是用随机分层抽样法获取的，可以认为不存在该种误差。上述三种情况也可以统一称为变量遗漏。（4）联立性偏误。其本质就是自变量同时也由因变量决定，即双向因果关系。比如，经济支持影响老年人健康，反过来，老年人健康状况可能也会影响经济支持的获取。如果模型（1）存在内生性问题，也就意味着不再满足正交条件，利用 order probit 模型估计的结果将存在偏误。

为了解决因变量遗漏产生的内生性问题，本部分尽量将可能成为遗漏变量的因子纳入模型。本书除了纳入了常见的变量，还纳入了（1）老年人 15 岁以前的健康状况，这一指标能反映是否存在遗传病、身体素质等先天影响因素；（2）平均每天抽烟支数,该指标能反映是否抽烟,比单纯用是否抽烟作为解释变量要好;(3)社会资本,即老年人参与社会活动的次数。因为该指标对心理健康和自我评价健康有最大的影响(薛新东,刘国恩,2012)。因此,本书在指标的选取上较已有文献有所完善。在此基础上,检验解释变量(经济支持)是否具有内生性,以保证模型估计的一致有效性。

为解决可能存在的从健康到经济支持的反向因果关系,首先,选取子女收入、老人居住地经济状况为工具变量。这两个变量会影响到经济支持的提供,但与老年人的健康状况基本不相关,属于外生变量,完全符合工具变量有效性的两个条件:(1)相关性,工具变量与经济支持相关;(2)独立性,工具变量与误差项不相关,即工具变量与老年人健康不相关。这两个工具变量都是按照"经济状况"这一逻辑选取的,工具变量的个数也大于内生变量的个数,可以进行过度识别检验,以识别其有效性(Stock和Watson,2007)。如果模型确实存在内生性,则工具变量应当能通过检验。其次,采用有限信息极大似然法(LIML)对模型进行两阶段估计。LIML的优势在于可以避免由于模型界定错误而导致的一个方程参数估计值的偏误而传递到模型所有其他方程参数估计值中(吴晓刚,2011),也就是对弱工具变量缺乏敏感性,因而估计偏误较小。

运用两阶段模型,可以把模型(1)重新设置为:

第一阶段
$$Econsupport_i = k_1 Childrevenue_i + k_2 Ecostatus_i + \gamma_i X_i + \upsilon_i \quad (2)$$

第二阶段 $Selfrhealth_{ii} = \beta_i Econsupport_i + \delta_i X_i + \varepsilon_i \quad (3)$

其中,$Childrevenue_i$,$Ecostatus_i$ 为工具变量,$Econsupport_i$ 为第一阶段回归结果预测值。两阶段模型既能研究经济支持对健康的影响,同时还能分析影响经济支持的因素有哪些。

值得注意的是，无论 LIML 还是 2SLS，都会因为共线性问题而导致估计失效，而参数依然是一致的。较高的多元共线性导致的主要后果是参数估计标准误较大，因而导致参数估计的置信区间较宽。克服上述问题的唯一理想思路是收集更多的样本量。另一个策略是删除方程中引发该问题的变量。在两阶段回归中，大多是工具变量导致共线性问题，因此，该策略意味着从结构方程中的解释变量中删除一个或多个的内生变量，但可能导致估计结果缺乏一致性（吴晓刚，2011）。因此，本书采用较大的样本量来解决共线性问题，保证了较小的标准误（见表 6-14）。

2. 内生性检验

根据 Hausman（1978）的检验思路，如果解释变量（经济支持）是外生变量，那么其对应参数 β 的 OLS 估计量应该具有一致性与有效性，而 2SLS 估计量具有一致性而无有效性。因此，如果解释变量（经济支持）是外生的，那么 OLS 估计量 β_{LS} 与 2SLS 估计量 β_{IV} 之间的差异 $d = \beta_{LS} - \beta_{IV}$ 的概率极限为 0，即 $Plimd = 0$，否则可认为解释变量（经济支持）具有内生性。由于 CHARLS 数据的大样本特征，$Var(d)$ 不会出现负数，保证了 $Var(d)$ 广义逆的存在，也就保证检验统计量取正数。上述统计量由 Wu（1973）和 Hausman（1978）分别提出，通常称为 Durbin-Wu-Hausman 统计量（即 DWH）。针对模型 $Selfrhealth_i = \beta_i Econsupport_i + \delta_i X_i + \varepsilon_i$，具体检验步骤为：第一步，利用 OLS 与 2SLS 方法分别估计模型，设 β_i 的估计量分别为 $\hat{\beta}_i$ 和 $\bar{\beta}_i$，标准差分别为 $se(\hat{\beta}_i)$ 和 $se(\bar{\beta}_i)$；第二步，假设 H0：Econsupport 是外生的，构建统计量 $H = \dfrac{(\bar{\beta}_i - \hat{\beta}_i)^2}{Se^2(\bar{\beta}_i) - Se^2(\hat{\beta}_i)}$，等价于 H =

$$\frac{\overline{\beta}_i - \hat{\beta}_i}{\sqrt{\text{Se}^2(\overline{\beta}_i) - \text{Se}^2(\hat{\beta}_i)}} \sim N(0, 1)。$$

若拒绝原假设，则表明 Econsupport 具有内生性。

三、实证结果

（一）描述性分析

从表6-14可以看出：（1）在性别差异方面，男性的自评健康要优于女性（3.50Vs.3.68）。男性获取的经济支持低于女性（0.54Vs.0.61），这可能与男性的生活自理能力较女性强，且男性健康状况较好有关。在婚姻状况方面，男性与配偶同住的比例远高于女性（0.80Vs.0.54），这与女性的寿命较男性长有很大关系。男性的受教育程度高于女性（3.54Vs.2.30），这与中国早期不重视女性教育的传统观念有关。（2）在城乡差异方面，城市居民的健康状况好于农村（3.46Vs.3.63），城市老年人获取的经济支持低于农村居民（0.37Vs.0.65），原因在于城市的社会保障较农村好，而且城市老年人大多都有养老金。城市老年人的受教育程度远高于农村（4.37Vs.2.45），这与城乡教育观念、经济条件及教育条件都有关系。城市中的老年活动设施多于农村（0.57Vs.0.28），这也有利于城市老年人的健康。城市家庭规模小于农村（0.21Vs.0.41），这与城市较为严厉的计划生育政策及人们的生育观念有关。（3）年龄差异方面，70岁以下老年人的健康状况、受教育程度、社会资本都优于70岁以上老人，但获取的经济支持要少于70岁以上老年人。

（二）模型估计结果

如表6-15所示，order probit 模型报告了不控制经济支持内生性的报告结果，两阶段模型报告了控制内生性的估计结果。不

表6-14　　　　　　　分样本数据描述性分析

变量	男	女	城市	农村	≤70岁	>70岁
被解释变量						
Selfrhealth	3.50	3.68	3.46	3.63	3.50	3.57
解释变量						
Econsupport	0.54	0.61	0.37	0.65	0.54	0.63
Gender	1	0	0.56	0.53	0.56	0.51
Age	68.93	70.02	69.89	69.27	64.63	76.83
HuKou	0.28	0.26	1	0	0.26	0.29
Marital	0.80	0.54	0.72	0.66	0.77	0.54
Smoking	13.21	1.84	6.79	8.41	8.71	6.82
Everhealth	2.73	2.78	2.59	2.81	2.78	2.71
Education	3.54	2.30	4.37	2.45	3.32	2.42
Homesize	0.34	0.36	0.21	0.41	0.40	0.28
Jobtype	5.30	5.51	4.08	5.89	5.47	5.29
Socactive	1.42	1.08	1.64	1.12	1.37	1.09
Deposit	0.26	0.13	0.39	0.13	0.21	0.18
Oldinsurance	0.04	0.05	0.02	0.05	0.05	0.03
Healthinsurance	1.01	1.00	1.02	1.00	1.01	1.00
Acticenter	0.34	0.38	0.57	0.28	0.35	0.37
Toilettype	3.31	3.14	2.00	3.70	3.32	3.10
工具变量						
Ecostatus	3.54	3.80	4.21	3.64	3.77	3.83
Childrevenue	3.98	4.43	5.36	3.57	4.04	3.39

难看出，在不控制内生性的情况下，经济支持的回归系数为正（系数为0.014），似乎经济支持反而不利于老年人健康。在控制内生性的情况下，经济支持的系数为负数系数较大且显著（系数为-1.274，$p<0.1$），表示经济支持能显著改善老年人健康。这说明，不控制内生性会错误估计经济支持对健康的影响，不但存在偏差，而且存在方向性错误。这种内生性问题的存在，可能的原因是老年人的自选择行为造成的，也就是自评健康状况良好

的老年人会拒绝子女的经济支持，自评健康状况差的老年人则会接受甚至主动要求子女的经济支持，但这种自选择行为很难用变量反映。这类变量的遗漏使模型的系数为正，好像经济支持越多，老年人健康状况越差。因此，变量遗漏造成的内生性导致经济支持对健康作用的低估。

1. 第一阶段回归分析

两阶段估计结果中，第一阶段反映的是经济支持的影响因素。男性获得的经济支持显著低于女性（系数为 -0.048，$p < 0.05$）。年龄越大越易获得经济支持（系数为 0.07，$p < 0.01$）。年龄的平方显著小于零，说明随着年龄的增长，获得的经济支持越来越多，但当年龄达到一定程度时，获得的经济支持反而会减少，原因在于高龄老年人自己花钱的地方较少，需要的是家人的日常照料。城市老年人获取的经济支持显著低于农村老年人（系数为 -0.278，$p < 0.01$），原因可能是城市老年人基本上都有社会养老金或退休金等，而农村老年人主要靠子女供养。家庭规模越大，获取的经济支持越多（系数为 0.023，$p < 0.05$）。老年人的工作（或退休前的工作）性质越好，获取的经济支持越少（系数为 0.015，$p < 0.05$），可能是工作单位缴纳了较多的养老金或者提供了较好的生活保障。老年人的社会资本或社会活动越多，所需要的经济支持越少（系数为 -0.073，$p < 0.01$），可能的原因是参加的社会活动越多，身体越健康，自己获取经济收入的来源也越多。自己有存款、养老保险和医疗保险的老年人需要的经济支持会比没有这类养老保障的老年人少，说明老年人的社会保障可以减轻子女的经济负担。结果还显示，工具变量与经济支持高度相关，老年人所在地区经济越发达，获取的经济支持越多。子女的收入越多，提供的经济支持越多（系数为 0.014，$p < 0.01$）。第一阶段的 F 统计量为 15.21，大于 10，$p < 0.01$，

说明不存在弱工具变量的问题。

表 6-15　　总体样本回归结果

| | 模型 1：order probit (N=2517) | | 模型 2：两阶段 LIML 回归 | | | |
| | | | 第一阶段 | | 第二阶段 | |
	边际效应	标准误	系数	标准误	系数	标准误
Econsupport	0.041	0.045	—	—	-1.274*	0.746
Gender	-0.164***	0.054	-0.048**	0.024	-0.211***	0.069
Age	-0.035	0.053	0.070***	0.023	0.060	0.078
Agesq	0.000	0.000	-0.000***	-0.000	-0.000	0.000
HuKou	0.018	0.065	-0.278***	0.028	-0.337*	0.217
Marital	0.059	0.050	-0.089***	0.022	0.058	0.084
Smoking	0.002	0.002	0.001	0.001	0.003	0.003
Everhealth	0.075***	0.020	0.009	0.009	0.082***	0.022
Education	-0.024*	0.014	0.002	0.006	-0.017	0.016
Homesize	0.006	0.024	0.023**	0.011	0.023	0.031
Jobtype	0.008	0.018	0.015**	0.008	-0.012	0.022
Socactive	-0.040***	0.012	-0.073***	0.018	-0.026*	0.015
Deposit	-0.230***	0.057	-0.007	0.005	-0.222***	0.063
Oldinsurance	-0.038	0.105	-0.070	0.047	-0.064	0.125
Healthinsurance	0.024	0.162	-0.065	0.072	0.035	0.183
Acticenter	-0.160***	0.051	-0.000	0.023	-0.146***	0.056
Toilettype	0.009	0.014	-0.008	0.006	-0.006	0.017
Ecostatus	—	—	0.007	0.009	—	—
Childrevenue	—	—	0.014***	0.004	—	—
Constant	—	—	-2.151	0.845	2.060	2.575
模型检验	LR chi²(17)=111.43 Prob>chi²=0.0000 R²=0.0988 Pseudo R²=0.0160		F(18, 2498)=15.21 Prob>F=0.0000 Adj R²=0.0923 N=2517		Anderson-Rubin chi²(1)=0.12 p=0.7291 N=2517	

注：表中 * 表示 p<0.1，** 表示 p<0.05，*** 表示 p<0.01。

2. 第二阶段回归结果分析

第二阶段反映的是经济支持对健康的影响。可以看出,经济支持每提高10%,老年人的健康会提高2.55%(12.74%/5,因为健康变量取值范围是1~5),且在10%水平上显著。说明经济支持对老年人健康有非常显著的正向作用。男性的健康状况显著优于女性(系数为 -0.211, $p<0.01$)。老年人的自评健康随年龄的增长而变差,但到了一定年龄段这种趋势会改变。城市老年人的自评健康优于农村老年人6.74%(33.7%/5),且在10%水平上显著。与配偶同住的老人健康状况较其他婚姻状况的老人稍差,难以解释其中的原因,可能是夫妻关系影响了心情。吸烟不利于健康,但影响不显著,可能是在空气污染严重的情况下,吸烟的危害被淡化了。15岁以前的健康状况对老年人的健康有显著影响,反映了先天遗传的身体素质对后天健康的重要影响(系数为0.082, $p<0.01$)。受教育水平越高,健康状况越好。家庭规模越大,越不利于老年人健康,可能是家庭关系会影响老年人的自评健康。早年的工作性质越好,越有利于健康。积极参加社会活动能显著改善老年人健康(系数为 -0.026, $p<0.1$)。养老保险以及老年人有自己的存款能显著改善老年人的健康(系数为 -0.22, $p<0.01$),可能是存款改变了老年人对子女的依赖,有利于心理健康,进而影响了自评健康。一个奇怪的现象是,健康保险不利于老年人健康(系数为0.035),其最可能的解释是逆向选择问题,也就是自评健康状况不佳的老年人更可能积极主动的购买健康保险。村或社区的老年活动中心能显著提高老年人的健康(系数为 -0.146, $p<0.01$)。厕所的情况能反映所处村或社区的卫生状况,卫生状况越好,越有利于老年人健康。第二阶段的过度识别检验不能拒绝工具变量与误差项不相关的原假设(Anderson - Rubin $chi^2(1) = 0.12$, $p = 0.7291$),说

明工具变量与误差项不相关。

四、结论

本部分利用 2011 年 CHARLS 数据，采用工具变量分析法实证分析了经济支持对健康的影响及其程度，其结论与本章第三节结论基本一致。与已有研究不同的是，我们选取独居老人作为研究对象，能较好地判断子女提供经济的多少。首先检验了经济支持是否具有内生性，然后选取子女收入和老人居住地的经济状况作为工具变量，利用有限信息极大似然法（LIML）进行两阶段回归，并选取大量的控制变量，来控制内生性问题。针对工具变量的相关性检验和过度识别检验，都反映了工具变量和模型估计的有效性及稳健性。本书不但分析了经济支持对健康的影响，还讨论了影响经济支持的因素有哪些，为制定相应的国民健康促进政策，提供了重要的信息。

研究结果表明，经济支持是影响老年人健康的重要因素。经济支持每增加 10%，老人自评健康就会增加 2.55%。因此，在老龄化日益严重，提高老年人健康水平能极大缓解老龄化压力的背景下，政府在提升国民健康的过程中，应高度重视经济支持的作用：（1）政府在制定薪酬政策时，应考虑向家有高龄老人的中青年人适当倾斜，以使其能更多地向父母提供经济支持，尤其是人口流动性大，子女不能提供日常照料的情况下，给父母以经济支持显得尤为重要；（2）农村老年人的健康状况本身就较城市老年人差，又缺乏必要的社会养老保障，丧失劳动能力后，基本就靠子女来养老，而子女又面临外出打工的需求，只能靠多给父母钱来解决。因此，政府应高度关注农村外出打工者的收入；（3）老年人多参加社会活动能显著改善健康水平，进而显著减少对经济支持的需求，因此，政府应直接提供资助或补贴来促进老人多参加社会活动，如建立老年活动中心等，为居民社会交往和社会参与创造条件。

本部分研究的不足之处在于，对经济支持的测量不是十分全面，比如子女也可能会带老年人外出旅游、聚餐等，这些也应该属于经济支持的范畴，但本部分所用数据库缺乏这方面的数据。由于中国健康与养老追踪调查数据（CHARLS）是追踪调查，希望将来能进一步完善这方面的数据，以利于更全面的分析。其次，本部分只是实证检验了经济支持与老年人健康之间的因果关系，但对其内在机制的探讨有待深入，需未来进一步探索。

本章小结

本章通过对老年人获得经济支持所产生的健康效应进行研究，发现无论采用主观健康指标、客观健康指标还是综合性健康指标，获得经济支持都具有健康效应，但其影响程度和显著性不同。而且这种健康效应还存在城乡、性别、年龄等方面的差异。

因此，应更多关注农村经济状况差的老年女性的养老问题。加强对贫困老年人的社会保障，既可以帮助其实现衣食无忧的晚年生活，又可以提高其健康水平，提高晚年的生活质量与生命质量。

第七章

代际经济支持影响因素研究

第六章的研究结果表明，获得家庭代际经济支持对老年人的健康有重要影响，因此，有必要弄清楚哪些因素会影响老年人获得经济支持的概率与数量。影响老年人获得经济支持的因素很多，既有老年人自身的因素，也有社会因素及子女因素。已有文献基本是从子女的角度分析，哪些子女特征影响其对老年父母的经济赡养，本书将更多从老年人的特征进行分析，并关注社区因素的影响。

第一节 变量选择及变量含义说明

老年人健康状况是影响经济支持的重要变量，但考虑到如果用当前健康状况进行回归分析，可能会产生内生性问题，因为当前的经济支持多少会对当期的健康状况产生影响，这样就会使回归结果产生偏差，因此本章选择滞后期（2008年）的健康状况作为自变量。虽然滞后期的健康状况与报告期的健康状况未必完全相同，但是两者会有很大的相关性，这一点从第六章的回归结果可以看出（基期健康状况对报告期健康状况影响程度很大，而且基本上是在1%的水平上显著）。

变量选择结果及变量含义如表7-1所示。由于子女对老年人的经济赡养往往具有一贯性，也就是子女每年提供的经济支持一般不会有太大的波动，因此将滞后期（2008年）的经济支持作为控制变量加入模型，可以反映未能在模型中考虑到的其他遗漏变量。老年人的个人收入（含养老金、退休金及政府转移支付等）、医疗保险及养老保险都为老年人晚年的经济需求提供了保障，这些因素会影响子女提供经济支持的数量。特别地，通过研究老年人的收入与子女提供经济支持之间的关系，可以检验在中国家庭里，子女提供经济支持的动机是利他动机还是交换动机。老年人的工作性质也会反映其晚年的生活保障程度。

社区经济文化发展水平以及老年人家庭的经济水平也会影响子女经济支持的提供。老年人是否照看孙子女会影响子女提供经济支持的数量，一般来说，照看孙子女的老人可能会得到更多的经济支持。人口流动性较强的情况下，子女不能为老年人提供更多的日常照料和精神慰藉，可能会用金钱取代。

老年人性别的差异会影响生活能力，因此会影响子女提供的经济支持。城乡老年人的晚年生活保障程度不同，因此户口也是影响经济支持的变量。子女居住位置离老年父母的距离以及子女的收入都会影响经济支持的提供。一般来说，子女离父母越近，越有可能提供日常照料，这样就会减少经济支持的提供。由于老年人的子女数量往往不止一个，本书为了研究方便，分别选择离老年人最近的子女以及收入最高的子女，将其居住距离和收入作为自变量。

表 7-1　变量及变量含义

变量	变量含义
基期自评健康	0=健康，1=不健康
基期 ADL	0=无困难，1=有困难
基期慢性病	0=无慢性病，1=有慢性病
抑郁症	0=无，1=有
基期获得经济支持	2008年老年人获得经济支持的标准化
个人收入	过去一年工资收入、退休金或养老金、失业补助、无保障老人生活补贴、工伤保险金、独生子女老年补助、医疗救助、政府给个人的其他补助、社会捐助
医疗保险种类	0=无，1=一种……
养老保险	0=无，1=有
第一份工作	1=政府部门，2=事业单位，3=非营利机构，4=企业，5=个体户，6=农户，7=居民户，8=其他
与邻居/村里人的平均生活水平相比	1=好得多，2=好些，3=差不多，4=差一些，5=差很多，6=不知道
照看孙子女	0=不照看，1=照看
过去一年见到孩子次数	见面次数取标准化值
过去一年与孩子联系次数	联系次数标准化值
离自己最近的子女居住地	1=在本村/社区，2=在本县/市的其他村/社区，3=在本省的其他县/市，4=外省，5=国外

续表

变量	变量含义
收入最高的子女年收入	1 = 没有收入，2 = 少于 2000 元，3 = 2000~5000 元，4 = 5000 元~1 万元，5 = 1 万~2 万元，6 = 2 万~5 万元，7 = 5 万~10 万元，8 = 10 万~15 万元，9 = 15 万~20 万元，10 = 20 万~30 万元，11 = 高于 30 万元
婚姻	0 = 非在婚（包括分居、离异、丧偶、从未结婚），1 = 在婚（包括已婚并与配偶一同居住、已婚但因为工作等原因暂时没有跟配偶在一起居住）
教育程度	1 = 未受过正规教育（文盲），2 = 未读完小学，但能够读、写，3 = 私塾，4 = 小学毕业，5 = 初中毕业，6 = 高中毕业，7 = 中专毕业（包括中等师范、职高），8 = 大专毕业，9 = 本科毕业，10 = 硕士毕业，11 = 博士毕业
户口	0 = 农村，1 = 城市
性别	0 = 男性，1 = 女性
吸烟	0 = 否，1 = 是
饮酒	0 = 否，1 = 是
社区经济状况	很穷—1—2—3—4—5—6—7→很富

第二节 家庭经济支持的对比分析

一、老年人获得经济支持数量（2012 年）与主要人口特征的关系

根据第五章的统计发现，老年人获得的经济支持规模存在很大差异（见图 5-3、图 5-4），呈非正态分布，此时不适合用

平均数进行研究。因此，图7-1至图7-11中，对老年人获得家庭经济支持情况首先分为获得经济支持和未获得经济支持两组，然后再将获得经济支持的数量按照四分位分成四组。结果得到的经济支持的四分位数分别是800、2300和6800，这样，就可以分为五组：0元；1~800元；801~2300元；2301~6800元；6801元以上。另外，由于要对上述有序分类变量分别按性别、省份等进行差异显著性检验，所以用的是秩和检验。

由图7-1可以看出，浙江、甘肃两省老年人获得经济支持存在差异，并在1%的水平上显著。其中，甘肃省老年人50%未获得家庭经济支持，这一比例高于浙江省。获得经济支持的老年人中，甘肃省有20%左右的老年人获得经济支持的数量低于800元，而浙江省的这一比例则仅为10%左右；获得经济支持高于6801元的老年人中，甘肃省的比例不到10%，浙江省的老年人则接近20%。总的来说，浙江省有更多的老年人获得经济支持，而且在获得经济支持的老年人当中，浙江省老年人获得的经济支持的数量远远高于甘肃省老年人，而且这一差异具有统计显著性。这一现象也验证了第六章所讨论的获得经济支持对甘肃省老年人的健康边际效应更高的结论。

图7-2显示，未获得经济支持的老年人中，男性多于女性。而在获得经济支持的老年人中，在规模较低的范围内（1~800元，801~2300元），男性获得的经济支持的概率较女性低，而在经济支持规模较高的范围段内，两者基本持平。总的来说，男性获得的经济支持概率低于女性，但不具有统计显著性。需要特别说明的是，柱状图的显示结果与表7-2回归结果是从两个不同的角度反映老年人获得经济支持的情况，柱状图是分组反映老年人获得经济支持的情况，而表7-2是按照具体数值进行的回

第七章 代际经济支持影响因素研究

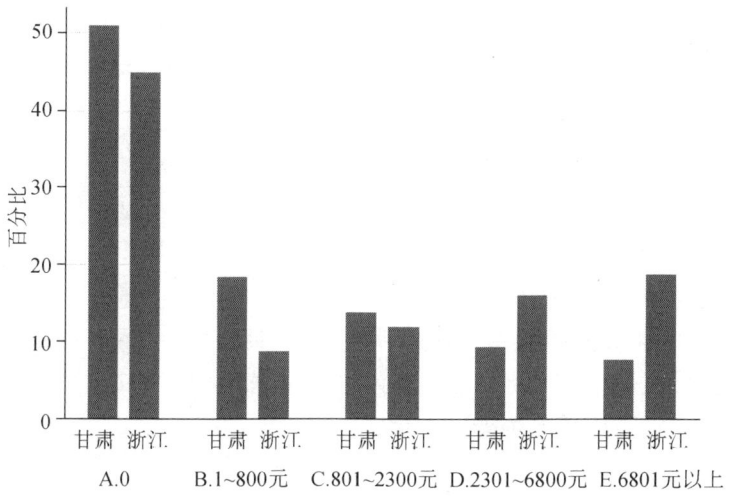

图7-1 获得经济支持省份差异
（秩和检验 $\chi^2 = 22.34$，$p = 0.000$）

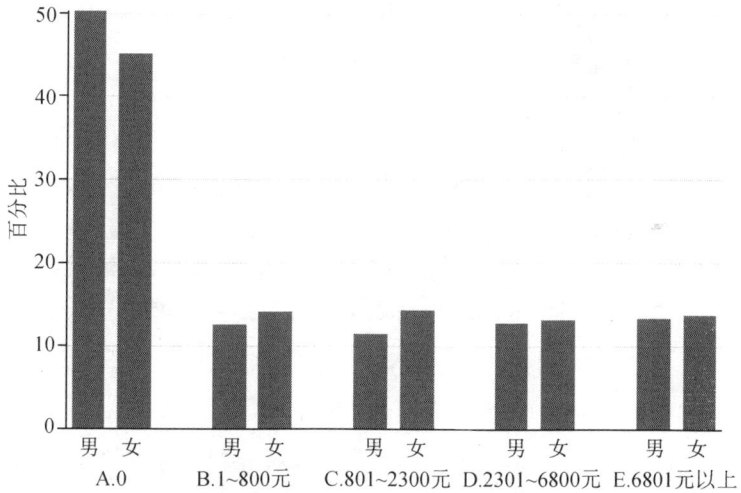

图7-2 获得经济支持性别差异
（秩和检验 $\chi^2 = 1.86$，$p = 0.172$）

归。图7-2与表7-2反映了男性老年人获得经济支持的概率低于女性老年人，但其获得经济支持的平均规模大于女性老年人。

图7-3显示，在未获得经济支持的老年人中，城市老年人所占比例较农村老年人高。但在获得经济支持的老年人中，农村老年人更可能获得规模较小的经济支持（在1~800元，801~2300元范围段，农村老年人占的比例较高），而城市老年人更可能获得规模较大的经济支持（在6801元以上的范围段，城市老年人所占比例较高），但这种差异不具有统计显著性（p=0.239）。图7-3与表7-2反映了城市老年人获得经济支持的概率和平均规模均低于农村老年人。

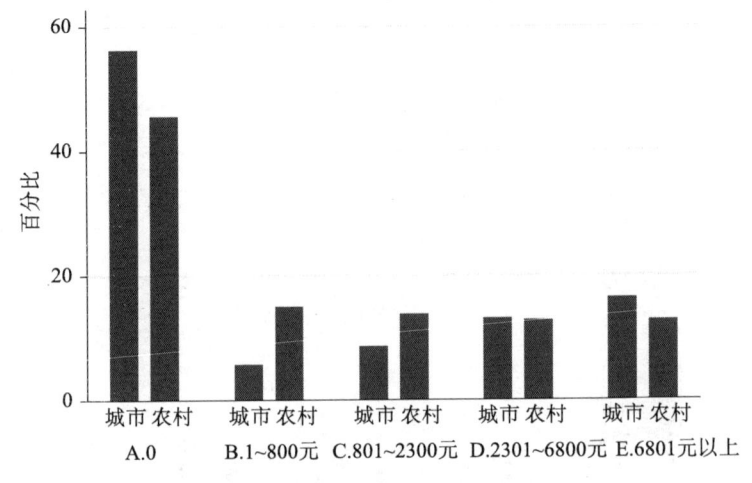

图7-3 获得经济支持城乡差异

（秩和检验 $\chi^2 = 1.39$，$p = 0.239$）

图7-4显示，在未获得经济支持的老年人中，在婚老年人所占比例较非在婚老年人高。在获得经济支持的老年人中，非在婚老年人更可能获得规模较小的经济支持（在1~800元，801~

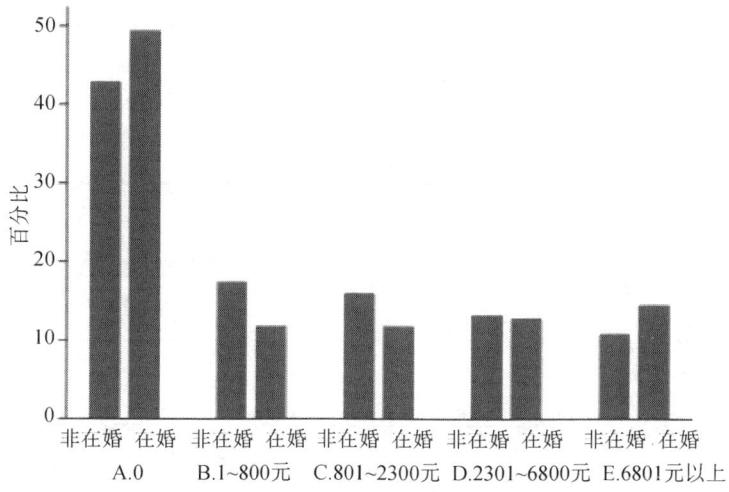

图 7-4 获得经济支持婚姻状况差异

（秩和检验 $\chi^2 = 4.70$，$p = 0.096$）

2300 元范围段，非在婚老年人占的比例较高），而在婚老年人更可能获得规模较大的经济支持（在 6801 元以上的范围段，城市老年人所占比例较高），这种差异在 0.1 的水平上具有统计显著性（$p = 0.096$）。图 7-4 与表 7-2 反映了在婚老年人获得经济支持的概率和规模都低于非在婚老年人。

图 7-5 显示，老年人年龄越大，获得经济支持的概率越高，但图 7-6 显示，这种概率的提高并未带来经济支持规模的明显上升。

图 7-7 显示，老年人健在子女越多，获得经济支持的概率越高，图 7-8 则显示，子女个数的增多，反而导致老年人获得子女经济支持规模的降低。

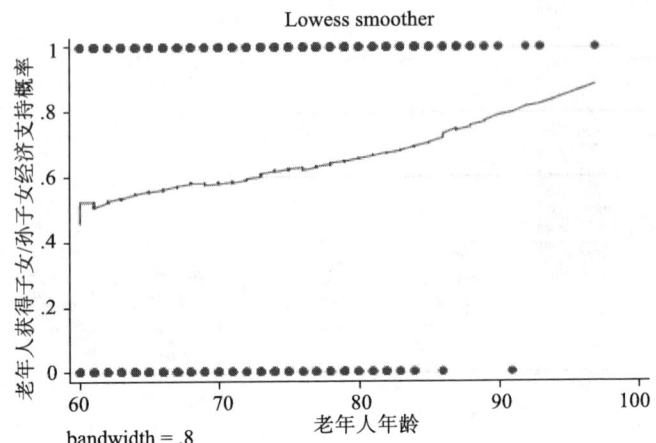

图7-5 年龄与获得经济支持概率的关系

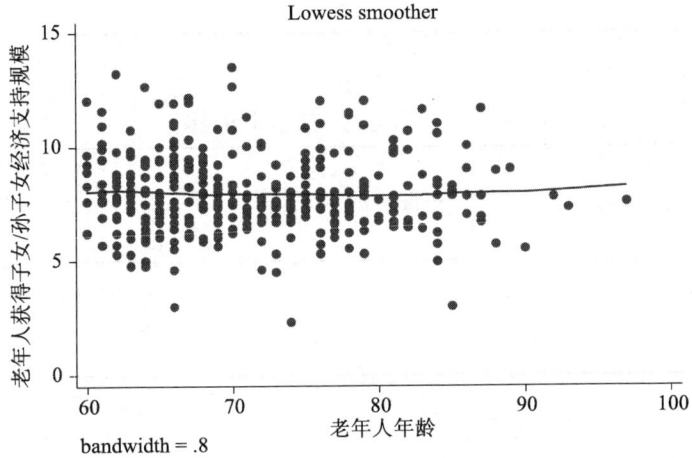

图7-6 年龄与获得经济支持规模的关系

第七章 代际经济支持影响因素研究

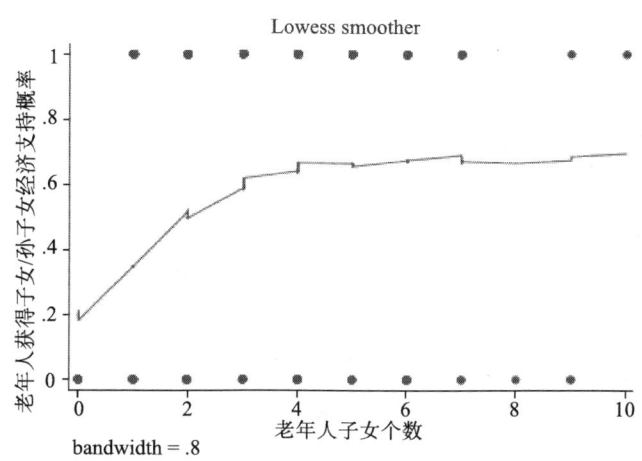

图7-7 子女个数与获得经济支持概率的关系

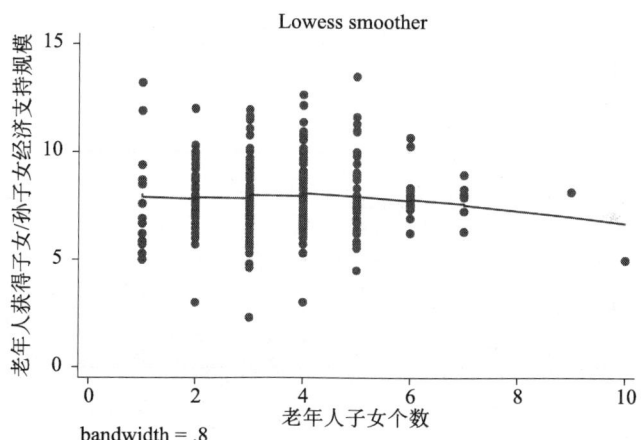

图7-8 子女个数与获得经济支持规模的关系

二、老年人健康状况与获得经济支持数量的关系

图7-9、图7-10显示，老年人ADL越严重，获得经济支持的概率越低，获得经济支持的规模也越小，可能的原因是ADL严重的老年人更需要的是日常照料而不是金钱，这一结论与第六章的结论一致。

图7-11、图7-12显示，老年人患慢性病种类越多，获得经济支持的概率先缓慢上升后缓慢下降，获得经济支持的规模上升趋势不明显，基本持平。

图7-13、图7-14显示，老年人抑郁症越严重获得的经济支持的概率越低，获得经济支持的规模也越小。

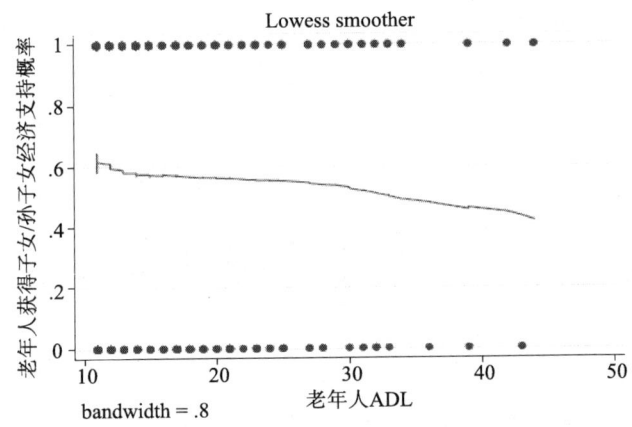

图7-9　ADL与获得经济支持概率的关系

第七章 代际经济支持影响因素研究

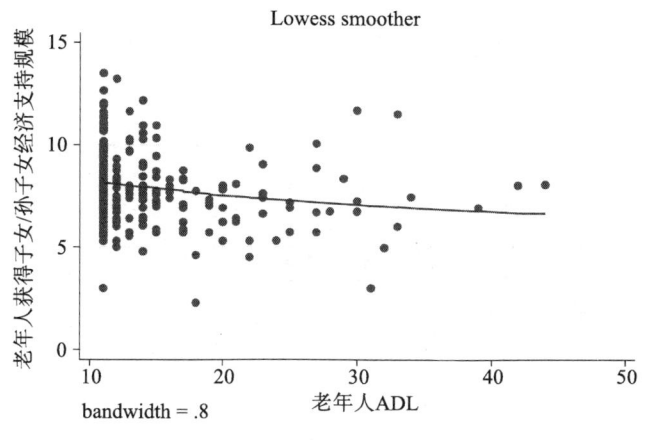

图7-10 ADL与获得经济支持规模的关系

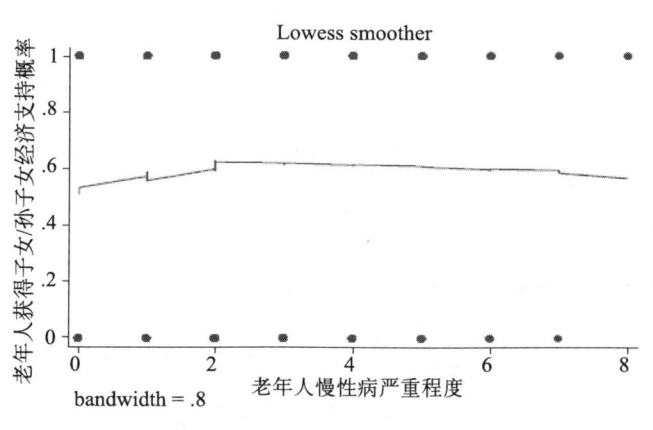

图7-11 慢性病与获得经济支持概率的关系

图7-15显示、图7-16显示,自评健康越差的老年人获得经济支持的概率越低、获得经济支持的规模也越小。

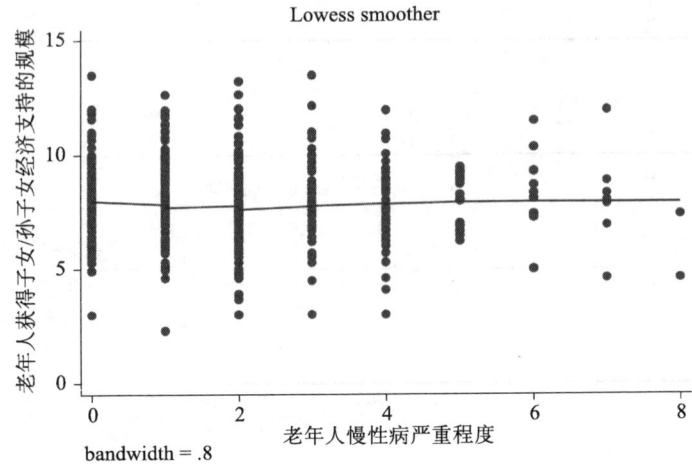

图 7-12　慢性病与获得经济支持规模的关系

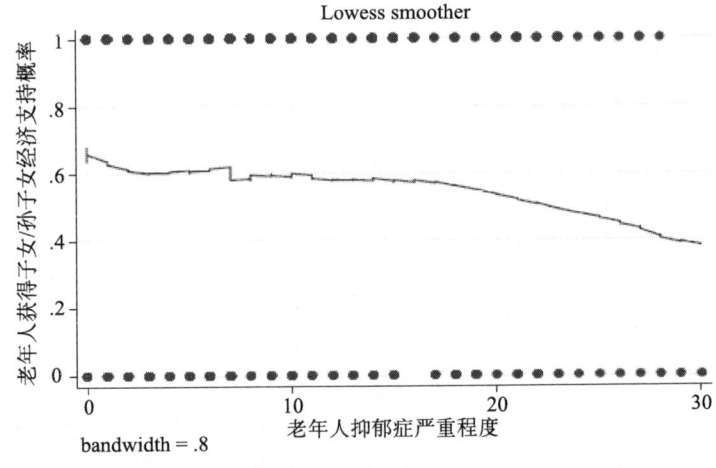

图 7-13　抑郁症与获得经济支持概率的关系

第七章　代际经济支持影响因素研究

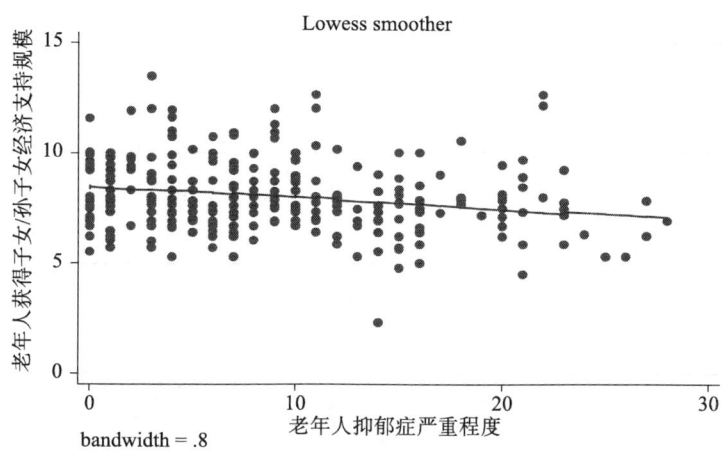

图7-14　抑郁症与获得经济支持规模的关系

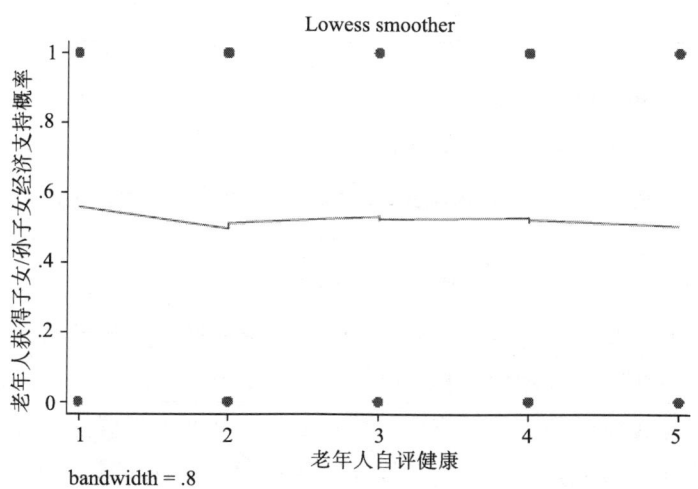

图7-15　自评健康与获得经济支持概率的关系

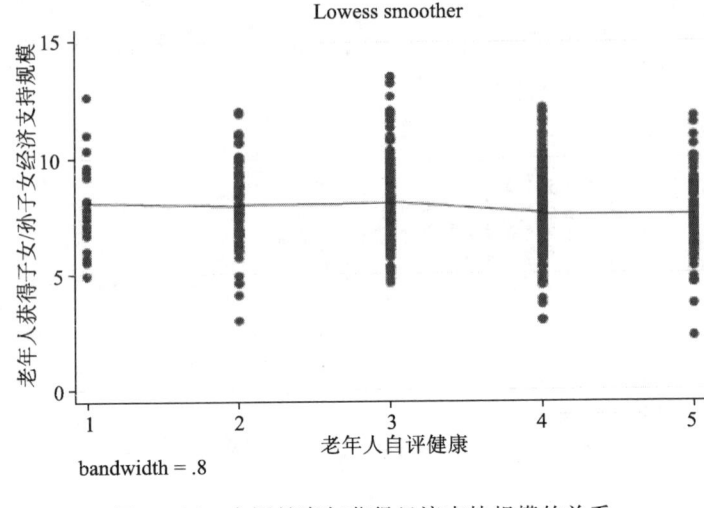

图 7-16 自评健康与获得经济支持规模的关系

三、模型识别

本章所采用的模型是 Heckman 模型与 HLM 模型的结合,而这两种模型在使用之前都要进行模型识别或检验。

首先进行 Heckman 模型的识别。使用 Heckman 两步估计法首先需要解决模型的识别问题(Greene,2008)。Escanciano 等(2010)认为模型的识别可以通过模型的设置形式予以解决,即某些解释变量在 Probit 模型中影响是非线性的,而在修正普通最小二乘法回归模型中影响是线性的。考虑到老年人收入状况是影响子女提供经济支持的重要变量:老年人在收入状况较差时,子女提供经济支持的可能性会增加,一旦老年人收入状况好转,子女可能会减少经济支持的提供。因此,本书采用非参数局部加权回归法(Lowness)对以上假设进行检验,发现:子女提供经济支持的概率与老年人收入状况是非线性的(见图 7-17);而子女提供经济支持的规模与老年人的收入状况接近水平的线性关系（见图7-18），说明老年人的收入状况可以作为识别模型的变量。需要说明的是，图7-17、图7-18的绘制删除了极端值，因此，图形显示的结果与回归结果存在差异。

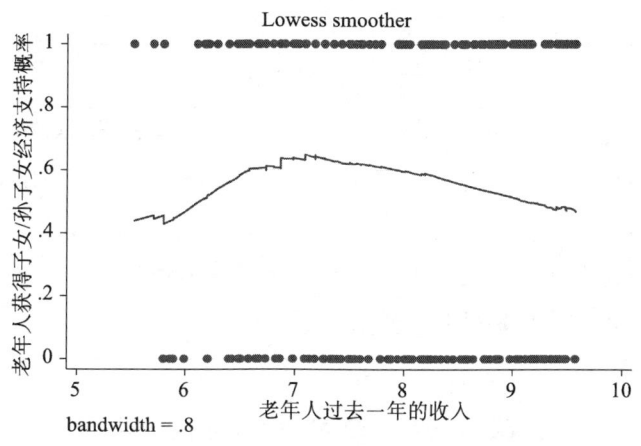

图7-17 老年人收入与获得经济支持概率的关系

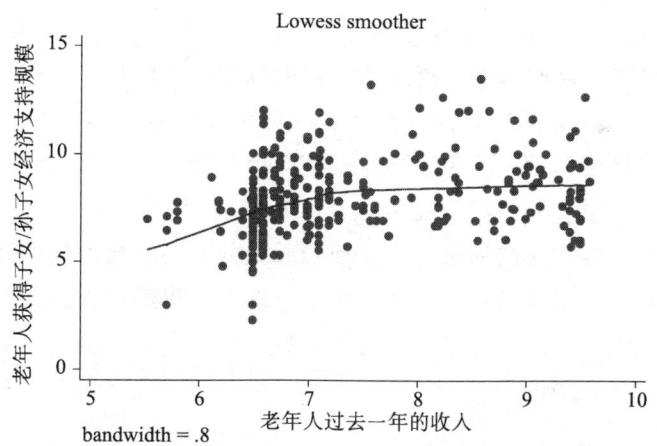

图7-18 老年人收入与获得经济支持规模的关系

接下来进行 HLM 模型检验。空模型回归结果显示，老年人获得经济支持的规模因个体和社区而异，社区之间的变异值（即群间变异值）为 0.804，社区内变异值为 1.519。因此，社区因素能解释老年人获得经济支持差异的程度，即群间关联度系数 ICC 为：

$$\rho = \frac{\tau_0^2}{\tau_0^2 + \sigma_0^2} = \frac{0.804}{0.804 + 1.519} = 0.3461$$

说明社区因素能解释老年人获得经济支持差异的 34.61%，而且空模型的卡方检验值显著不等于 0，说明完全有必要采用多层线性模型。

通过上述两步检验说明，对经济支持影响因素回归分析采用 Heckman-HLM 模型是必要的、可行的。

第三节 全样本回归结果

表 7-2 的回归过程分两步进行，首先通过模型Ⅰ、模型Ⅱ、模型Ⅲ逐步回归法对获得经济支持的概率进行回归；然后，将第一步回归得到的 IMR 加入模型Ⅳ、模型Ⅴ、模型Ⅵ进行获得经济支持规模的回归。为了检验模型的稳健性，每一步的回归都依次加入老年人个体特征变量和社区特征变量。通过表 7-2 可以看出，在逐步回归的过程中，回归系数的方向及显著性没有明显的改变，说明模型是稳健的。由于老年人获得经济支持的规模差异性较大，本部分对经济支持取对数。

表 7-2　　　　　经济支持影响因素（全部样本）

变量	选择方程 Probit 模型			转移规模方程 Heckman-HLM 模型		
	模型 I	模型 II	模型 III	模型 IV	模型 V	模型 VI
固定效应						
基期 ADL	-0.152	-0.178	-0.187	-0.575*	-0.684**	-0.584**
基期慢性病	-0.027	-0.011	-0.044	0.094	0.149	0.121
基期抑郁症	-0.256	-0.215	-0.171	0.010	-0.011	0.143
基期自评健康	-0.041	-0.048	-0.067	-0.403**	-0.477***	-0.475**
基期获得经济支持	0.028	0.037	0.026	0.424***	0.446***	0.423***
个人收入	-0.103*	-0.070	-0.053	-0.103	-0.116	-0.057
医疗保险	-0.195	-0.155	-0.157	-0.603#	-0.669**	-0.603*
养老保险	-0.052	-0.043	-0.043	-0.164	-0.193*	-0.167*
第一份工作	0.063	0.076*	0.082*	0.029	0.119	0.078
生活水平	-0.004	-0.002	-0.005	-0.032	-0.029	-0.031
照看孙子女	-0.081	-0.039	-0.051	-0.210	-0.183	-0.166
健在子女数	-0.083	-0.137	-0.119	-0.295	-0.346	-0.264
非同住子女数	0.229**	0.278***	0.267**	0.653#	0.780*	0.629*
健在兄弟姐妹数	0.021	0.027	0.033	0.107**	0.121*	0.116*
过去一年见到孩子次数	0.061	0.017	0.028	-0.077	-0.063	-0.051
过去一年与孩子联系次数	-0.057	-0.012	-0.050	0.098	0.083	0.093
离自己最近的子女居住地	-0.005	-0.007	0.008	0.133#	0.142*	0.163*
收入最高的子女收入情况	0.103***	0.098***	0.113***	0.407**	0.434***	0.396***
婚姻（非在婚=0）		-0.445***	-0.485***		-0.579	-0.388
教育程度		0.042	0.053		0.147*	0.139*
户口（农村=0）		-0.167	-0.169		-0.232	-0.104
性别（男性=0）		0.104	0.121		-0.101	-0.128
年龄		-0.000	-0.001		-0.002	-0.002
吸烟		0.033	0.038		-0.503**	-0.503**

续表

变量	选择方程 Probit 模型			转移规模方程 Heckman - HLM 模型		
	模型 I	模型 II	模型 III	模型 IV	模型 V	模型 VI
饮酒		0.046	0.043		0.060	0.026
社区文盲/半文盲比例			-0.002			0.002
社区经济状况			-0.230**			-0.223
IMR				2.261	3.085	2.124
常数项	-0.635	-0.153	-0.536	3.075	2.232	3.211
样本量	607	606	604	343	342	342
Pseudo R^2	0.061	0.076	0.082			
P	0.001	0.000	0.000	0.000	0.000	0.000
随机效应						
斜率				6.91e-10	2.51e-10	9.30e-10
截距				0.507	0.506	0.500

注：# 表示 $p<0.15$，* 表示 $p<0.10$，** 表示 $p<0.05$，*** 表示 $p<0.01$。

一、老年人获得经济支持的概率分析

表 7-2 中模型 III 显示，老年人健康状况越差，获得经济支持的概率越低。如果基期获得了经济支持，则报告期更可能获得经济支持。老年人收入越高，年龄越大、健在子女数越多、子女居住地离老年人越近、与子女联系次数越多，老年人获得经济支持的概率越低；有医疗保险和养老保险者、照看孙子女者获得经济支持的概率更低；与邻居相比，老年人生活水平越低，获得经济支持的概率越低；在婚老年人获得经济支持的概率较非在婚老年人低，并在 0.01 水平上显著；社区经济状况越好，获得经济支持的概率越低，并在 0.01 水平上显著。第一份工作的性质越差，获得经济支持的概率越高；非同住子女数越多，获得经济支

持的概率越高，并在 0.01 水平上显著；与子女见面次数越多，获得经济支持的概率越高；子女收入越高，老年人获得经济支持的概率越高，并在 0.01 水平上显著。

二、老年人获得经济支持的规模分析

表 7-2 中模型Ⅵ显示，老年人 ADL 越严重，获得经济支持越少，并在 0.05 水平上显著。慢性病及抑郁症越严重，获得的经济支持越多。自评健康越差，获得经济支持越少。基期获得经济支持越多，报告期获得经济支持越多，并在 0.01 水平上显著。老年人收入越高，获得经济支持越少。医疗保险和养老保险种类越多，获得经济支持越少，并在 0.1 水平上显著。第一份工作性质越差，获得经济支持越多。生活水平越高的老年人、照看子女的老年人及健在子女数越多的老年人获得经济支持越少。非同住子女数及健在兄弟姐妹数越多，获得经济支持越多，并具有统计显著性。与子女见面次数越多，获得经济支持越少。与子女联系次数越多，获得经济支持越多。离子女越远，获得经济支持越多。子女收入越高，老年人获得经济支持越多，并在 0.01 水平上显著。非在婚老年人、农村老年人和男性老年人获得经济支持较多。教育程度越高，获得经济支持越多，并在 0.1 水平上显著。

表 7-2 中模型Ⅵ随机部分的截距 0.625，表示不同社区间老年人获得经济支持规模的差异，本书发现采用随机截距和随机斜率模型后，这一数据较空模型时的截距 0.804 有所减少，说明考虑健康对获得经济支持规模的影响因社区而异后，社区间的经济支持规模误差有所降低。随机部分的斜率 $4.11e-10$ 的含义是社区因素通过健康因素而对老年人获得经济支持的影响程度。

第四节　分样本回归结果

为了检验经济支持影响因素是否存在地区、城乡、居住模式及婚姻状况间的差异，本部分进行分样本研究，为节省篇幅，只列出了各因素对经济支持规模的影响，见表 7-3 和表 7-4。

表 7-3　经济支持规模影响因素（地区、年龄、自评健康状况）

变量	浙江省 模型Ⅰ	甘肃省 模型Ⅱ	60~69 岁 模型Ⅲ	70 岁以上 模型Ⅳ	健康 模型Ⅴ	不健康 模型Ⅵ
固定效应						
基期 ADL	-0.102	-0.087***	-1.182*	0.543*	-1.287***	-0.680*
基期慢性病	0.322#	-0.179	-0.157	0.725**	-0.228	0.130
基期抑郁症	0.701#	-0.439	-0.151	0.486	-0.985*	0.661*
基期自评健康	-0.608***	0.203	-0.351	-1.273**	0.649#	-0.864***
基期获得经济支持	0.260***	1.119***	0.304**	0.510**	0.131	0.414***
个人收入	0.073	-0.819**	-0.256	0.246	-0.022	-0.140
医疗保险	-0.023*	-0.318	-0.599**	-0.364	-1.131***	-0.405
养老保险	-0.060	-0.494*	-0.189*	-0.046	0.105	-0.197*
第一份工作	0.059	0.072	0.058	-0.022	-0.137	0.082
生活水平	-0.052	0.008	-0.041	-0.089	0.232**	-0.076
照看孙子女	-0.199	0.155	-0.291	0.526	0.044	-0.461
健在子女数	0.053	-0.761**	-0.378	-0.377#	0.326	-0.358#
非同住子女数	-0.025	1.072**	0.773	0.857**	-0.201	0.768**
健在兄弟姐妹数	0.026	0.216***	0.231*	-0.098	0.131**	0.128*
过去一年见到孩子次数	-0.150	0.316	-0.096	0.076	-0.195#	-0.011
过去一年与孩子联系次数	0.230#	0.428**	0.140	-0.055	0.212	0.141**
离自己最近的子女居住地	0.030	0.648**	0.044	0.292**	-0.078	0.178*
收入最高的子女收入情况	0.228*	0.557**	0.370**	0.615	0.666***	0.402**

续表

变量	浙江省 模型Ⅰ	甘肃省 模型Ⅱ	60~69岁 模型Ⅲ	70岁以上 模型Ⅳ	健康 模型Ⅴ	不健康 模型Ⅵ
婚姻（非在婚=0）	0.219	-1.375	-0.471	-0.907#	-0.363	-0.760
教育程度	0.069	0.109	0.134	0.277**	-0.077	0.163*
户口（农村=0）	0.228	0.261	-0.286	-0.890	-0.986	0.114
性别（男性=0）	-0.301	-0.655*	-0.578*	0.844#	-0.887**	-0.148
年龄	0.002	-0.007	0.018	0.004	-0.028	-0.017
吸烟	-0.692*	-1.028**	-0.897***	0.132	-0.625**	-0.511*
饮酒	-0.012	-0.355	-0.375#	0.972**	-0.439*	0.151
社区文盲/半文盲比例	0.007	0.008	-0.001	0.009	0.007	-0.000
社区经济状况	0.011	-0.495#	-0.311	-0.643	-0.421*	-0.319
IMR	-0.930	3.462#	2.557	3.821*	0.632	3.131
常数项	6.819	0.921	3.310	-0.996	8.229***	3.461
样本量	205	137	224	60	59	283
P	0.000	0.000	0.000	0.000	0.000	0.000
随机效应						
斜率	4.11e-10	1.64e-09	0.200	4.49e-09	1.531	9.75e-11
截距	0.625	0.637	0.662	0.290	6.99e-12	0.440

注：# 表示 $p<0.15$，* 表示 $p<0.10$，** 表示 $p<0.05$，*** 表示 $p<0.01$。

表7-4 经济支持规模影响因素（城乡、居住模式、婚姻状况）

变量	城市 模型Ⅰ	农村 模型Ⅱ	独居 模型Ⅲ	非独居 模型Ⅳ	在婚 模型Ⅴ	非在婚 模型Ⅵ
固定效应						
基期 ADL	0.256	-0.581**	-0.401	-0.399*	-0.698***	0.010
基期慢性病	0.525	0.149	0.038	0.334	-0.312	-0.162
基期抑郁症	0.250	0.310	0.393	0.952	-0.128	0.958*
基期自评健康	-0.024	-0.427**	-0.281	-0.840***	-0.590**	-0.162
基期获得经济支持	1.314***	0.346***	0.275**	0.447***	0.295**	0.481***
个人收入	-0.137	-0.097	0.047	0.072	0.013	0.437
医疗保险	-0.495	-0.480	-0.332	-0.913	-1.163***	-0.051

续表

变量	城市 模型 I	农村 模型 II	独居 模型 III	非独居 模型 IV	在婚 模型 V	非在婚 模型 VI
养老保险	-0.391***	-0.066	-0.091	0.084	-0.248**	-0.110
第一份工作	0.122	0.038	-0.031	-0.241**	0.195*	0.005
生活水平	-0.083	0.022	-0.005	-0.044	-0.031	0.127
照看孙子女	-0.222	-0.288	-0.266	0.149	-0.793**	-0.254
健在子女数	0.049	-0.305	0.064	0.264	-1.171***	-0.162
非同住子女数	-0.123	0.541	—	0.368	1.646***	0.597***
健在兄弟姐妹数	0.125	0.110**	0.085	0.028	0.253**	0.014
过去一年见到孩子次数	0.058	-0.028	-0.016	-0.301**	0.003	-0.244*
过去一年与孩子联系次数	-0.176	0.173**	0.189#	0.270*	-0.084	0.014
离自己最近的子女居住地	-0.043	0.170	0.156	0.022	0.019	0.208
收入最高的子女收入情况	0.161	0.343***	0.292*	0.266***	0.668***	0.366***
婚姻（非在婚=0）	0.907	-0.024	0.238	-1.239	—	—
教育程度	0.053	0.219**	0.071	-0.025	0.280**	0.043
户口（农村=0）	—	—	0.004	0.669*	-0.815**	0.368
性别（男性=0）	-1.783**	0.004	-0.264	0.374	-0.127	0.825*
年龄	0.022	-0.004	0.002	-0.036	-0.016	-0.034*
吸烟	-2.026***	-0.405*	-0.435	-0.155	-0.102	0.551
饮酒	-0.755	-0.079	-0.120	0.353	-0.060	0.430#
社区文盲/半文盲比例	0.017	0.007	0.010	-0.006	0.006	-0.007
社区经济状况	0.896#	-0.266	0.168	-0.468*	-0.579*	0.679#
IMR	-0.259	0.927	-0.210	2.133	4.832**	-1.627
常数项	6.138**	3.892**	5.370*	7.707***	0.524	4.315**
样本量	62	280	233	109	258	84
P	0.000	0.000	0.000	0.000	0.000	0.000
随机效应						
斜率	3.42e-12	0.154	6.19e-11	1.35e-12	8.04e-07	1.34e-08
截距	1.125	0.333	0.630	9.78e-12	0.494	3.15e-08

注：# 表示 $p<0.15$，* 表示 $p<0.10$，** 表示 $p<0.05$，*** 表示 $p<0.01$。独居老人包括子女既不和老人同住也不在附近社区居住两种情况。

一、浙江与甘肃对比分析

表 7-3 显示，ADL 越差的老年人，获得经济支持的规模越小。但 ADL 对经济支持规模的影响在甘肃省表现得更为显著（在 0.01 水平上显著）。在浙江省，慢性病和抑郁症越严重，获得经济支持的规模越大。而在甘肃省，慢性病和抑郁症越严重，老年人获得经济支持的规模越小。自评健康越差，浙江省老年人获得经济支持规模越小，并在 0.01 水平上显著；而在甘肃省，自评健康差的老年人获得经济支持规模却较大。浙江省老年人收入越高，获得子女经济支持的规模越大；而在甘肃省，老年人收入越高，获得子女经济支持的规模越小，且在 0.05 水平上显著，说明浙江省代际支持的动机具有交换动机，而甘肃省代际支持的动机具有利他动机。浙江省老年人照看孙子女，获得经济支持反而降低；而甘肃省老年人照看孙子女，会获得更多的经济支持。浙江省老年人健在子女数越多，获得经济支持越多；而甘肃省老年人健在子女数越多，获得经济支持越少。浙江省老年人非同住子女越多，获得经济支持越少，而甘肃省情况则相反。浙江省老年人与子女见面次数越多，获得经济支持越少，而甘肃省情况相反。浙江省在婚老年人获得经济支持的规模高于非在婚老年人，而甘肃省则相反。

二、不同年龄对比分析

表 7-3 显示，基期 ADL、慢性病、抑郁症状况越差、个人收入越高、照看孙子女、过去一年见到孩子的次数越多，60~69 岁老年人获得经济支持越少，而 70 岁以上老年人获得经济支持越多；基期自评健康越差，对 70 岁以上老年人获得经济支持的影响越大，并在 0.01 水平上显著。老年人个人收入越高，60~

69岁老年人获得经济支持越少，70岁以上老年人获得经济支持越多。第一份工作性质越差，60~69岁老年人获得经济支持越多，而70岁以上老年人获得的越少；非同住子女越多，70岁以上老年人获得经济支持越多，且在0.05水平上显著；健在兄弟姐妹越多，60~69岁老年人较70岁以上老年人获得经济支持更多；老年人居住地离子女越远，70岁以上老年人较60~69岁老年人更容易获得子女更多的经济支持；子女收入越高，70岁以上老年人越容易获得更多的经济支持；受教育水平越高，70岁以上老年人较60~69岁老年人获得更多的经济支持，并在5%水平上显著；对于吸烟的老年人，60~69岁老年人较70岁以上老年人获得经济支持少，并在0.01水平上显著。饮酒的老年人当中，60~69岁老年人较70岁以上老年人获得经济支持少。

三、不同自评健康状况对比分析

表7-3显示，如果基期ADL差，报告期自评健康好的老年人获得经济支持少于自评健康差的老年人，并在0.01水平上显著；如果基期自评健康差，报告期自评健康状况也差的老年人获得经济支持显著小于自评健康好的老年人，并在0.01水平上显著。基期获得经济支持越多，则自评健康不好的老年人获得的经济支持多于自评健康好的老年人，并在0.01水平上显著。有医疗保险且自评健康好的老年人获得经济支持少于自评健康差的老年人，并在0.01水平上显著。

四、城乡状况对比分析

表7-4中模型Ⅰ、模型Ⅱ显示，城市老年人ADL越差，获得经济支持越多，但不具有显著性，而农村老年人ADL越差，获得经济支持越少，而且在0.05水平上显著；自评健康对农村

老年人获取经济支持影响的程度与显著性都高于城市老年人；养老保险对城市老年人获得经济支持的挤出效应，无论是影响程度还是显著性都远远高于农村老年人；城市老年人子女与其联系次数越多，得到的经济支持越少，但农村老年人子女与其联系次数越多，获得经济支持越多，且在 0.05 水平上显著；城市男性老年人获得经济支持规模高于女性老年人，并在 0.05 水平上显著。

五、不同居住模式对比

模型Ⅲ、模型Ⅳ显示，健康状况对非独居老年人获得经济支持的影响，无论是从影响程度还是从显著性方面，都明显高于独居老年人；在婚非独居老年人获得经济支持规模远远低于在婚独居老年人；与子女见面次数对非独居老年人获得经济支持的影响更大也更为显著；城市非独居老年人获得经济支持远远高于独居老年人，女性非独居老年人获得经济支持高于女性独居老年人；年龄越大独居老年人获得经济支持越多，而非独居老年人获得经济支持越少；社区经济发展水平越高，非独居老年人获得经济支持越少，并在 0.05 水平上显著。

六、不同婚姻状况对比分析

模型Ⅴ、模型Ⅵ显示，在婚老年人 ADL 越差、自评健康越差，获得经济支持越少，在 0.01 水平上显著；医疗保险和养老保险对在婚老年人的挤出效应远远高于非在婚老年人；是否照看孙子女对在婚老年人获得经济支持的影响程度和显著性大于非在婚老年人；与孩子见面次数更容易影响非在婚老年人获得经济支持；同样的受教育程度，在婚老年人更容易获得经济支持；在婚农村老年人获得经济支持规模高于在婚城市老年人；非在婚老年人中，城市老年人获得经济支持高于农村老年人；在婚老年人社区经济发展水平越高，获得经济支持越少，而非在婚老年人则相反。

本章小结

本章主要对影响代际经济支持的因素进行了研究，通过 Lowess 发现，地区、性别、年龄、老年人收入以及老年人健康状况都会影响老年人获得代际经济支持的概率和规模。

通过 Heckman – HLM 模型发现，老年人健康状况越差，获得经济支持的概率越低。如果基期获得经济支持，则报告期更可能获得经济支持。老年人收入越高、有医疗保险和养老保险、照看孙子女、生活水平越低、健在子女数越多、离子女居住地越近、与子女联系次数越多、社区经济状况越好，获得经济支持的概率越低。第一份工作的性质越差、非同住子女数越多、与子女见面次数越多、子女收入越高，获得经济支持的概率越高。

分样本进行 Heckman – HLM 模型发现，ADL 越差的老年人，获得经济支持的规模越小，但对经济支持规模的影响在甘肃省表现得更为重要和显著。在浙江省，慢性病和抑郁症越严重，获得经济支持的规模越大，和甘肃省情况相反。自评健康越差，浙江省老年人获得经济支持规模越小，而甘肃省则相反。ADL 越差，城市老年人获得经济支持越多，而农村老年人则相反；自评健康对农村老年人获取经济支持影响的程度与显著性都高于城市老年人；养老保险对城市老年人影响程度远远高于农村老年人；子女与其联系次数越多，城市老年人得到的经济支持越少，但在农村则相反；城市男性老年人获得经济支持规模高于女性老年人。

健康状况对非独居老年人获得经济支持的影响，无论是从影响程度还是从显著性方面，都明显高于独居老年人；与子女见面次数对非独居老年人获得经济支持的影响更大和更为显著；年龄越大，独居老年人获得经济支持越多，而非独居老年人获得经济支持越少；社区经济发展水平越高，非独居老年人获得经济支持越少。在婚老年人 ADL 越差、自评健康越差，获得经济支持越少；医疗保险和养老保险对在婚老年人的挤出效应远远高于非在婚老年人；是否照看孙子女对在婚老年人获得经济支持的影响程度和显著性大于非在婚老年人；与孩子见面次数更容易降低非在婚老年人获得的经济支持。中国的代际支持动机存在地区与城乡差异。

第八章
经济支持与健康双向因果关系机理研究

本章利用第六章和第七章的研究过程与结论，首先分析了代际经济支持影响老年人健康的机理，然后分析了老年人健康影响代际经济支持的机理。本章内容既是对第六章和第七章研究结论的讨论，也为第九章的结论与建议打下了基础。

第一节 代际经济支持影响健康的机理

1982年，英国著名的布莱克报告指出，英国虽然推行了全民健康保险制度，但不同社会经济地位的人，其健康状况的差距却越来越大，说明社会经济地位对人们的健康产生了重要影响。其中，社会经济地位影响人口健康的中介机制或机理，自21世纪以来逐渐引起人们的兴趣。通过对发达国家的研究，学者们将这一机理总结为四个方面：物质或者结构机制，认为社会经济地位通过医疗服务的可及性及质量，以及生活和工作环境等与收入相关的因素对健康产生影响；生活方式机制，认为社会经济地位通过饮食、体育活动与吸烟饮酒等与收入相关的因素影响健康；社会心理机制，认为社会经济地位通过产生压力与负面情绪进而影响身心健康；社区邻里环境与上述因素交互作用的机制。已有研究大多是基于上述四个方面的某一方面甚至其中的某一个变量进行的讨论，而且有些研究认为其中最重要的机制是生活方式。

一、经济支持健康效应——对 ADL 的影响

第六章的研究发现，获得经济支持有利于老年人 ADL 的改善，这与部分已有研究结论并不一致。如王萍，李树茁（2011）的研究发现，老人获得经济支持加速了老年人 ADL 的衰退速度，两位作者自己也认为这样的结果有悖于常理，并用"代际支持对健康状况的选择效应"进行了解释，认为是老年人 ADL 衰退导致了对子女提供经济支持的依赖，两位作者也认为良好的经济支持能够改善老人 ADL 的发展趋势。本书认为，两位作者的"健康选择效应"其实就是反向因果关系，也就是作者未能很好地处理内生性问题。

表6-2模型Ⅱ在加入"政府转移支付"控制变量后，获得经济支持的健康效应无论是影响程度还是显著性都有所提高，说明"政府转移支付"和"获得经济支持"负相关，也就是说，如果老年人能获得更多的政府帮助，可以减轻子女的供养负担。同时，模型Ⅱ与模型Ⅰ相比，老年人提供经济支持的健康效应无论重要性还是显著性，都有所降低，说明政府转移支付和老年人

提供经济支持正相关，也就是政府转移支付越多，老年人向子女提供的经济支持可能越多。

表6-2模型Ⅳ加入家庭因素后，不但经济支持对健康的影响程度加大（系数由-0.213变为-0.243），而且统计显著性增强（由0.1水平上显著变为0.05水平上显著），说明家庭特征与经济支持负相关。这一点也可以从第五章中图5-10（经济支持（删除极值）与见面次数关系图）得到验证：获得经济支持越多，老年人与子女见面次数越少。与子女同住或家庭规模越大，家庭成员可能会对老年人提供更多的日常照料，这样就会可能会减少对老年人经济支持的提供，使经济支持的健康效应出现边际效应递增现象。家庭的规模越大和健在的子女数越多，越不利于老年人的ADL，可能的原因是家庭越大，老年人获得家人照料越多，而实际上多做家务劳动会减缓老年人生活自理的衰退速度；同样道理，子女如果为老人提供了较多的经济支持，就会减少对老年人日常照料的提供，这同样会迫使老年人自己动手做家务，反而有助于老年人ADL的提高，体现了用进废退理论。

表6-2模型Ⅴ加入基期健康状况后，经济支持的健康效应无论是影响程度还是显著性都有所降低，说明基期（2008年）的健康状况和基期的经济支持正相关，也就是基期健康状况越好，获得的经济支持越多，健康状况越差，获得经济支持越少（这一结论可以从第七章得到验证）。另外，基期ADL对报告期ADL的影响重要且显著，说明报告期的ADL和基期ADL正相关，既说明健康具有一定程度的稳定性，也说明模型中加入基期健康状况的必要性。

表6-2模型Ⅵ进一步加入社区控制变量后，经济支持健康效应的重要性和显著性都进一步降低，说明社区经济发展水平及医疗服务水平会影响经济支持健康效应的发挥，也就是社区医疗

服务水平相当于起到中介作用：社区经济发展水平越高，老年人获得经济支持可能越多，边际效应降低；社区医疗服务水平越高，老年人越容易得到及时优质的医疗服务，边际效应也会因此降低。

老年人向子女提供经济支持有利于老年人 ADL 的改善，但不具有统计显著性。原因可能有两方面：一是提供经济支持的老年人本身可能就比较健康，也就是变量间具有反向因果关系。本书中的受访者年龄都超过了 60 岁，其子女多已成家立业，此时老年人仍能向子女提供经济支持，很可能是老年人具有较高的社会经济地位并能获得一定的收入，允许其为子女提供经济支持，而且这一行为也未对其健康构成威胁，而未能为子女提供经济支持者，可能是老年人本身 ADL 很差，没有能力为子女提供，也就是说可能存在"自选择偏误"，但由于本书采用自变量滞后于因变量四年，所以存在"自选择偏误"的可能性较小，除非老年人的 ADL 状况在几年之内保持了较高的稳定性。二是提供经济支持的老年人可能需要经常参加劳动，延缓了身体机能的衰退，这些有利于改善 ADL，尤其对家庭经济条件较差的老年人更是如此。

二、经济支持健康效应——对慢性病的影响

第六章的研究发现，获得经济支持，可以降低慢性病发病率。原因可能在于经济状况的改善可以减轻各种危险因素的不利影响，老年人也可以选择更健康的生活方式，从而降低慢性病发生概率。社会医学的深入发展使人们逐渐认识到，慢性病的危险因素包括生理遗传因素、行为危险因素和社会危险因素。

表 6-3 模型 Ⅱ 中在加入"政府转移支付"控制变量后，老年人提供经济支持的健康效应无论重要性还是显著性都有所降

低，说明政府转移支付和老年人提供经济支持正相关，也就是政府转移支付越多，老年人向子女提供的经济支持可能越多。模型Ⅲ中加入医疗服务可及性变量后，经济支持的健康效应并无明显变化，说明慢性病的形成和治疗是个长期过程，短期的医疗服务难以改善慢性病症状，也因此提醒卫生服务部门，防病重于治病，应加强对居民的健康教育，积极倡导健康的生活方式。

基期自评健康和慢性病状况对报告期慢性病的显著影响再次证明健康具有相对的稳定性，经济支持在短期内对慢性病的影响可能局限在缓解慢性病层面，难以仅仅依靠经济支持来实现慢性病的彻底好转。

加入社区变量后，经济支持的健康效应消失，说明社区因素对改善老年人健康起到了中介作用。

三、经济支持健康效应——对抑郁症的影响

表6-4中六个模型都显示，获得经济支持能显著改善老年人抑郁症，说明获得经济支持对老年人抑郁症有保护效应，这一结论与国内外的许多研究相一致。经济支持对心理健康的影响，有两种解释：一是缓冲器假说，认为经济支持的健康促进效应在于它能缓冲应激性事件对健康的损害；二是独立作用假说，即认为无论生活事件存在与否，经济支持都会对健康产生直接作用。而无论哪种假说，都是认为经济支持对身心有正向积极的作用。沈调英、陈正平等在浙江省绍兴县的精神疾病调研结果证明了这一点：精神病患者家庭人均收入67.2%在最低生活保障线以下，其中仅有27.0%的贫困家庭获得政府转移支付。此外，表6-4显示，个人收入的提高有利于保持良好的精神状态，可能的原因是收入高的老年人大多拥有较高的家庭地位，可能换来子女对自己更好的照顾和精神上更多的慰藉，有利于心理健康，也可能是

收入高的老年人更容易获得医疗服务。不过，国外研究也发现了相反的结论，认为子女向老年人提供经济支持有可能导致老年人心理抑郁。这些不一致的结论可能和研究对象的选择以及研究方法的应用有关。如果老年人获得的经济支持超过了一定范围，可能就会给老年人造成一定的心理压力，也就容易导致心理疾病的产生。

四、经济支持健康效应——对生活满意度的影响研究

表 6-5 中的六个模型均显示，获得经济支持能显著提高老年人的生活满意度。郭志刚等学者曾有类似的结论：有足够经济供养的老年人的生活满意度明显高于那些生活供养不足的老年人，其优势比为 3.74 倍。栾文敬等人的研究也表明，个人经济能力对个人心理健康状况存在显著正向促进影响。经济支持对生活满意度的促进机制可以用"主效应模型"的增益作用进行解释。该模型认为，无论个体面临压力与否，完善的社会支持都能促进个体健康（丁宇等，2005）。如果老年人晚年生活缺乏必要的保障，而这种需求缺失恰好能由子女提供的经济支持进行填补，那么，此时的经济支持不但可以提高老年人的生活水平、完善老年人机体机能，更可以使其感受到亲情，感觉心情愉悦，能提升其生活满意度。因为在注重"孝"文化的中国，子女提供的经济支持体现的不仅仅是养老义务，更体现了子女对老年人的敬重；同时，子女能够从经济上赡养父母，也从一个侧面反映了父母养儿育女的成功，实现了"养儿防老"的目标。子女提供经济支持也符合中国家庭养老的"反馈模式"，在老年人看来也是人生价值的实现，在熟人面前感觉脸上有光，可以感受到家长权威的存在，这种心理满足感也提升了其生活满意度。

加入社区控制变量后，经济支持对生活满意度的影响程度以及显著性都有所降低，说明社区的经济发展水平、医疗水平对子女提供的经济支持有一定的替代作用。

五、经济支持健康效应——对自评健康的影响研究

表 6-7 说明获得经济支持能提高老年人综合健康——自评健康。老年人接受子女的经济支持是子女的反哺行为，是老年人养老的保障，符合中国的传统。但是，无论是图 6-17，还是表 6-7 回归结果都显示，经济支持的健康效应既无经济性，也无显著性，原因应该在于自评健康的综合性。已有研究认为，健康是多种因素的结果，经济因素只是其中众多因素之一，而子女的经济支持又是经济因素很小的一部分。

结合第六章内容，还可以看出，经济支持的健康效应随控制变量的增加而降低，这表明，如果模型分析中不考虑社区环境及家庭背景等控制变量，容易高估经济支持的健康效应，但模型的基本结论没有因为加入新的变量而变化，说明结论是稳健的。另外还发现，加入"能否及时看病"变量后，经济支持的健康效应更明显，说明经济支持与医疗服务可及性负相关，也就是说医疗服务的可及性越强，老年人需要的经济支持可能越少，因此，要想降低老年人对家庭代际经济支持的依赖，应提高老年人的医疗服务可及性。

六、经济支持健康效应——分样本研究

表 6-8、表 6-9 的结果说明，获得经济支持更有利于经济落后地区或家庭经济条件差的老年人的健康状况改善。贫困老年人随着年龄的增长，体力和劳动能力会越来越差，工作机会越来越少，也就会失去固定的经济来源，这种情况下，老年人一旦患病，往往不能及时就医，而病情进一步加重，比如会影响老年人

的心理健康。因此，对于生活困顿的老年人，如果政府提供的低保、五保等社会保障政策能及时给予他们相应的经济支持，能保障他们基本的生活所需，必将极大减轻其心理负担，促进其心理健康（栾文敬，赵英丽，2013）。由此可以认为，贫困老年人往往伴随着较差的心理健康水平，获得经济支持对于改善老年人心理健康，比如控制老年人抑郁症发病率，有重要意义；向子女/孙子女提供经济支持，也能在一定程度上降低老年人抑郁症发病率。贫困老年人家庭经济压力会给老年人带来沉重的心理压力，也会影响家庭成员之间的关系，最终间接影响老年人的心理健康。

经济支持健康效应存在城乡差异。本书发现获得经济支持对于降低农村老年人 ADL 发病率效果更明显，可能的原因是城市经济水平较农村高，农村老年人对经济支持更敏感。获得经济支持能更有效地降低农村老年人的抑郁症发病率，更有利于提升农村老年人的生活满意度，可能的原因是农村老年人晚年生活保障程度较差，能获得子女的经济支持，既能解决生活后顾之忧，减轻心理压力，又能使自己在周围邻居面前感觉有面子，这些都能促进农村老年人的心理健康。

获得经济支持更有利于降低农村老年人的慢性病发病率，原因可能是慢性病的形成是多方面的原因造成的，对于慢性病比较严重的老年人，经济支持所起的改善作用微乎其微。而当前的情况恰恰就是城市老年人患慢性病的比例较农村老年人高，所以城市老年人获得经济支持对改善慢性病患病率效果并不明显。城乡老年人慢性病之所以存在差异，可能与城市生活压力大、日常活动少有关，而且城市老年人营养过剩、不健康饮食更为常见。城市老年人饮食结构中，高脂肪、高热量的膳食占了较大比例，而且城市老年人日常活动空间有限，以静坐为主，而农村老年人则经常从事一些农业劳动，同时，城市空气质量较农村差，这些差异都会导致慢性病患病率的不同。

经济支持在城乡老年人抑郁症方面健康效应差异，也体现了城乡二元经济社会结构和文化差异。中国农村老年人主要依靠自给自足的农业经济满足经济需求，依靠配偶和同住家人来满足日常照料需求，一旦获得子女的经济支持，其健康效应往往比较显著；而城市老年人经济上的需求基本依靠制度性收入来满足，具有较高的保障程度，因此，子女提供的经济支持健康效应较差。

获得经济支持对低龄老年人满意度的影响更大，原因可能是高龄老年人本身生活满意度较高，获得经济支持对生活满意度的提升出现了类似"边际效用"递减的现象。至于年龄越大满意度越高的原因，可能有两个方面：第一是"选择效应"，即心态好、容易满足的老年人，更容易长寿，也就是说长寿者往往是心态良好者；第二是年龄越长者经历的生活磨难越多，而磨难使其更豁达，更容易满足。

本书还发现，获得经济支持对在婚老年人生活满意度提升效果更为明显，其中的原因可能是在婚家庭的老年人本身生活满意度较高，能获得子女经济支持会进一步激发其生活热情，幸福感更强。在家庭关系方面，Morris 的研究揭示，家庭关系以及相互依存的关系与老年人生活满意度呈正相关。在婚老年人生活满意度高于非在婚老年人，这一点，郭志刚有类似的发现：非独居老人中满意度发生比是独居老人的 1.65 倍。配偶在日常生活中的照料和精神上的支持对老年人的晚年生活起着不可替代的作用，"少年夫妻老来伴"说明了配偶在老年人日常生活中的重要性。"孝顺儿子不如半路夫妻"说明老年夫妇心理上相互依赖，生活上彼此照料，都有助于增加生活的满意度。

获得经济支持对降低非在婚老年人抑郁症发病率效果更好的

原因可能在于婚姻关系的贡献：在婚老年人可以获得更多的社会支持，其中配偶的支持对心理健康尤为重要，而非在婚老年人可能更容易对目前的家庭结构产生不满，而这种不满与心理健康是密切相关的，此时获得经济支持会弥补对这种家庭结构的缺憾，因此健康效应会更显著。本书还发现，除了经济支持会对老年人抑郁症发病率产生影响外，婚姻状况和性别对抑郁症发病率也有重要而显著的影响。在婚老年人的抑郁症严重程度远远低于非在婚老年人，且在 0.01 水平上显著。现今，中国老年人比以往任何时期更有可能独居，而独居恰恰会损害老年人的认知功能，其原因可能是独居老年人缺乏家庭温暖和家庭交流，孤独感会高于非独居者，也就是说婚姻关系和家庭关系是一种增强个体心理弹性的支持性资源，家庭完整是老年人心理健康的支持和基础，男性通过配偶获得日常生活照料和情感支持，女性通过配偶获得心理慰藉及可能的经济支持。与子女同住的老年人享受到更多的照料和经济上的支持，有利于心理健康。独居老年人大多缺乏经济支持，即使他们获得了一定的经济支持，这种支持在缓解独居老年人抑郁症状水平上的作用也比在与其他人共同居住的情况下要弱得多。

第二节 健康等因素影响经济支持的机理

应用 Heckman – HLM 模型分析发现，老年人健康状况越差，获得经济支持的概率越低，但获得经济支持规模的变动方向和病种有关。老年人 ADL 越差，获得经济支持的规模越小，原因应该是日常活动能力很差的老年人更需要的是日常照料，而不是物质的帮助。老年人患有慢性病和抑郁症越严重，获得经济支持的概率越低，但获得经济支持的规模会越大，这一点和老年人患ADL疾病不同，因为患慢性病或抑郁症严重的老年人可能会丧失工作能力，但一般还会具备日常生活能力，如果有足够的经济支持，基本上能够生活自理。自评健康是全面反映老年人健康状况的综合性指标，也是主观性指标。老年人在日常活动能力丧失后，需要别人照料时，更容易将自我健康评价得较差，这种情况下，老年人获得的经济支持较少而日常照料更多。

但上述结论好像有悖常理，人们一般认为健康状况越差，获得经济支持应该越多。而实际情况是：在老年人健康状况恶化的初始阶段，其获得的经济支持确实会增加，而健康状况一旦恶化到一定程度，子女会减少经济支持的提供，转而提供更多的日常照料。为了证明健康与经济支持之间的这种非线性关系，在Heckman-HLM模型中可以引入"健康指标平方"变量。表8-1列示的是以"健康指标平方"作为自变量的Heckman-HLM回归的部分结果，为节省篇幅，其余部分略去。表8-1中的Probit模型中各变量的系数全部为负值，说明回归曲线全部是倒"U"形，也就是获得经济支持的概率先是随着病情的恶化而上升，随着病情的进一步恶化，获得经济支持的概率转而开始下降。转移规模方程Heckman-HLM模型有类似的结论。

表7-2显示，报告期获得经济支持的多少与基期获得经济支持的多少高度正相关，并在0.01水平上显著，这一点也验证了第五章中"交叉滞后模型"的正确性。老年人收入越高，其获得子女经济支持的概率和规模越小，说明中国子女对父母的经济支持具有利他动机。但也学者利用父母拥有的资产作为变量研究其对获得经济支持的影响，结果显示出交换动机（江克忠，裴育等，2013）。不过本书认为，用"父母拥有的资产"来判断经济支持的动机不太合理，因为中国的老年人遗产绝大多数会自

动由子女继承，除非子女非常不孝，所以，子女为父母提供经济支持并非出于"交换动机"。

表8-1　　　　经济支持影响因素（全部样本）

变量	选择方程 Probit 模型	转移规模方程 Heckman – HLM 模型
固定效应		
基期 ADL 平方	-0.178	-0.684**
基期慢性病平方	-0.011	0.149
基期抑郁症平方	-0.215	-0.011
基期自评健康平方	-0.048	-0.477***

注：# 表示 $p<0.15$，* 表示 $p<0.10$，** 表示 $p<0.05$，*** 表示 $p<0.01$。

老年人拥有医疗保险和养老保险能降低子女提供经济支持的概率与规模，原因在于这两项社会保障能在一定程度上解决老年人的经济需求，也证明了中国家庭经济支持的利他动机。这一现象也可以用经济支持"填补理论"进行解释。在社会交换、代际转移理念的启发下，20世纪90年代，桂世勋、倪波（1995）提出子女经济赡养父母的"填补"理论，该理论认为子女提供的经济支持规模应能够维持老年人正常生活，说明社会保障对子女向老年父母提供经济支持的行为具有"挤出效应"。但目前学术界对此问题并未形成一致性意见。顾佳峰（2010）认为，在有限资源的约束下，社会支出会出现此消彼长；而凯恩斯"乘数效应"意味着政府支出的增加会带动国民收入的增长，进而增强子女向父母提供经济支持的可能（陈太明，2007）。Cagan（1956）认为，社会保障具有认识效应：养老金计划有利于子女发现对老年人提供经济支持的重要性。胡宏伟、奕文敬、杨睿、祝明银（2012）等学者认为，养老保障和医疗保障是老年人最为主要的社会保障，对子女向父母提供的经济支持具有"挤入效应",但存在性别、子女收入方面的差异。但本书认为,从现实情况来看,随着医疗保险对医疗费用的报销比例越来越高,其最终还是"挤出"了子女所提供的经济支持,减轻了其负担。

老年人第一份工作的性质往往反映了老年人能力与受教育水平,工作性质越好的老年人(如机关、事业单位)往往拥有更多的制度性经济保障,需要子女提供的经济支持较少,从侧面证实子女对老年人的经济支持具有利他动机。

老年人和邻居相比,生活水平越高,获得子女经济支持越少,说明子女的经济支持确实出于利他动机:子女感觉老年人的生活水平和邻居相比已经不错了,没有必要继续提供更多的经济支持。

照看孙子女并不能给老年人带来更多的经济支持,可能的原因是,子女认为照看孙子女是老年人应尽的义务,而实际上条件允许的情况下,老年人是很喜欢为子女分担家庭负担的,认为照顾孙子女是一种无酬但有经济价值的活动,是贡献家庭及"老有所为"的体现。国外研究者以生命历程理论为分析框架,认为个体的生命历程与家庭成员联系紧密,老年人会照看年幼的孙子女、经济支持年龄大的孙子女。照看孙子女不仅在中国被视为老年人晚年生活不可或缺的内容,即便是西方国家,已有研究和政策也肯定和支持这种照顾。另一方面,能照顾孙子女的老年人,一般来说身体健康状况良好,无须子女提供更多的经济支持,这也是利他动机的写照。

子女数量越多,老年人获得经济支持的概率和规模越小,有悖常理。但有一种可能就是,老年人子女过多容易造成彼此在经济赡养父母方面相互推诿和"搭便车",而在现实生活中,也经常看到"多子未必多福"的案例。另外,子女多的家庭,往往处在经济落后地区,而且子女多的家庭,其子女受教育的概率及受教育的水平会降低，产生了"规模替代质量"的现象，而子女自身的经济实力与意愿又是决定其是否提供经济支持的重要影响因素。

虽然子女多未必得到的经济支持多，但是非同住子女数越多，得到经济支持的概率和规模却越大，并具有统计显著性。不住在一起的子女无法给予父母经常性的日常照料，往往会用经济支持替代。

与子女见面次数增加，会提高获得经济支持的概率，但经济支持的规模会降低。可能的原因是，子女经常登门看望父母，每次会带些礼物并帮助做家务，但总的经济支持的数量会有所降低，可能体现了日常照料对经济支持的替代作用。

与子女联系次数越多，老年人获得经济支持越多，可能因为子女与父母联系并不能提供日常的照料，需要用金钱来弥补，也印证了上述结论的正确性。

子女收入越高，老年人获得经济支持的概率和规模越高，也验证了在经济赡养方面，子女"质量比数量更重要"的结论。

非在婚老年人获得经济支持的概率更高，并在 0.01 水平上显著，获得经济支持的规模也较大，可能的原因是，非在婚老年人缺少配偶的帮助，需要子女更多的经济支持。

农村老年人获得经济支持的可能性更高，这可能与其制度性经济保障的缺失有关；同时，农村老年人获得经济支持的规模较城市老年人低，可能的原因是农村老年人消费水平低、子女经济情况差。

分样本逐步回归发现，在甘肃省样本模型中加入老年人个体特征及生活习惯后，ADL 状况对经济支持的影响程度和显著性都明显上升，说明这些变量与 ADL 负相关；模型进一步加入社区变量后，ADL 对经济支持的影响程度降低，说明社区变量与

ADL 正相关。而浙江省并不存在这些情况，说明个体特征及社区特征对经济落后地区老年人 ADL 的影响更显著。其他健康指标对经济支持影响，在浙江与甘肃两省之间都存在差异，说明两省的经济文化差异对经济支持产生了重要影响。浙江省老年人收入的增加会导致子女提供更多的经济支持，而甘肃省则相反，可能的原因是经济发达的浙江省，子女为父母提供经济支持的动机是交换动机，而甘肃省经济欠发达，子女为父母提供经济支持是为了保障老年父母的晚年生活，出于利他动机。

农村老年人自评健康恶化对其获得经济支持规模的影响较城市老年人明显，可能与城乡医疗保障程度存在差异有关。城市老年人拥有的医疗保险种类及报销比例可能高于农村老年人，而农村老年人一般只有新农合，所以，一旦老年人健康状况很差的时候，农村子女一般会提供更多的照料、减少经济支持规模。而城市子女因为工作忙等原因，一般不会提供全天候照料，更可能花钱请护工，因此对父母提供的经济支持也不会减少太多。

非独居老年人健康状况恶化后，会得到家人更多的日常照料，因此获得经济支持规模下降的幅度大于独居老年人。在婚老年人健康状况恶化后，获得经济支持规模下降的幅度显著高于非在婚老年人，可能的原因是健康状况不佳的老年人有配偶的照料，可以减少对经济支持的需求。

本章小结

本章结合第六章与第七章的逐步回归结果，对代际经济支持与健康双向因果关系的机理进行了研究，发现经济支持对健康的影响，往往是通过改善医疗服务可及性、缓解生存压力、影响日常生活、影响老年人的社会资本等途径实现的，而且经济支持能缓冲周围比例环境对健康的冲击。地区经济发展水平不同、居住模式不同、年龄不同、经济条件不同、家庭构成不同、婚姻状况不同的老年人，经济支持的健康效应存在差异。社会保障、政府转移支付等公共政策对弱势群体健康起到保护作用。经济支持对于增进贫穷、高龄、农村老年人的健康更有效果。

与以有研究结论不同的是，本书认为老年人健康状况与其获取经济支持的规模之间存在倒"U"形关系，也就是老年人健康状况开始恶化的初始阶段其获得经济支持的规模可能会上升，但随着健康进一步恶化，其获得经济支持的规模开始降低，取而代之的是子女提供的日常照料。

中国家庭经济支持的动机存在地区差异、家庭差异、甚至个体差异，是多种动机并存的状态，但以利他动机为主，社会保障对经济支持存在"挤出效应"。经常看望老年人，会减少经济支持的规模，说明日常照料对于经济支持具有"替代效应"，但写信、打电话这种情感的交流，并不能减少经济支持的规模。

第九章

代际经济支持可替代性研究

从前文研究结果发现，代际经济支持对老年人福利有着极为重要的影响，但是，不同家庭所拥有的家庭禀赋未必相同。比如，子女可能因为经济资本匮乏，无力向父母提供经济支持，即是说向上代际经济转移有困难，此时甚至有可能需要父母为其提供向下的代际转移，而子女则用日常照料或精神慰藉回报老人，那么，这种经济上的"啃老"一定会影响老年人福利吗？社会保障能否替代代际经济支持？社会保障能否提高老年人福利？这些问题，是本章研究的重点。

第一节 日常照料的可替代性检验

一、物质赡养替代精神赡养可能性分析

本部分将"常回家看看"作为日常照料

的替代变量,从老年人主观福利提升角度,研究以代际经济支持为代表的物质赡养能否替代日常照料。学者们一般认为,"生活满意度"也可以理解成"生活幸福感",是个体对自身生活质量的总体评价(Shin 和 Johnson,1978),是衡量老年人生活质量和心理健康状况最常用的指标之一(曾毅、顾大男,2004)。处于社会转型期的中国,家庭结构和人口流动呈现出新的特征:"空巢"老人、留守老人往往难以及时获得子女的日常照料及情感慰藉,物质赡养就成为子女赡养父母最主要的方式,而社会学者认为,老年人的晚年幸福离不开子女的精神赡养。在此背景下,2013年7月1日开始施行的《中华人民共和国老年人权益保障法》要求,与老年人分开居住的家庭成员,应当经常看望(常回家看看)或者问候老年人。

而现实情况是,"未富先老"的中国在养老方面所面临的最大问题是养老金来源问题。在社会保障不够健全的背景下,子女提供的经济赡养仍有着举足轻重的地位,而且已有研究也几乎一致地发现,适度的经济赡养可以提高老年人的生活满意度。而政府通过法律形式强调子女"常回家看看",可能忽视了中国家庭文化的特殊性:父母大多支持子女外出闯世界,不希望因为自己而耽误子女的发展,子女的成功也是自己的成功,是自我价值的体现,同样能提升生活满意度。另一方面,当今的年轻人面临较大的生存压力,尤其是落后地区的农村年轻人,外出务工几乎是改善生活质量的唯一途径,对这一群体,如果要求其经常回家看望老年父母,不但经济成本高,而且还面临被解雇的风险,机会成本也比较高。因此,有必要研究,在提高老年人生活满意度方面,"常回家看看"真的是必不可少的吗?物质赡养可以替代精神赡养吗?

物质赡养与精神赡养对老年健康的作用近年来逐渐成为学界

研究的热点，然而，关于两者与老年心理健康的关系至今仍未形成一致结论（Anna Hjälm, 2012）。"孝为百行之本，百善之先"，孔子曾经说："今之孝者，是谓能养。至于犬马，皆能有养；不敬，何以别乎？"孝敬老人不单单是给予老人经济上的帮助，还应该包括日常的看望、嘘寒问暖等精神赡养，建立在情感基础之上的物质赡养，是发自内心的一种神圣职责（姚远，1996），这是中国传统养老文化的特色，子女的"孝"与"敬"往往能带给老人更多的心理满足和幸福感。

不过，有学者认为，在当前人口流动日益常态化的背景下，物质赡养同样有利于老人的心理健康：在中国农村，儿子外出打工、儿媳妇照顾老人符合中国的文化预期，能够减轻老年人的抑郁症（Cong, Z. 和 Silverstein, M., 2008）。相反的例子是，20世纪80年代以来，由于物质赡养的变化（子女大量外出务工却未能给留守父母提供相应的养老保障），导致湖北省京山地区农村老年人的自杀率较以前有很大提高，并且还在不断增高（陈柏峰，2009）。Cong 和 Silverstein（2008）指出，物质赡养可以给老人带来良好的精神状态，而精神赡养比日常照料和物质赡养更能促进老年人的心理健康，原因在于子女在提供照料过程中与父母的沟通，有助于缓解患病老人的心理紧张。李兵水等（2013）基于实地调查数据，利用 Probit 回归模型分析家庭支持对老年人心理健康的影响，发现物质赡养对老年人的心理健康发挥着重要的作用。王萍（2011）发现，老年人获得子女提供的物质赡养以及父母子女间双向的日常照料和情感支持能改进老年人的生活满意度；而且子女提供的物质赡养对精神赡养具有替代作用，说明"养儿防老"及老年人为子女的"牺牲精神"现象的广泛存在。贺志峰（2011）认为，子女精神赡养的不足已经影响了农村老年人晚年的生活质量，而物质赡养对农村老年人更为重要,它能够显著地提升老年人的幸福感。Elza Maria(2007)认为,结构化的代际经济支持对父母和子女双方的社会资本都有积极的作用,进而有利于双方的健康和生活满意度。左冬梅(2012)将代际经济交换的生理年龄效应、队列的历史效应和家庭生命周期效应加以分解,发现老年父母在代际交换当中经济福利有所提升。学者们一般用"社会因果论"解释物质赡养对老年人心理健康所产生的积极效应,认为物质赡养能改善老年人的社会经济地位(SES),而经济地位的提升有利于提高老年人的生活满意度(Warren,2009)。

然而,国外也有研究表明,老年人从成年子女处获得的支持可能导致老年人心理抑郁(Yu,E. S. H.,Shilong,L.,Zehuai,W.,Liu,W. T.,2000)。当物质赡养不足时,适度的精神赡养能够适度替代之(Krause,N.,1995),但只有符合老年人预期时,这种支持才会改善老年人的生活满意度。

从研究内容来看,已有文献基本认可物质赡养能提高老年人的生活满意度,但缺少对精神赡养方面的类似研究,以及物质赡养是否能够替代精神赡养的研究。研究方法方面,首先,已有研究对于赡养方式与老年生活满意度之间因为双向因果关系而导致的内生性问题关注不够;其次,研究者采用的数据往往具有多层次结构特点,却大多应用基于个体水平的模型进行分析,导致很多原本由分组带来的差异被解释为个体的差异,产生所谓的生态学谬误(ecological fallacy)。

因此,本部分试图回答以下问题:(1)对于养老的经济保障尚显不足的中国老年人,精神赡养是否和物质赡养一样能提高其生活满意度?(2)对于无法"常回家看看"的年轻人,是否可以用物质赡养进行替代?(3)这种替代效应是否存在群体差异?

二、分析框架和数据

（一）模型设定

为了克服内生性及生态学谬误问题，本部分利用两期数据构建广义多层线性模型（GHLM）的随机截距模型，也就是将 2012 年老年人的"生活满意度"作为因变量，2008 年的物质赡养与精神赡养作为自变量，以此克服模型的反向因果关系。另外，由于个体层面的变量，如年龄、婚姻状况等，并没有充分理由来假定宏观层面的特征会对其产生结构性影响，但社区因素会影响老年人生活满意度的平均值，而且，本部分的兴趣在于纠正由于聚类而引起的样本之间的不独立，并假定低层次因素（个体层次因素）对因变量（生活满意度）的影响在各高层次（社区层次）之间是恒定的，所以随机截距模型就足够了（杨菊华，2012）。

本部分所采用广义多层线性模型（GHLM）形式如下：

第一层 个体层次：

$$\eta_{ij} = \text{logit}(p_{ij}) = \log\left(\frac{p_{ij}}{1-p_{ij}}\right) = \beta_{0j} + \sum \beta_{ij} X_i + \varepsilon_{ij} \quad (1)$$

其中，β_{ij} 是个体层次的回归系数，X_i 为个体层次自变量，ε_{ij} 是个体层次的 j 社区中个体 i 未被方程解释的残差。

第二层 社区层次：

$$\beta_{0j} = \gamma_{00} + \sum \gamma_{0j} Z_j + \mu_{0j}$$

$$\beta_{ij} = \gamma_{i0} \quad (2)$$

其中，γ_{0j} 是社区层次变量的回归系数，Z_j 为社区层次自变量，μ_{0j} 是社区层次的残差。第一层次、第二层次模型的混合效应模型为：

$$\eta_{ij} = \text{logit}(p_{ij}) = \log\left(\frac{p_{ij}}{1-p_{ij}}\right) = \gamma_{00} + \sum \gamma_{0j} Z_j$$
$$+ \sum \gamma_{i0} X_i + \mu_{0j} \quad (3)$$

（二）数据及变量

本部分利用的"中国健康与养老追踪调查数据（CHARLS）"，由北京大学中国经济研究中心（CCER）提供，项目组于2008年在浙江省和甘肃省进行了预调查，2012年进行了追踪调查，共追踪到2378名受访者，其中60岁以上老年人占55.6%。

本部分将物质赡养界定为子女为老年父母提供的各种经济支持；精神赡养界定为子女与父母间的情感交流，用一年内子女看望、问候父母次数（包括打电话、写信和视频聊天等方式）表示。问卷中关于因变量"生活满意度"的选项有五个：（1）极其满意；（2）非常满意；（3）比较满意；（4）不太满意；（5）一点也不满意。本部分将（1）（2）（3）三种情况合并为"满意"，赋值为0，将（4）（5）两种情况合并为"不满意"，赋值为1。由于自变量（物质赡养、精神赡养）非正态分布，本部分对其进行了标准化处理。至于控制变量的选择，首先结合Hausman健康需求模型，并考虑到中国人的特点，以及重视家庭养老的观念，分别从社会保障、医疗保障、家庭特征、社区特征、社会经济地位、人口特征等角度选择变量，在此基础上，应用逐步回归法检验模型的稳健性。变量具体情况见表9-1，家庭代际经济支持情况见表9-2。

表9-1　　　　部分变量含义与描述统计

变量	变量含义	百分比	标准差
生活满意度	0=满意，1=不满意	满意90	0.9

续表

变量	变量含义	百分比	标准差
户口	0 = 农村，1 = 城市	农村 81	1.1
性别	0 = 男性，1 = 女性	男性 52	1.4
年龄		70	0.2
婚姻	0 = 非在婚，1 = 在婚	在婚 74	1.2
教育程度	1 = 文盲，2 = 小学肄业，3 = 私塾，4 = 小学，5 = 初中，6 = 高中，7 = 中专，8 = 大专毕业，9 = 本科，10 = 硕士，11 = 博士	文盲 50 小学肄业 22 小学 17	1.4 1.1 1.1
吸烟	0 = 否，1 = 是	吸烟 41	1.4
饮酒	0 = 否，1 = 是	饮酒 27	1.2
医疗保险种类	0 = 无，1 = 一种，2 = 两种，3 = 三种	无 8	0.8
养老保险	0 = 无，1 = 有	无 92	0.8
第一份工作	1 = 政府部门，2 = 事业单位……	农户 82	1.3
与邻居/村里人的平均生活水平相比	1 = 好得多，2 = 好一些，3 = 差不多，4 = 差一些，5 = 差很多，6 = 不知道	差不多 28 差很多 35	1.3 1.4
照看孙子女	0 = 不照看，1 = 照看	照看 29	1.2
离自己最近子女居住地	1 = 同住但经济独立，2 = 同一/相邻院子，3 = 同村/同社区，4 = 本县市区的其他村，5 = 本县市区之外	同住 6.8 同院 7.6 同村 36.5 本县 37.4	0.7 0.8 1.4 1.4
社区经济状况	0 = 落后，1 = 发达	落后 54	1.4

表9-2显示，浙江省78.2%的老年人获得了子女的物质赡养，一年内人均1.7万元，远远高于经济欠发达的甘肃省的0.4万元；农村老年人获得物质赡养的比例高于城市老年人12个百

分点，反映了农村老年人较城市老年人缺乏制度性经济来源，但人均获得金额少 0.7 万元，体现了农村经济发展水平落后于城市。综合来看，74.9% 的老年人需要得到子女的物质赡养，说明家庭养老的负担依然很重。

表 9 - 2　过去一年老年人获得家庭物质赡养状况　　　　单位：万元

经济支持类型	浙江省	甘肃省	城市	农村	合计
	($\chi^2 = 633$，$p = 0.000$)		($\chi^2 = 42$，$p = 0.000$)		
定期现金支持	14.0（3.4）	7.2（1.0）	6.1（7.2）	11.4（2.0）	10.4（2.7）
定期非现金支持	1.7（1.0）	4.0（0.2）	1.6（0.7）	3.5（0.5）	3.1（0.5）
非定期现金支持	32.0（0.6）	32.1（0.3）	28.3（0.6）	33.2（0.4）	32.3（0.4）
非定期非现金支持	24.3（0.9）	25.1（0.1）	23.4（0.2）	24.9（0.6）	24.5（0.5）
5000 元以上支持	6.3（3.9）	2.3（4.5）	5.3（5.5）	4.2（3.7）	4.4（4.0）
合计	78.2（1.7）	70.7（0.4）	65.2（1.7）	77.2（1.0）	74.9（1.4）

资料来源：根据 CHARLS 数据整理，括号外数字为获得经济支持的老年人占全部样本老年人百分比，括号内为经济支持的平均数。

表 9 - 3 显示 41.7% 的老年人每天能见到子女，这么高的比例可能是两方面的原因，一是受访者 81% 为农村居民，二是受访者 50.9% 与子女在同一个村里居住（见表 9 - 1）。11.5% 的老年人一年见不到一次子女，30.0% 老年人一年之内子女对其问候的次数少于 1 次。

表 9 - 3　子女过去一年对老年人看望/问候次数

变量	浙江省	甘肃省	农村	城市	合计
看望次数	($\chi^2 = 3$，$p = 0.068$)		($\chi^2 = 6$，$p = 0.040$)		
每天一次以上	46.0（325）	36.8（226）	42.8（439）	36.9（90）	41.7（551）
每周一次以上	21.1（149）	20.7（127）	18.6（191）	31.6（77）	20.9（276）
每月一次以上	12.0（85）	12.2（75）	11.9（122）	11.9（29）	11.9（160）

续表

变量	浙江省	甘肃省	农村	城市	合计
每年一次以上	10.6 (75)	17.4 (107)	15.0 (154)	9.4 (23)	13.8 (182)
一年少于1次	10.3 (73)	12.9 (79)	11.8 (121)	10.3 (25)	11.5 (152)
问候次数	($\chi^2=77$,$p=0.000$)		($\chi^2=19$,$p=0.000$)		
每天一次以上	24.3 (172)	18.2 (112)	17.6 (181)	36.1 (88)	21.5 (284)
每周一次以上	25.6 (181)	30.3 (186)	27.5 (282)	30.7 (75)	27.8 (367)
每月一次以上	13.9 (98)	21.0 (129)	18.4 (189)	11.9 (29)	17.2 (227)
每年一次以上	2.4 (17)	5.4 (33)	4.4 (45)	1.6 (4)	3.8 (50)
一年少于1次	33.8 (239)	25.1 (154)	32.1 (330)	19.7 (48)	30.0 (393)

资料来源：根据CHARLS数据整理，括号外的数字为获得情感支持的老年人占总受访老年人的百分比，括号内数字为不同情况下的老年人数。问候包括打电话、写信、视频聊天等。

图9-1显示子女与父母居住距离越远，物质赡养的规模和精神赡养的次数都会降低，其中看望次数受居住距离的影响最为明显。图9-2则显示，随着年龄的增长，老年人与子女看望的次数与问候次数都在增加，但物质赡养的规模在降低，可能的原因是高龄老年人需要更多的是日常照料，而不是简单地给老年人金钱。

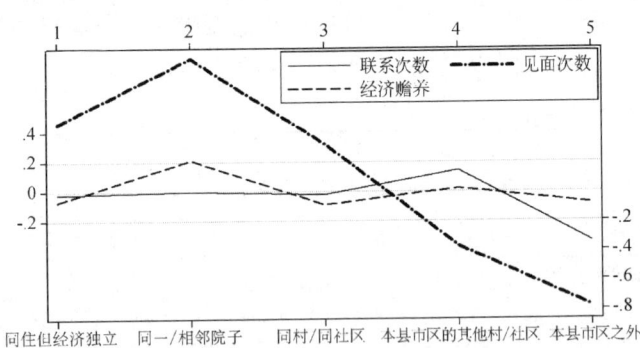

图9-1 居住距离与赡养方式的关系

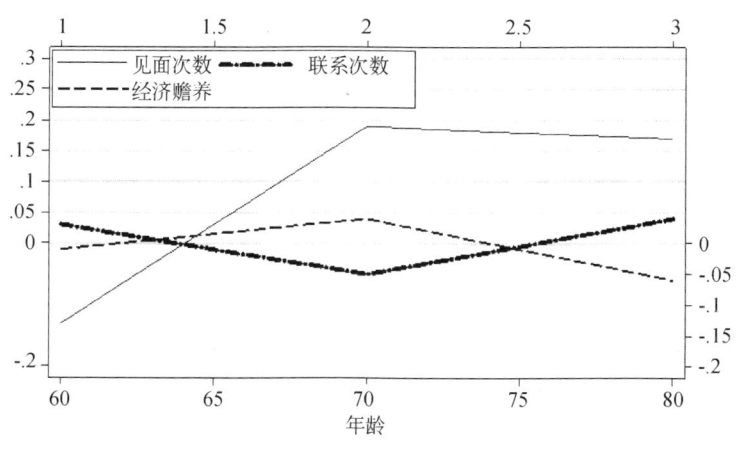

图9-2 老年人年龄与赡养方式的关系

三、实证分析

（一）赡养方式与生活满意度关系——局部加权回归散点图

局部加权回归散点平滑法（Lowess）通过一定比例的局部数据拟合多项式回归曲线，是研究二维变量关系的一种有力工具。

图9-3、图9-4、图9-5、图9-6显示，满意度=0的点远远多于满意度=1的点，说明大部分老年人生活满意度较高（表9-1显示90%的老年人对生活感到满意）；图9-3、图9-4表明，老年人获得家庭经济支持以及老年人向子女/孙子女提供一定的经济支持都能提高老年人生活满意度，但当其提供的经济支持超过一定程度时，会降低生活满意度；图9-5、图9-6表明，精神赡养能提高老年人的生活满意度。

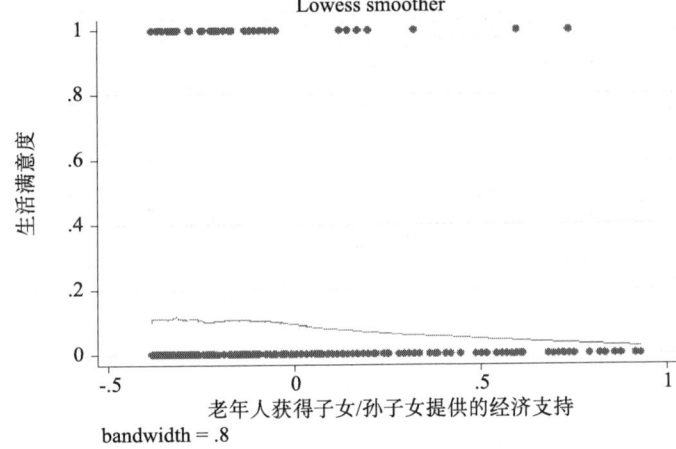

图9-3 获得经济支持与老年人生活满意度关系

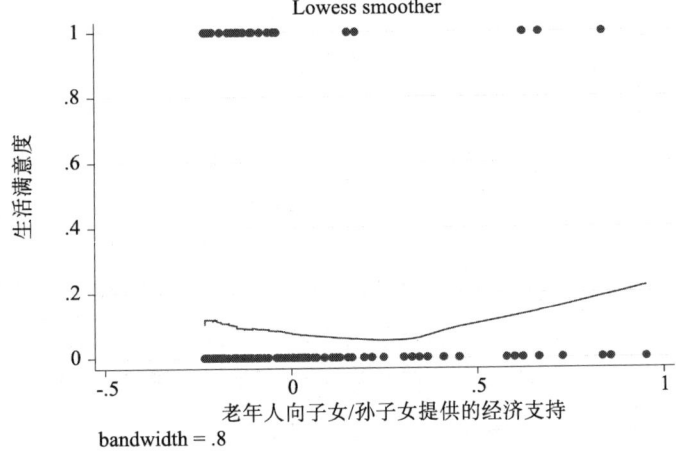

图9-4 提供经济支持与老年人生活满意度关系

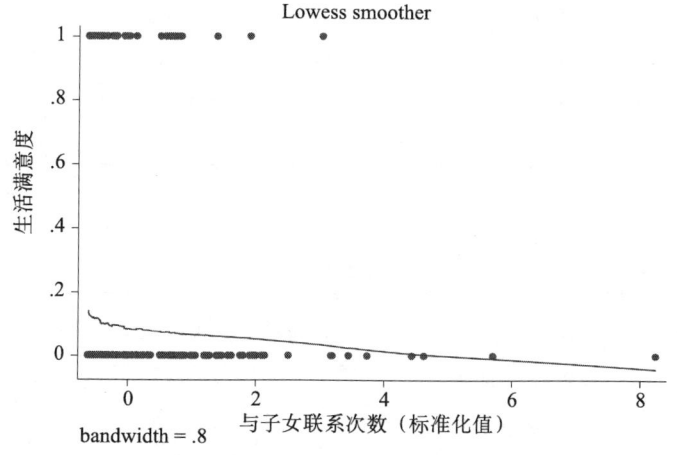

图9-5 子女问候次数与老年人生活满意度关系

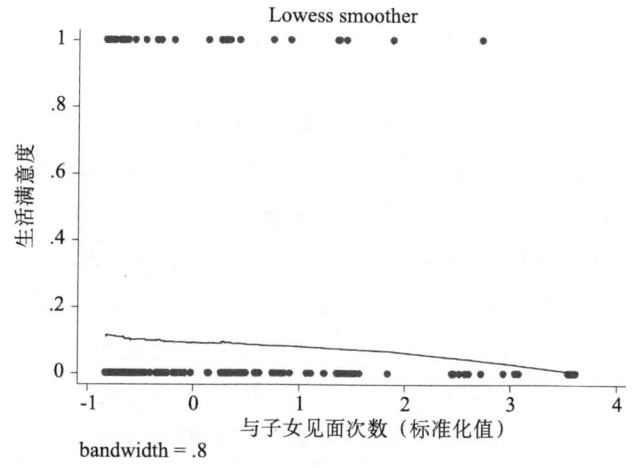

图9-6 子女看望次数与老年人生活满意度关系

(二)基本回归结果

空模型未加入任何解释变量,因而只有一个固定效应,即截距,数值0.097是样本中老年人生活满意度平均取值;随机效应是多层次模型关注的重点,也是多层次模型有别于其他模型的特色之处。回归结果显示老年人生活满意度因个体和社区而异,社区之间的变异值(即群间变异值)为 0.063,社区内差异值为 0.291。社区因素能解释老年健康差异的程度,即群间关联度系数(ICC)为:

$$\rho = \frac{\tau_0^2}{\tau_0^2 + \sigma_0^2} = \frac{0.063}{0.063 + 0.291} = 0.1780$$

也就是老年生活满意度的差异 17.80% 来自社区,其余 82.20% 来自老年人个体。这说明,对属于同一社区的老年人而言,他们的生活满意度具有很强的相似性和关联性,而对于不同社区的老年人,他们生活满意度具有很大的差异性,说明社区因素对于预测老年人健康具有重要意义。因此,模型中加入社区随机因素将改善模型的适合性,提高参数估计的准确性。

本部分采用逐步回归法检验模型的稳健性:如果新增解释变量后出现了同以前回归结果完全相反的结论,那么就可以认为以前的回归结果不具有稳健性(王弟海等,2008;Levine, R. 和 D. Renelt,1992)。表 9-4 中,逐步回归得到的 6 个模型 Wald chi^2 相应的 Prob > chi^2 取值都显著不等于 0,说明模型总体拟合度较好(杨菊华,2012)。同时,6 个模型都显示,精神赡养有利于改善老年人的生活满意度,说明模型是稳健的。

从表 9-4 中可以看出,增加看望次数和问候老年人的次数都有利于老年人生活满意度的改善,其中对老年人的日常问候对于改善生活满意度在 6 个模型中都具有显著性,而"看望"变量的回归系数并不显著,说明"常回家看看"并不能显著影响老年人的生活满意度。模型Ⅲ加入"能否及时住院""是否有医疗保险"和家庭特征变量后,精神赡养对老年人生活满意度改善的影响程度提高了。说明医疗服务可及性和家庭特征与精神赡养之间负相关（阮荣平、郑风田，2012），原因在于既然精神赡养的影响程度提高，说明其边际效应提高了，意味着精神赡养的总量降低了。也就是提高医疗服务可及性、改善家庭结构（增加家户人口、与子女同住等），可以减轻子女精神赡养老年父母的压力。模型Ⅴ进一步加入基期健康状况、社会资本等变量后，精神赡养对生活满意度的影响进一步加强，说明老年人健康状况越好、参与社会活动越多，对子女的精神赡养依赖越少。

表9-4 不同赡养方式对老年人生活满意度影响的 GHLM 回归结果

	模型Ⅰ	模型Ⅱ	模型Ⅲ	模型Ⅳ	模型Ⅴ	模型Ⅵ
固定效应部分						
截距（层1）	-3.683***	-3.785**	-1.241	-3.325**	-4.144**	-7.812
斜率（层1）						
子女看望次数	-0.139	-0.134	-0.181	-0.171	-0.244	-0.364#
子女问候次数	-0.391**	-0.405**	-0.416**	-0.422**	-0.467**	-0.242
得到子女物质赡养						-6.812*
向子女提供经济支持	-0.008	-0.005	-0.036	-0.027	-0.034	-1.246
政府转移支付	0.006	0.010	-0.001	0.011	0.014	0.106
个人收入	-0.075	-0.086	0.055	-0.044	-0.268	-0.053
生活水平	0.596***	0.598***	0.559***	0.534***	0.535***	0.833***
省份	-0.101	-0.110	0.060	0.006	0.115	0.848*
教育程度	-0.018	-0.029	-0.059	-0.039	0.000	-0.308
年龄平方	-0.000	-0.000	-0.000	-0.000*	-0.000*	-0.000
婚姻（非在婚=0）	-0.687**	-0.701**	-0.626**	-0.598**	-0.516#	-0.001

续表

	模型 I	模型 II	模型 III	模型 IV	模型 V	模型 VI
性别（男性=0）	0.285	0.288	0.341	0.621*	0.671*	0.906
户口（农村=0）	-0.054	-0.075	-0.170	-0.312	-0.237	-1.295
能否及时住院（否=0）		-0.393	-0.387	-0.396	-0.442	-0.189
医疗保险（无=0）		0.470	0.531	0.448	0.349	-0.318
家户规模			-0.175#	-0.166	-0.124	-0.332#
与子女同住			-0.216	-0.278	-0.517	-0.371
健在子女数			-0.028	-0.018	-0.061	0.086
健在兄弟姐妹数			-0.159**	-0.152**	-0.107#	-0.039
社会资本				0.139	0.152	0.529
吸烟				0.492	0.605	0.519
喝酒				0.157	0.188	0.675*
基期自评健康				0.736**	0.630*	0.823
社区文盲/半文盲比例					0.007	0.007
社区经济状况					0.281	-0.270
社区医院医疗水平					0.358	0.469
县医院医疗水平					-0.388	-1.155**
随机效应						
截距	0.728	0.738	0.615	0.621	0.784	2.86e-08
斜率	0.637	0.629	0.721	0.769	0.371	3.26e-09
样本	902	901	901	901	837	407
Wald chi²	33.81	34.35	45.02	50.41	48.14	32.61
Prob > chi²	0.001	0.002	0.000	0.001	0.001	0.210

注：#表示 $p < 0.15$，* 表示 $p < 0.10$，** 表示 $p < 0.05$，*** 表示 $p < 0.01$，下同。

本书关注的重点是模型Ⅵ，加入物质赡养变量后，子女看望次数对于改善老年人的生活满意度的经济性和显著性都有明显改善，说明物质赡养与看望次数负相关，也就是在保持老年人生活满意度水平不变的前提下，提高物质赡养水平，可以减少子女看望的次数，说明物质赡养对于精神赡养有替代作用。另外，加入物质赡养变量后，子女问候次数对生活满意度的影响无论是经济性还是显著性都降低了，说明物质赡养与问候次数是正相关的，也就是说要想保证老年人的生活满意度不变，子女可以用物质赡养代替日常看望，但日常的电话、书信、视频等情感交流仍要保持，这是物质赡养所不能代替的。

四、分样本回归结果

表9-5显示（为节省篇幅，略去了其他变量的回归结果，下同），加入物质赡养变量后，子女的看望次数对浙江省老年人生活满意度的影响程度有所降低，说明物质赡养与看望次数间正相关，物质赡养不能替代精神慰藉，而甘肃省则相反。加入物质赡养变量后，子女问候次数对老年人生活满意度的影响方向在浙江省样本中发生了变化，说明模型缺乏稳健性，因此不作分析。而在甘肃省，系数的经济性和显著性都降低了，说明物质赡养和问候次数正相关，物质赡养不能替代日常问候。在城市，物质赡养可以替代子女的看望次数，在农村物质赡养能显著提升老年人的生活满意度。表9-6显示，无论男女，物质赡养都能替代子女的看望次数，而且对于女性老年人来说，物质赡养还能替代子女的问候次数；对70岁以下老年人来说，物质赡养能替代子女看望次数，对70岁以上老年人来说，物质赡养不能替代子女的问候次数。

表 9-5　　　生活满意度地区、城乡差异回归结果

变量	浙江省		甘肃省		城市		农村	
子女看望次数	-0.285	-0.207	-0.003	-0.280	0.083	-1.252	-0.334*	-0.308
子女问候次数	-0.210	0.238	-0.773**	-0.344	-0.263	1.905	-0.385*	-0.285
得到子女物质赡养		-12.885*		-15.726*		-5.165		-10.909**

表 9-6　　　生活满意度性别、年龄差异回归结果

变量	男		女		60~69 岁		70 岁以上	
子女看望次数	-0.392	-0.886#	-0.226	-0.515	-0.316	-0.571#	-0.150	0.054
子女问候次数	-0.416#	0.058	-0.506#	-1.500**	-0.195	-0.063	-0.862**	-0.594
得到子女物质赡养		-8.588#		-4.163		-6.212		-51.138

表 9-7 显示,无论老年人是否有自己的收入,物质赡养都能替代与子女的看望次数,但不能替代对无收入老年人的问候;无论老年人健康状况如何,物质赡养都能替代子女的看望次数,但都不能替代子女的问候次数。

表 9-7　　　生活满意度收入、健康差异回归结果

变量	无		有		差		好	
子女看望次数	-0.346*	-0.432#	-0.039	-0.143	-0.364	-0.442	-0.210	-0.227
子女问候次数	-0.383#	-0.330	-0.425#	1.004	-0.504*	-0.468	-0.500*	-0.024
得到子女物质赡养		-5.395		-3.361		-4.298		-15.127*

五、物质赡养替代精神赡养的机制分析

从前文的分析可以看出,精神赡养和物质赡养一样,也可以

提升老年人的生活满意度，而且物质赡养可以替代精神赡养，满足老年人的心理需求，提升生活满意度，而生活满意度体现了老年人的心理健康。从心理学角度来讲，精神赡养更容易满足老年人的精神需求，使其获得心理满足感，那么物质赡养为何也能和精神赡养一样满足老年人的心理健康呢？

经济赡养对心理健康的影响机制，有两种假说：一是缓冲器假说，认为物质赡养的健康促进效应在于它能缓冲应激性事件对健康的损害；二是独立作用假说，即认为无论生活事件存在与否，物质赡养对健康都有直接影响（王兴华等，2006）。而无论哪种假说，都认为物质赡养对身心有正向积极的作用。物质赡养对生活满意度的促进机制也可以用"主效应模型"的增益作用进行解释，该模型认为，无论个体是否面临压力情境，良好的社会支持系统总能促进身心状况，不一定需要应激状况的存在。特别是对于缺乏正式社会养老保障的老年人，子女提供的经济支持可以满足老年人的缺失性需求，能够改善老年人的生活状况、促进其机体机能，维持其良好的心理情绪体验，从而使其保持较高水平的生活满意度。同时，子女提供的经济支持传递着对老年人的关爱和孝敬。中国传统养老文化认为，老年人获得子女的物质赡养体现了老年人教子有方，符合"养儿防老"的传统观念以及传统家庭养老的"反馈模式"，老年人的人生价值得到了肯定，在街坊邻居及亲朋好友面前感到有"面子"，其社会交换感和家长角色感得到维护，从而提升了老年人的生活满意度。

沈调英、陈正平等（2005）在浙江绍兴的精神疾病调研结果证明了上述机制：精神病患者家庭人均收入67.2%在最低生活保障线以下，其中仅有27.0%的贫困家庭享获得政府转移支付。郭志刚等学者（2007）曾有类似的结论：有足够经济供养的老年人的生活满意度明显高于那些生活供养不足的老年人，其优势比为 3.74 倍。栾文敬等（2012）的研究也表明个人经济能力对个人心理健康状况存在显著正向促进影响。另外，也有学者认为，老年人获得子女的物质赡养，会增加其自身的精神负担，并不利于老年人生活满意度的提升，相反，晚年能为子女贡献"余热"、被"啃老"，可以满足他们的心理需求或者说"成长需求"（包括自尊和自我实现），巩固了社会交换感和生活掌控感，反而能提高老年人的生活满意度（王萍、李树茁，2011）。在中国传统文化中，子女的兴旺发达最容易让老年人产生幸福感，因此，老年人大多支持、鼓励子女外出发展。特别在中国农村地区，子女能走出落后的家乡，并能汇款给父母用以养老，会使得老年父母在邻居面前感觉很有面子，产生自豪感与幸福感。

表 9-5 的结果说明，在经济欠发达的甘肃省物质赡养可以替代精神赡养促进老年人的身心健康。欠发达地区的老年人工作机会少，经济来源无保障，难以及时就医和得到良好的医疗卫生服务，往往使病情进一步加重，进而影响心理感受，也会影响与家庭成员之间的关系，从而间接影响老年人的心理满足度。表 9-6 结果说明，对低龄老年人来说，物质赡养对精神赡养的替代性更强，原因可能是低龄老年人有更多的机会利用社会资本，晚年精神生活较为丰富，只要经济生活有保障，一般不会强求子女"常回家看看"。表 9-7 显示，老年人的经济状况和健康状况不会影响物质赡养对精神赡养的替代效应，而且表 9-5、表 9-6 和表 9-7 共同显示，物质赡养一般不能代替子女的电话、书信等问候。

当然，物质赡养能否最终替代精神赡养提高老年人的生活满意度水平，还与老年人看问题的视角有关：如果攀比心理严重，自己获得物质赡养水平越高，则优越感会越强，生活满意度也越高；而如果老年人获得物质赡养水平较其他老年人低，则可能会降低其生活满意度；如果老年人属于乐观者，看到自己获得物质赡养水平低于其他老年人，认为自己很快也会得到子女更多的物质赡养（类似于经济学中的"隧道效应"），也可能会提高生活满意度。

六、主要研究结论及建议

（一）精神赡养可以提高老年人的生活满意度

表 9-4 显示，精神赡养的确可以提高老年人生活满意度，但其影响程度远远低于经济赡养，说明经济赡养仍是影响老年人生活满意度的最重要因素。而且，"常回家看看"对老年人生活满意度的提高不具有统计显著性，子女的电话、书信问候更能提高老年人生活满意度。这一结论给我们的启示就是：在子女"常回家看看"有困难的情况下，可以通过物质赡养加以弥补，同时多打电话、多写信问候父母。因此，对于生活压力越来越大的年轻人来说，如果父母尚有生活自理能力，并不一定要用法律强制手段要求其"常回家看看"。

（二）物质赡养可以替代精神赡养提高老年人的生活满意度

由上文可知，无论是精神赡养还是物质赡养，都会提高老年人的生活满意度，而且，物质赡养对于精神赡养具有替代作用。这一结论给我们的启示是：在日益关注老年人精神生活的同时，对老年人的物质赡养仍不可忽视，物质赡养解决的不仅仅是老年人的生活问题，还能促进老年人健康，提升老年人生命质量。在社会转型期，子女与老年父母的沟通交流越来越少，这一现象会提高老年人心理疾病的发病率，而子女提供物质赡养能显著提升老年人生活满意度，降低心理疾病的发病率。因此，对于无暇看望父母的子女，其替代办法就是增加对父母的物质赡养。尤其在社会养老体系尚未完全建立的中国，子女提供物质赡养仍是提高老年人生活满意度的重要影响因素。同时，在老年人经济条件允许的情况下，老年人给子女适当的经济帮助，也会在一定程度上提升老年人的生活满意度，"啃老"对部分老年人来说未必是"坏事"。

（三）物质赡养的替代作用存在一定程度的地区、城乡、性别等差异

通过分样本回归分析发现，物质赡养替代子女看望次数方面存在地区和年龄方面的差异，但在替代子女问候次数方面并不存在地区等方面的差异。具体来说，物质赡养可以替代落后地区老年人、低龄老年人子女看望老人的次数，但物质赡养一般不能替代子女问候老人的次数。

总之，用法律的手段强制子女"常回家看看"、禁止子女"啃老"的做法，需要考虑地区、城乡及家庭经济状况的差异，避免"一刀切"。

第二节　代际经济支持的可替代性检验

一、社会保障替代家庭代际经济支持的理论可能性

本节研究社会保障是否可以替代家庭代际经济支持。不可否认，人口老龄化给社会带来的首要压力就是社会保障，而目前中国老年人的社会保障仍然属于较低层次：2010年城乡老年人口状况追踪调查显示，退休金、养老金覆盖率城镇为84.7%，农村为34.6%；城镇月平均退休金1527元，农村月平均养老金为74元。2009年，清华大学"老龄健康友好型社区建设课题组"对北京的调查显示，医疗保险能基本满足医药开支的老年人只有

34.7%，而42.4%的老年人认为自己医疗费用支出有困难。李晨（2007）研究发现，45.3%的农村老年人认为自己的生活没有经济保障。杜鹏、吴超（2006）根据2004年全国人口变动抽样调查数据分析发现，老年人的主要生活经济来源主要来自子女或其他亲属，但紧随其后的就是离退休金，60%的城市老年人以退休金为主要生活来源。

但是，转型期的中国，"啃老"现象普遍存在，政府提高老年人社会保障水平，是否会"挤出"子女对老年父母的经济支持（也就是子女是否会因此减少对父母的经济赡养），从而降低社会保障的效果，值得深入研究。

社会保障水平的提高是否会"挤出"子女所提供的经济支持，取决于子女提供经济支持的动机。张航空等（2011）认为，社会保障政策对代际经济支持有挤出效应。Secondi（2007）认为，如果代际经济支持以利他主义为动机则会被养老金"挤出"，而以交换为动机的代际经济支持则会被"挤入"。

Arrondel（2005）认为，到目前为止，美国关于代际经济支持动机的研究处于领先地位，认为动机主要分成两种：利他动机和交换动机，这也是社会上最主要的两种动机。Giorgio Secondi（2007）针对中国台湾的研究发现，利他动机和交换动机同时存在。Sun，R.（2002）对于中国大陆家庭的研究发现，在很多情况下，子女的经济状况与其对父母的经济支持水平表现出相同的变动方向，即子女的社会经济状况越好，其对父母提供的经济支持越多，所以，交换动机和利他动机两者之间难以分辨。但江克忠、裴育（2013）利用父母拥有的资产作为变量，研究其对获得经济支持的影响，结果显示出交换动机。Secondi（1997）对中国农村家庭经济支持的实证研究发现，利他动机和交换动机同时存在。Lee，Y.和Xiao，Z.（1998）认为，利他动机更能解释中国家庭的代际支持行为。刘爱玉、杨善华（2000）认为，中国家庭的代际支持与父母的需要高度相关，西方学者的三种动机理论（利他理论、交换理论和权力理论）缺乏对中国问题的解释力，因为中国农村向上的经济转移是由于老年人的收入低、健康差，支持利他模型。孙鹃娟、张航空（2013）认为，农村子女是否为父母提供经济支持并不影响父母对孙子女的照看，体现了家庭支持的利他动机。

胡宏伟等（2012）指出，关于社会保障对子女经济供养老年人的影响一直是学术界关注的热点问题。顾佳峰（2010）认为，在有限资源的约束下，社会支出会出现此消彼长；而陈太明（2007）认为，凯恩斯"乘数效应"意味着政府支出的增加会带动国民收入的增长，进而增加子女向父母提供经济支持的可能。Künemund（1999）认为，健全的社会保障系统会强化老年人的家庭团结，不会"挤出"经济支持。Cagan（1956）认为，社会保障具有认识效应：养老金计划有利于子女发现对老年人提供经济支持的重要性。胡宏伟等（2012）学者认为，养老保障和医疗保障是老年人最为主要的社会保障，对子女向父母提供的经济支持具有"挤入效应"，但存在性别、子女收入方面的差异，社会保障特别是医疗保障释放了老年人的医疗卫生服务需求，增加了相应支出，提高了子女经济供养的水平，因此，对经济支持具有"挤入"效应。夏传玲（2007）认为，交换动机下，老年人付出的越多，得到的代际支持也就越多。福利系统能够增加老年人可支配资源、提高老年人的付出能力，导致他们能够参与交换的范围扩大，出现"挤入"效应：福利水平越高，子女对老年人的支持也就越高。但 Secondi（2007）认为养老金会"挤出"以利他主义为动机的代际经济支持，而"挤入"以交换为动机的代际经济支持。Anette（2006）认为，家庭成员之间具有利他主义情感，老年人的效用取决于自身的消费和子女的效用，每个成员会根据父母或子女的收入来决定自身的消费，以实现效用最大化。Anette Reil – Held（2006）认为，老年人一旦拥有养老金，子女就会减少经济支持以保持自身的消费，以及将父母的消费维持在养老金计划运行前的水平，而没有养老金的家庭获取个人支持的可能性要高出20%，也就是"挤出"的比例低于100%。Jensen，Robert T.（2003）发现，南非的养老金增加对代际经济支持的替代率为30%。丁志宏（2013）指出，城市老年人随着社会保障制度的建立和完善，其生活来源已发生变化，很多人以退休金、养老金等作为最主要的经济来源，对代际经济支持具有"挤出效应"。Kohli（1999）研究认为，养老金已经改变了代际经济支持的方向。

通过上述文献发现，代际经济支持的动机以及社会保障究竟是"挤入"还是"挤出"代际经济支持，并未得出一致结论，其原因可能与研究对象的选择有关，也可能与研究方法的可行性有关（雷晓燕等，2010）。

研究对象方面，中国地域辽阔、人口众多、文化差异、城乡差异明显，有必要分别从区域、性别、城乡等视角，进行对比研究。研究方法方面，虽然老年人健康状况与获得经济支持之间因存在双向因果关系而存在内生性问题，而且调查数据本身具有层次性，但很少有文献考虑数据的层次性和自变量的内生性问题，能将两者结合起来的则更少。Grundy（2005）指出，存在内生性问题时，单纯采用普通最小二乘法（OLS）估计结构模型会产生偏误，即使采用面板数据固定效应也只能消除不随时间变化的异质性，却难以消除随时间变化的不可观测因素，导致所得到的结论将是有偏的，可能是错误的，甚至在同一篇文献中都会出现相悖的结果。Green 和 Elliott（2010）指出，对于具有层次性的

"巢数据"（nested data）如果不进行多层线性回归（HLM），而用高层次数据（如社区数据）对低层次数据（如个人的经济支持）进行分析，则可能会出现"生态学谬误"，也就是"以全概偏"。

本书较已有研究的改进表现在：（1）数据选择上，考虑了中国经济发展的不平衡，分别选择经济发达的浙江省和经济欠发达的甘肃省进行对比，这两个省份无论是在经济还是社会保障方面都存在较大差距。（2）研究方法上，为了尽可能消除因为经济支持对老年人健康状况的影响而产生的内生性，采用滞后期（2008年）健康状况对2012年的经济支持进行回归；为了消除"巢数据"（nested data）产生的"生态学谬误"，以及样本选择偏误，构造了Heckman模型与多层线性回归（HLM）的混合模型，即Heckman-HLM模型。（3）为了探索社会保障与代际经济支持关系的多样性，进行了分样本回归。

二、数据与方法

本书利用的是由北京大学中国经济研究中心（CCER）提供的中国健康与养老追踪调查数据（CHARLS），该项目组于2008年在中国的浙江和甘肃两省进行了试调查，2012年进行了追踪调查。CHARLS针对居住在甘肃和浙江两省的45岁及45岁以上的人群，分四个阶段进行抽样，共抽取32个县/区的95个社区/村庄，共1570户家庭中的2685人。2012年追踪调查人数2378人，其中1952年及以后出生（2012年年龄60岁以上）的能追踪到的1287人。

老年人是否获得经济支持、获得经济支持的规模既与老年人本身特征相关，也和社区特征相关。由于存在大量的未获得子女经济支持的老人，因此样本选择偏差难以避免。针对这一问题，

第九章 代际经济支持可替代性研究

研究者通常采用 Heckman（1974）提出的标准步骤来纠偏，这种方法分为两个步骤：第一步，先构造一个基于经济理论的概率模型；第二步，再把这些预测概率加到原来的模型中，作为新的解释变量，由此得到更确切的关于解释变量与因变量之间关系的统计模型。考虑到经济支持数据的多层性，本书将 Heckman 模型和多层线性模型（HLM）相结合，构建 Heckman – HLM 模型。首先考虑子女向父母提供经济支持的发生概率，即子女是否提供经济支持受哪些因素的影响；然后，考察子女已经为父母提供经济支持的前提下，经济支持的规模受哪些因素的影响。个体的 Heckman 模型的一般形式为

$$S_i^* = Z_i\gamma + v_i, \quad \begin{cases} S_i = 1 & S_i^* > k \\ S_i = 0 & S_i^* \leq k \end{cases} \quad (1)$$

$$Y_i^* = X_i\beta + u_i \quad (2)$$

式中，S_i^* 为子女是否提供经济支持的不可观测潜变量（latent variable）；k 为阈值。当 $S_i^* > k$ 时，子女为父母提供经济支持，即 $S_i = 1$；当 $S_i^* \leq k$ 时，$S_i = 0$；Z_i 为所有影响子女是否提供经济支持的变量集合。Y_i 为子女提供经济支持的规模；X_i 为所有影响子女提供经济支持规模的变量集合。经推导，所建模型的最终形式为加入逆米尔斯比率（Inverse Mill's Ratio，IMR）作为新变量的线性回归方程，即

$$Y_i = E(Y_i \mid S_i = 1) + v_i = X_i\beta + \beta_\lambda \lambda_i + v_i \quad (3)$$

式中，$\lambda_i = \varphi(Z_i\gamma)/\phi(Z_i\gamma)$，其中 $\varphi(Z_i\gamma)$ 为标准正态分布的密度函数，$\phi(Z_i\gamma)$ 为相应的累积分布函数。

β_λ 为 IMR 的待估系数，如果该系数显著，则证明存在选择性偏误，那么 Heckman 规模模型就是有效的。考虑到老年人获得经济支持的多少存在社区间差异，而且 Y_i 属于连续变量，因

此，对于模型

$$Y_i = E(Y_i \mid S_i = 1) + v_i = X_i\beta + \beta_\lambda \lambda_i + v_i \tag{4}$$

采用 HLM 回归。

三、样本描述统计

（一）样本特征

样本特征如表 9-8 所示。

表 9-8　2012 年 60 岁以上老年人样本特征

变量		浙江省	甘肃省	合计
年龄	60~69 岁	403（57.0）	362（59.0）	765（57.9）
	70~79 岁	213（30.1）	199（32.4）	412（31.2）
	80 岁及以上	91（12.9）	53（8.6）	144（10.9）
性别	男	363（51.3）	316（51.5）	679（51.4）
	女	344（48.7）	298（45.8）	642（48.6）
户口	农村	563（79.6）	507（82.7）	1070（81.1）
	城市	144（20.4）	106（17.3）	250（18.9）
婚姻	在婚	535（75.7）	447（72.8）	982（74.3）
	非在婚	172（24.3）	167（27.2）	339（25.7）
教育	文盲	309（43.7）	358（58.3）	667（50.5）
	小学	332（47.0）	181（29.5）	513（38.8）
	初中	41（5.8）	51（8.3）	92（7.0）
	高中以上	25（3.5）	24（3.9）	49（3.7）
与本县/市/区人们平均生活水平相比	好得多	4（0.6）	3（0.5）	7（0.6）
	好一些	34（5.5）	26（4.7）	60（5.1）
	差不多	200（32.1）	129（23.4）	329（28.0）
	差一些	166（26.6）	126（22.9）	292（24.9）
	差很多/不知道	220（35.3）	267（48.5）	487（41.4）

续表

变量		浙江省	甘肃省	合计
子女数	0 个	23 (3.3)	27 (4.4)	50 (3.8)
	1~2 个	298 (42.2)	203 (33.1)	501 (37.9)
	3~4 个	277 (39.2)	266 (43.3)	534 (41.1)
	5 个以上	109 (15.3)	118 (19.2)	227 (17.2)
与子女同住	是	254 (35.9)	249 (40.5)	503 (38.1)
	否	453 (64.1)	365 (59.5)	818 (61.9)
子女居住距离	附近（本县）	612 (95.5)	502 (90.9)	1114 (93.4)
	外地	29 (4.5)	50 (9.1)	79 (6.6)
吸烟	是	265 (37.5)	264 (43.2)	529 (40.1)
	否	442 (62.5)	347 (56.8)	789 (59.9)
饮酒	是	239 (33.8)	119 (19.5)	358 (27.2)
	否	468 (66.2)	492 (80.5)	960 (72.8)
社会资本	有	320 (45.3)	163 (26.6)	483 (36.6)
	无	387 (54.7)	451 (73.5)	838 (63.4)
医疗保险	城镇职工医疗保险	73 (11.1)	51 (9.3)	124 (10.3)
	城镇居民医疗保险	30 (4.6)	30 (5.5)	60 (5.0)
	新农合医疗保险	489 (74.5)	452 (82.2)	941 (78.0)
	城乡居民医疗保险	42 (6.4)	7 (1.3)	49 (4.1)
	公费医疗	22 (3.4)	10 (1.8)	32 (3.4)

资料来源：根据 CHARLS 数据整理，表中括号外数字为人数，括号内数字为样本人数占该省 60 岁以上样本总人数的百分比。

（二）老年人收入构成

表9-9显示，平均有11.0%的老年人有工资收入，年平均工资收入为16788.2元，但无论从绝对数还是从相对数来看，浙江省老年人的工资收入都高于甘肃省老年人。64.7%的老年人有非工资收入，其中，浙江省77.7%的被访老年人有非工资收入，而甘肃省仅为48.9%，且收入的金额也远远低于浙江省。两省老年人的退休金和养老金也存在显著差异。甘肃省领取政府转移支付的老年人的比例远远高于浙江省老年人，其中的原因应该是处于中国西部的甘肃省老年人更多地领取了退耕还林的政府转移支付，也可能是经济欠发达地区的老年人更多地依靠政府的帮助。

表9-9　　老年人家庭外的经济收入来源　　　　　　　单位：元

变量	浙江省	甘肃省	合计	方差分析
过去一年工资收入（不包括退休金等）	17.5 (17777.7 ±1318.8)	3.3 (10651.0 ±2286.1)	11.0 (16788.2 ±1195.4)	$\chi^2=769.95$, $p=0.000$
过去一年的非工资收入（不包括退休金等）	77.7 (9561.4 ±650.8)	48.9 (6826.9 ±656.1)	64.7 (8595.1 ±482.3)	$\chi^2=133.89$, $p=0.000$
现在每月领取退休金	14.7 (2797.4 ±121.1)	12.2 (1938.1 ±101.0)	13.6 (2347.4 ±87.8)	$\chi^2=113.71$, $p=0.000$
现在每月领取养老金	62.7 (446.4 ±33.0)	41.4 (124.7 ±17.0)	52.1 (331.8 ±22.7)	$\chi^2=732.71$, $p=0.000$
政府转移支付收入	28.3 (1263.7 ±162.1)	64.2 (1068 ±58.6)	45.0 (1134.0 ±67.0)	$\chi^2=36.52$, $p=0.000$

资料来源：根据CHARLS数据整理，表中括号外的数字表示获取该项收入的老年人占全部样本老年人的百分比，括号内为各种收入的平均数及标准差。

（三）控制变量选择

老年人健康状况是影响经济支持的重要变量，子女对老年人的经济赡养往往具有一贯性，也就是子女每年提供的经济支持一般不会有太大的波动，因此，滞后期的经济支持会反映未能在模型中考虑到的遗漏变量。老年人的社会保障性收入（含养老金、退休金及政府转移支付等）、医疗保险及养老保险都为老年人晚年的经济需求提供了保障，这些因素会影响子女提供经济支持的数量。社区经济文化发展水平以及老年人家庭的经济水平也会影响子女经济支持的提供。老年人是否照看孙子女会影响子女提供经济支持的数量，一般来说，照看孙子女的老人可能会得到更多的经济支持。老年人性别的差异会影响生活能力、城乡老年人的晚年生活保障程度不同、子女居住位置离老年父母的距离以及子女的收入都会影响经济支持的提供。本书为了研究方便，分别选择离老年人最近的子女以及收入最高的子女，将其居住距离和收入作为自变量。变量选取及含义如表9-10所示。

表 9 - 10　　　　　　　　变量含义

变量	变量含义
基期自评健康	0 = 健康，1 = 不健康
基期 ADL	0 = 无困难，1 = 有困难
基期慢性病	0 = 无慢性病，1 = 有慢性病
抑郁症	0 = 无，1 = 有
基期获得经济支持	2008 年老年人获得经济支持的标准化
社会保障性收入	过去一年工资收入、退休金或养老金、失业补助、无保障老人生活补贴、工伤保险金、独生子女老年补助、医疗救助、政府给个人的其他补助、社会捐助
医疗保险种类	0 = 无，1 = 一种……
养老保险	0 = 无，1 = 有

续表

变量	变量含义
第一份工作	1 = 政府部门，2 = 事业单位，3 = 非营利机构，4 = 企业，5 = 个体户，6 = 农户，7 = 居民户，8 = 其他
与邻居/村里人的平均生活水平相比	1 = 好得多，2 = 好一些，3 = 差不多，4 = 差一些，5 = 差很多，6 = 不知道
照看孙子女	0 = 不照看，1 = 照看
过去一年见到孩子次数	标准化值
过去一年与孩子联系次数	标准化值
离自己最近的子女居住地	1 = 在本村/社区，2 = 在本县/市的其他村/社区，3 = 在本省的其他县/市，4 = 外省，5 = 国外
收入最高的子女年收入	1 = 没有收入，2 = 少于2000元，3 = 2000~5000元，4 = 5000~1万元，5 = 1万~2万元，6 = 2万~5万元，7 = 5万~10万元，8 = 10万~15万元，9 = 15万~20万元，10 = 20万~30万元，11 = 高于30万元
婚姻	0 = 非在婚（包括分居、离异、丧偶、从未结婚），1 = 在婚（包括已婚并与配偶一同居住、已婚，但因为工作等原因暂时没有跟配偶在一起居住）
教育程度	1 = 未受过正规教育（文盲），2 = 未读完小学，但能够读、写，3 = 私塾，4 = 小学毕业，5 = 初中毕业，6 = 高中毕业，7 = 中专毕业（包括中等师范、职高），8 = 大专毕业，9 = 本科毕业，10 = 硕士毕业，11 = 博士毕业
户口	0 = 农村，1 = 城市
性别	0 = 男性，1 = 女性
吸烟	0 = 否，1 = 是
饮酒	0 = 否，1 = 是
社区经济状况	很穷—1—2—3—4—5—6—7→很富

四、实证分析

（一）模型识别

本章所采用的模型是 Heckman 模型与 HLM 模型的结合，而这两种模型在使用之前都要进行模型识别或检验（Greene，2008）。首先进行 Heckman 模型的识别。Escanciano 等（2010）认为，模型的识别可以通过模型的设置形式予以解决，即某些解释变量在 Probit 模型中影响是非线性的，而在修正普通最小二乘法回归模型中影响是线性的。考虑到老年人社会保障性收入状况是影响子女提供经济支持的重要变量：老年人在收入状况较差时由子女提供的经济支持的可能性会增加，一旦老年人收入状况好转，子女可能会减少经济支持的提供。因此，本书采用非参数局部加权回归法（Lowness）进行检验，发现：子女提供经济支持的概率与老年人收入状况是非线性的（见图9-7）；而子女提供经济支持的规模与老年人的收入状况接近水平的线性关系（见图9-8），说明老年人的收入状况可以作为识别模型的变量。需要说明的是，图9-7、图9-8的绘制删除了极端值，因此图形显示的结果与回归结果存在一定差异。

接下来进行 HLM 模型检验。空模型回归结果显示，老年人获得经济支持的规模因个体和社区而异，社区之间的变异值（即群间变异值）为0.804，社区内变异值为1.519。因此，社区因素能解释老年人获得经济支持差异的程度，即群间关联度系数（ICC）为

$$ICC = \frac{0.804}{0.804 + 1.519} = 0.3461$$

说明社区因素能解释老年人获得经济支持差异的34.61%，而且空模型的卡方检验值显著不等于0，说明完全有必要采用多

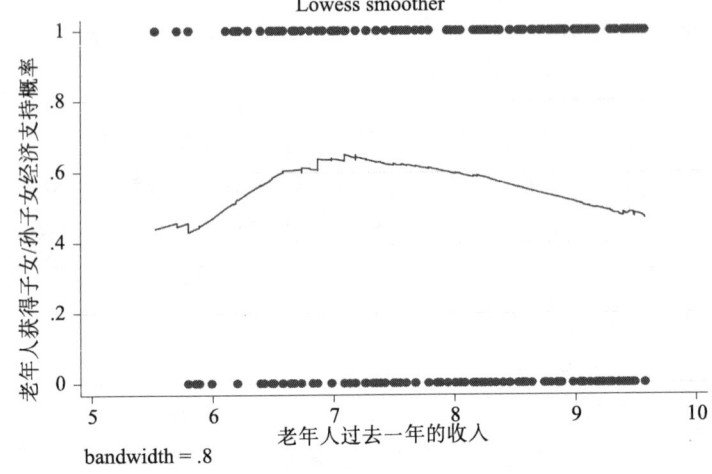

图9-7　老年人收入与获得经济支持概率的关系

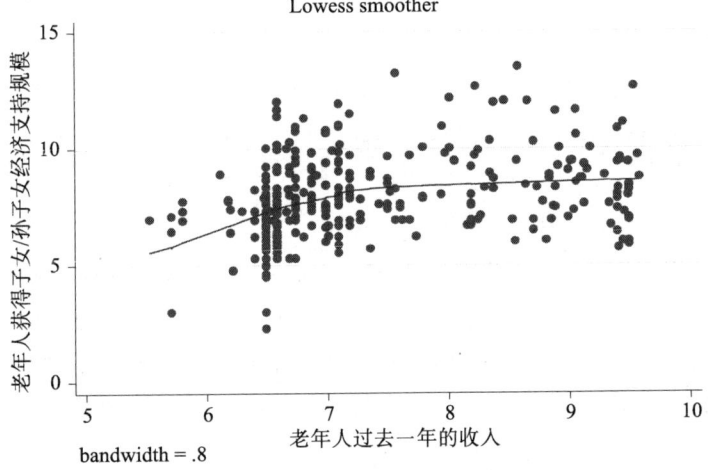

图9-8　老年人收入与获得经济支持规模的关系

层线性模型。通过上述两步检验说明，对经济支持影响因素回归分析采用Heckman-HLM模型是必要的、可行的。

（二）全样本回归结果

表 9-11 的回归过程分两步进行，第一步，通过模型Ⅰ、模型Ⅱ、模型Ⅲ逐步回归法对获得经济支持的概率进行回归；第二步，将第一步回归得到的 IMR 加入模型Ⅳ、模型Ⅴ、模型Ⅵ进行获得经济支持规模的回归。为了检验模型的稳健性，两步回归过程中都依次加入老年人个体特征变量和社区特征变量。通过表 9-11 可以看出，在逐步回归的过程中，回归系数的方向及显著性没有明显的改变，说明模型是稳健的。由于老年人获得经济支持的规模是非正态分布，本部分对经济支持取对数。

表 9-11　　经济支持影响因素（全部样本）

变量	选择方程 Probit 模型			转移规模方程 Heckman – HLM 模型		
	模型Ⅰ	模型Ⅱ	模型Ⅲ	模型Ⅳ	模型Ⅴ	模型Ⅵ
固定效应						
医疗保险	-0.195	-0.155	-0.157	-0.603#	-0.669**	-0.603*
养老保险	-0.052	-0.043	-0.043	-0.164	-0.193*	-0.167*
社会保障性收入	-0.103*	-0.070	-0.053	-0.103	-0.116	-0.057
基期 ADL	-0.152	-0.178	-0.187	-0.575*	-0.684**	-0.584**
基期慢性病	-0.027	-0.011	-0.044	0.094	0.149	0.121
基期抑郁症	-0.256	-0.215	-0.171	0.010	-0.011	0.143
基期自评健康	-0.041	-0.048	-0.067	-0.403**	-0.477***	-0.475**
基期获得经济支持	0.028	0.037	0.026	0.424***	0.446***	0.423***
第一份工作	0.063	0.076*	0.082*	0.029	0.119	0.078
生活水平	-0.004	-0.002	-0.005	-0.032	-0.029	-0.031
照看孙子女	-0.081	-0.039	-0.051	-0.210	-0.183	-0.166
健在子女数	-0.083	-0.137	-0.119	-0.295	-0.346	-0.264

续表

变量	选择方程 Probit 模型			转移规模方程 Heckman – HLM 模型		
非同住子女数	0.229**	0.278***	0.267**	0.653#	0.780*	0.629*
健在兄弟姐妹数	0.021	0.027	0.033	0.107**	0.121**	0.116**
过去一年见到孩子次数	0.061	0.017	0.028	-0.077	-0.063	-0.051
过去一年与孩子联系次数	-0.057	-0.012	-0.050	0.098	0.083	0.093
离自己最近的子女居住地	-0.005	-0.007	0.008	0.133#	0.142*	0.163*
收入最高的子女收入情况	0.103***	0.098***	0.113***	0.407**	0.434***	0.396***
婚姻（非在婚=0）		-0.445***	-0.485***		-0.579	-0.388
教育程度		0.042	0.053		0.147*	0.139*
户口（农村=0）		-0.167	-0.169		-0.232	-0.104
性别（男性=0）		0.104	0.121		-0.101	-0.128
年龄		-0.000	-0.001		-0.002	-0.002
吸烟		0.033	0.038		-0.503**	-0.503**
饮酒		0.046	0.043		0.060	0.026
社区文盲/半文盲比例			-0.002			0.002
社区经济状况			-0.230**			-0.223
IMR				2.261	3.085	2.124

续表

变量	选择方程 Probit 模型			转移规模方程 Heckman – HLM 模型		
常数项	-0.635	-0.153	-0.536	3.075	2.232	3.211
样本量	607	606	604	343	342	342
Pseudo R^2	0.061	0.076	0.082			
P	0.001	0.000	0.000	0.000	0.000	0.000
随机效应						
斜率				6.91e-10	2.51e-10	9.30e-10
截距				0.507	0.506	0.500

1. 老年人获得经济支持的概率分析

表9-11中模型Ⅲ显示，医疗保险、养老保险和社会保障性收入越多，获得经济支持的概率越低。另外，与邻居相比，老年人生活水平越低，获得经济支持的概率越低；老年人健康状况越差，获得经济支持的概率越低。如果基期获得经济支持，则报告期更可能获得经济支持。老年人年龄越大、健在子女数越多、子女居住地离老年人越近、与子女联系次数越多，老年人获得经济支持的概率越低；在婚老年人获得经济支持的概率较非在婚老年人低，并在0.01水平上显著；社区经济状况越好，获得经济支持的概率越低，并在0.01水平上显著。第一份工作的性质越差，获得经济支持的概率越高；非同住子女数越多，获得经济支持的概率越高，并在0.01水平上显著；与子女见面次数越多，获得经济支持的概率越高；子女收入越高，老年人获得经济支持的概率越高，并在0.01水平上显著。

2. 老年人获得经济支持的规模分析

表9-11中模型Ⅵ显示，医疗保险、养老保险和社会保障性收入越多，获得经济支持规模越小，并在0.1水平上显著。另外，老年人ADL越严重，获得经济支持越少，并在0.05水

平上显著。慢性病及抑郁症越严重，获得的经济支持越多。自评健康越差，获得经济支持越少。基期获得经济支持越多，报告期获得经济支持越多，并在 0.01 水平上显著。第一份工作性质越差，获得经济支持越多。生活水平越高的老年人、照看子女的老年人及健在子女数越多的老年人获得经济支持越少。非同住子女数及健在兄弟姐妹数越多，获得经济支持越多，并具有统计显著性。与子女见面次数越多，获得经济支持越少。与子女联系次数越多，获得经济支持越多。离子女越远，获得经济支持越多。子女收入越高，老年人获得经济支持越多，并在 0.01 水平上显著。非在婚老年人、农村老年人和男性老年人获得经济支持较多。教育程度越高，获得经济支持越多，并在 0.1 水平上显著。

（三）分样本回归结果

为了检验经济支持影响因素是否存在地区、城乡、居住模式及婚姻状况等方面的差异，本部分进行分样本研究，为节省篇幅，只列出了各因素对经济支持规模的影响，并删除了其他变量的回归结果，见表 9-12 和表 9-13。

表 9-12 显示，与浙江省老年人相比，医疗保险和养老保险对甘肃老年人获得子女经济支持的"挤出效应"更明显，社会保障性收入越多，浙江省老年人获得子女经济支持越多，而甘肃省老年人获得子女经济支持越少；与 70 岁以上老年人相比，医疗保险、养老保险和社会保障性收入对 60~69 岁老年人获得子女经济支持的"挤出效应"更明显；与不健康老年人相比，医疗保险对健康老年人获得子女经济支持的"挤出效应"更明显，而养老保险对不健康老年人获得子女经济支持的"挤出效应"更明显；表 9-13 显示，与农村老年人相比，医疗保险、养老保险和社会保障性收入对城市老年人获得子女经

济支持的"挤出效应"更明显；与独居老年人相比，医疗保险对非独居老年人获得子女经济支持的"挤出效应"更明显；养老保险对独居老年人有"挤出"效应，而对非独居老年人则有"挤入"效应；医疗保险与养老保险对在婚老年人获得子女经济支持的"挤出"效应，无论是重要性还是显著性，都高于非在婚老年人。

表9-12　经济支持影响因素（地区、年龄、自评健康状况）

变量	浙江省 模型Ⅰ	甘肃省 模型Ⅱ	60~69岁 模型Ⅲ	70岁以上 模型Ⅳ	健康 模型Ⅴ	不健康 模型Ⅵ
固定效应						
医疗保险	-0.023*	-0.318	-0.599*	-0.364	-1.131***	-0.405
养老保险	-0.060	-0.494*	-0.189*	-0.046	0.105	-0.197*
社会保障性收入	0.073	-0.819**	-0.256	0.246	-0.022	-0.140
IMR	-0.930	3.462#	2.557	3.821*	0.632	3.131
常数项	6.819	0.921	3.310	-0.996	8.229***	3.461
样本量	205	137	224	60	59	283
P	0.000	0.000	0.000	0.000	0.000	0.000
随机效应						
斜率	4.11e-10	1.64e-09	0.200	4.49e-09	1.531	9.75e-11
截距	0.625	0.637	0.662	0.290	6.99e-12	0.440

表 9-13 经济支持影响因素（城乡、居住模式、婚姻状况）

	转移规模方程 Heckman – HLM 模型					
变量	城市 模型 I	农村 模型 II	独居 模型 III	非独居 模型 IV	在婚 模型 V	非在婚 模型 VI
固定效应						
医疗保险	-0.495	-0.480	-0.332	-0.913	-1.163***	-0.051
养老保险	-0.391***	-0.066	-0.091	0.084	-0.248**	-0.110
社会保障性收入	-0.137	-0.097	0.047	0.072	0.013	0.437
IMR	-0.259	0.927	-0.210	2.133	4.832**	-1.627
常数项	6.138**	3.892**	5.370*	7.707***	0.524	4.315**
样本量	62	280	233	109	258	84
P	0.000	0.000	0.000	0.000	0.000	0.000
随机效应						
斜率	3.42e-12	0.154	6.19e-11	1.35e-12	8.04e-07	1.34e-08
截距	1.125	0.333	0.630	9.78e-12	0.494	3.15e-08

注：独居老年人包括子女既不和老年人同住也不在附近社区居住两种情况。

五、讨论

老年人拥有较多的医疗保险、养老保险和社会保障性收入能降低子女提供经济支持的概率与规模，原因在于这些社会保障能一定程度上解决老年人的经济需求，也证明了中国家庭经济支持的利他动机。这一现象也可以用经济支持"填补理论"进行解释，在社会交换、代际转移理念的启发下，20世纪90年代，桂世勋、倪波（1995）提出子女经济赡养父母的"填补"理论，该理论认为子女提供的经济支持规模应能够维持老年人正常生活，说明社会保障对子女向老年父母提供经济支持的行为具有

"挤出效应"。

老年人第一份工作的性质往往反映了老年人能力与受教育水平，工作性质越好的老年人（如机关、事业单位）往往有制度性经济保障，需要子女提供的经济支持较少，从侧面证实子女对老年人的经济支持具有利他动机。

老年人和邻居相比，生活水平越高，获得子女经济支持越少，说明子女的经济支持实时出于利他动机：子女感觉老年人的生活水平和邻居相比已经不错了，没有必要继续提供更多的经济支持。

分样本逐步回归发现，与浙江省老年人相比，医疗保险、养老保险和社会保障性收入对甘肃省老年人获得子女经济支持的"挤出效应"更明显，说明在经济欠发达的甘肃省，子女为父母提供经济支持是为了保障老年父母的晚年生活，出于利他动机；一旦老年人获得了相应的社会保障，子女就会减少对父母的经济赡养。因此，积极加大欠发达地区的社会保障力度，可以减轻子女赡养老人的经济负担。另外，浙江省老年人收入的增加会导致子女提供更多的经济支持，而甘肃省则相反，可能的原因是经济发达的浙江省，子女为父母提供经济支持的动机是交换动机。

社会保障对城市老年人的"挤出"效应更明显，可能与城乡医疗和养老保险的保障程度存在差异有关。比如，城市老年人拥有的医疗保险种类及报销比例可能高于农村老年人，而农村老年人一般只有新农合，所以，一旦老年人出现药费或养老方面的困难，农村老年人更多的还是靠子女的经济支持，"挤出"效应并不明显，这与其制度性经济保障的缺失有关。社会保障对低龄老年人、健康老年人、在婚老年人获得子女经济支持的"挤出"效应较高龄老年人、非健康老年人和非在婚老年人更明显，可能因为后者属于相对的弱势群体，需要更多的经济保障，因而政府提供的社会保障没有达到一定水平时，并不能减轻子女的经济赡养负担。

六、结论及建议

本书发现，医疗保险、养老保险和社会保障性收入对老年人获得经济支持具有"挤出"效应，也就是增加这些社会保障后，老年人获得经济支持规模会降低，降低了老年人对子女经济支持的依赖，进而降低了子女的养老压力。

因此，在子女经济赡养老年人有困难的情况下，政府应增加困难家庭的社会保障性收入等方面的社会保障。但考虑到"挤出"效应存在地区、城乡、年龄、健康、婚姻等方面的差异，社会保障应采取差异化政策，避免平均主义。类似甘肃省这样经济欠发达的地区，子女提供经济支持多是出于利他动机，"挤出"效应更为显著，如果老年人能获得政府帮助，可以减轻子女养老负担。对于城市老年人，虽然"挤出"效应较农村显著，但考虑到城市老年人制度性经济保障已经较农村老年人完善，过多的经济保障反而容易加剧"啃老"现象，而农村老年人的社会保障水平较低，"挤出"效应不明显，需要政府进一步加大力度，切实减轻农村家庭的养老负担。同时，要将政府有限的社会保障向高龄、非在婚及健康状况较差的弱势群体倾斜，考虑公平性的同时也要考虑社会保障的效率，争取"雪中送炭"而非"锦上添花"。

第三节 社会保障对代际转移的替代性：基于主观福利视角

一、社会保障提升老年人主观福利的理论总结

本节以"新农保"为例，研究社会保障对代际转移的替代

性。众所周知,"未富先老""未备先老"的中国如何实现"老有所养""老有所乐",成了政府与学者共同关心的话题。在此背景下,新型农村社会养老保险制度(后文简称"新农保")2009年开始在全国试点,其政策目标包括"推进基本公共服务均等化"和"实现广大农村居民老有所养、促进家户和谐"等。虽然"新农保"发展迅速,实现了全覆盖,却仍存在筹资机制不健全、筹资渠道窄、集体补助金缺位、统筹层次低、替代率偏低的问题。2015年1月23日人民日报提供的数据显示,我国养老保险基金的运行状况令人担忧:2013年19个省养老保险基金收不抵支,缺口合计1702亿元,靠中央财政转移支付勉强维持基金的运转,养老保障水平继续提高的潜能持续下降。假设参保农民从45岁开始缴纳保险金,15年内每年按照最高档次500元缴费,年利率按2.5%计算,在达到领取养老金年龄时每个月仅能领取123.63元,即便按照2013年我国农村居民家庭人均纯收入8896元来计算,其替代率也只有16.7%,而国际经验表明,如果仅靠养老金生活,那么替代率一旦低于50%,生活水平就会大幅度下降。

因此,单纯从客观经济福利的角度来看,"新农保"的保障力度不太理想。但对于缺少稳定经济来源的农村老年人来说,"新农保"带来的是否更主要的是主观福利,或者说是"定心丸"?本部分将从主观福利视角对这一问题作出解答。

黄有光(Yew-Kwang, 2008)发现政府通过公共产品支出对于提升国民幸福感的意义,并从理论上对其机理进行了解释:政府通过税收手段实现二次分配,将私人消费转变成公共消费,弱化了由"攀比效应"带来的幸福损失。Ed Diener等(2000)发现政府公共产品的提供为居民未来的生活提供了保障,降低了居民谨慎性储蓄的动机,释放了居民的购买力,而适度消费对居民幸福感有着积极的作用。

其中，养老保险就是通过收入效应对老年人福利产生积极影响：养老保险可以通过改善老年人的收入状况提高老年人的消费水平，从而对家庭福利产生正向影响（Bender，2012；Panis 和 Constantijn，2004；陈华帅、曾毅，2013）。运用中国健康与养老追踪调查（CHARLS）项目 2011 年全国基线调查数据，张苏、王婕（2015）发现，养老金使得家庭效用可能性前沿得以扩展，孝养伦理得以维持，家庭福利帕累托改进机会得以增强；宁满秀（2015）发现，"新农保"对代际经济支持具有"替代"效应，从而减轻子女赡养父母的负担，增进家庭福利；张川川（2014）研究发现，"新农保"对"家庭养老"在经济方面具有替代性，并在提高农村老年人的收入、减少贫困发生、提高主观福利及促进家庭消费方面发挥了重要作用；贺立龙、姜召花（2015）发现，参保农户的家庭日常费用支出显著高于未参保农户，而消费能力的增强可以提高幸福感。

已有文献主要研究的是养老金对老年人收入、消费、家庭代际转移等客观经济福利的影响，较少关注"新农保"的主观福利效应，也很少关注"新农保"政策效果的异质性问题。不过，上述研究的研究对象与本部分具有相似性，研究方法对本部分有一定参考价值，本部分将参考这些计量方法，从主观福利的视角对新农保的政策效果进行研究。

基于"新农保"制度设计上的特点，本部分利用中国健康与养老追踪调查（CHARLS）数据，通过断点回归方法分析了"新农保"对农村老年人口主观福利的影响。结果表明，"新农保"带给广大农村老年人更多的可能是一种安全感，是主观福利而非单纯的客观经济福利，其对于农村养老的象征意义大于实质意义。主观福利改善效果更为明显的是作为首要政策目标人群的弱势群体，同时还发现，由于养老金支付水平较低，政策效果在规模上仍然较为有限。

本部分的主要贡献是：（1）利用全国性微观调研数据，从主观福利的视角估计了"新农保"的政策效果，以全新视角提供了检验政策效果的经验证据；（2）通过断点回归这一现代计量方法来解决内生性问题，较好地识别了公共政策的因果效应；（3）通过分样本研究，发现了政策效果的异质性问题，应加大对弱势群体的保障力度。

二、数据与实证模型

（一）数据

本部分使用的数据"中国健康与养老追踪调查（CHARLS）"由北京大学国家经济研究院提供，调查对象是随机抽取的家庭中45岁及以上的人，于2011~2012年在全国28个省进行了调查，成功访问了10257户家庭的17708名个人，调查期与"新农保"推广期重合，非常有利于捕捉"新农保"的政策效应。本部分采用的是2011~2012年截面数据。

考虑到领取其他类型的养老金同样会影响老年人生活满意度，而是否领取其他类型的养老金又和是否参加"新农保"相关，样本中如果包含这部分受访者，很可能产生有偏的估计结果，因此本部分选取只具有"新农保"一种养老保险的农村居民进行检验，共3787人，年龄最小的46岁，最大的102岁，平均年龄68.5岁。其中男性1734人，在婚2796人，初中及初中以上学历374人，经济状况为高水平的227人，健康状况较好者1559人。数据显示，"新农保"参与者学历低、经济条件差、健康状况差、女性等弱势群体所占比例较高。

(二）变量

1. 因变量

本部分将问卷中的问题"DC028. 总体来看，您对自己的生活是否感到满意？"即"生活满意度"作为因变量，答案选项包括"1. 极其满意""2. 非常满意""3. 比较满意""4. 不太满意""5. 一点也不满意"，本部分将前三项定义为"满意"，赋值为1，后两项定义为"不满意"，赋值为0。

2. 控制变量

本部分根据控制内生性的原则，选择健康状况、文化水平、经济状况、婚姻状况、性别作为控制变量。其中，健康状况根据问卷中的问题"DA001. 您觉得您的健康状况怎么样？"进行分类，答案选项包括"1. 极好""2. 很好""3. 好""4. 一般""5. 不好"，本部分将前三项定义为"健康"，赋值为1，将后两项定义为"不健康"，赋值为0。文化水平根据问卷中的问题"BD001. 您获得的最高学历是？"进行分类，答案选项包括"1. 未受过教育""2. 未读完小学""3. 私塾""4. 小学毕业""5. 初中毕业""6. 高中毕业""7. 中专毕业""8. 大专毕业""9. 本科毕业""10. 硕士毕业""11. 博士毕业"，本部分将前四项定义为"小学及小学以下"，赋值为0，后七项定义为"初中及初中以上"，赋值为1。经济状况根据问卷中的问题"G003. 总体来说，您怎么评价自己家的生活水平？"，答案选项包括"1. 非常高""2. 偏上""3. 中等""4. 偏下""5. 贫困"，本部分将前两项定义为"高水平"，赋值为1，后三项定义为"低水平"，赋值为0。婚姻状况根据问卷中的问题"BE001. 您目前的婚姻状态？"进行分类，答案选项包括"1. 已婚与配偶同住""2. 已婚，但因工作等原因暂时没有跟配偶一起居住""3. 分居（不在作为配偶共同生活）""4. 离异""5. 丧偶""6. 从未结婚"，本部分将前两项定义为

"在婚",其余定义为"非在婚"。

(三)模型

为检验"新农保"养老金对农村老年人生活满意度的影响,我们利用60岁以后才能领取"新农保"养老金这一制度设计上的特点,采用近年来政策效果评估中最为常用的断点回归法(regression discontinuity,RD)进行"新农保"的主观福利效检验。RD的基本原理就是考虑到政策规则非连续特征会使得当某个可观测的特征变量(forcing variable,驱动变量)等于或大于某个阈值时,经济个体就会受到处理(treatment)。此时,只要经济个体不能够完全左右驱动变量,那么因变量的非连续变动就可以看作是由处理状态引起的。

在没有"新农保"的情况下,养老金(处理状态变量)的领取应该是随年龄(驱动变量)而平滑变化的,在"新农保"制度所涉及的年龄前后,如果发现养老金领取率有断点,我们就可以认为这些差异是外生的制度性因素("新农保")带来的,利用"新农保"制度作为工具变量来识别"新农保"对于生活满意度的影响。我们还可以把样本限制在政策规定的领取养老金年龄附近的人群,从而较好地控制年龄效应,再利用工具变量的思想,把政策规定的领取养老金年龄之前和之后的人作为控制组和实验组,就可以用"新农保"制度对人们领取养老金的外生冲击去估计"新农保"对生活满意度的影响。另外,因为变量(如个人心态、个人偏好等)遗漏而产生内生性问题,也可以通过RD解决。由于只有年满60周岁才可以领取养老金,因此:

$$D = \begin{cases} 1 & z \geq 60 \\ 0 & z < 60 \end{cases} \qquad (1)$$

其中,D为处理状态变量,此处表示是否领取养老金,等于1表示领取养老金,否则为0。z表示受访者的年龄。(1)式表明 D 是年龄 z 的非连续函数，60 岁为断点，即无论如何接近 60，都不会发生变化，直到 z 等于 60。

但现实情况是，极个别地区养老金的发放并未严格遵守 60 岁的标准，因此，D 函数在断点处（60 岁）不一定是 0～1 变化，而是加大了取 1 的可能性。由此，函数（1）可以表述为模糊 RD（Fuzzy RD）：

$$P(D=1|z) = \begin{cases} g_1(z) & z \geq 60 \\ g_0(z) & z < 60 \end{cases}, g_1(z) \neq g_0(z) \tag{2}$$

并假定 $g_1(z) > g_0(z)$，也就是 60 岁以上老年人领取"新农保"养老金的概率大于 60 岁以下的老年人，$g_1(z) = \lim_{x \to 60} P(D=1|z \geq x)$，$g_0(z) = \lim_{x \to 60} P(D=1|z<x)$。模型（2）可以通过两阶段最小二乘法实现，等同于 IV（Cook，2008）。具体地，一阶段方程可以表示为：

$$D_i = \delta + f(z_i) + \theta T_i + \mu_i \tag{3}$$

其中，$T_i = 1$（$z_i \geq 60$）是处理状态 D_i 的工具变量，$f(z_i)$ 是 z_i 的一个多项式函数，二阶段回归设方程定同方程（3）。在具体操作上，Fuzzy RD 估计可以通过非参 IV 估计或参数 2SLS 估计两种方式得到，两者是等价的，两种方法的结论基本一致（Hahn 等，2001；Imbens 和 Lemiuex，2008）。非参数法的具体做法如下：（1）采用局部多项式回归方法，这是因为使用简单核函数回归法会导致很大的偏差（Imbens 和 Lemiuex，2008）；（2）在估计断点回归模型与试验分配变量的回归模型时，均采用相同的带宽。在估计时可以通过将样本限制在断点附近来放松对 $f(z_i)$ 函数形式的要求。所选取的样本离断点的距离（带宽）越小，对控制变量和形式的要求就越少，但是同时会损失更多的样本观测值，增大参数估计的误差。在随后的估计中，本部分将

第九章 代际经济支持可替代性研究

借鉴雷晓燕等（2010）的做法，控制年龄的分段线性函数，根据 Imbens 和 Kalyanaraman（2012）计算最优带宽，同时汇报采用最优带宽附近多个带宽设定的估计结果以充分表明结果的稳健性。

三、基本结果

利用 STATA12.0 软件分析结果，我们首先报告"新农保"制度对养老金领取和生活满意度的影响，这一部分的结果一方面决定了我们一阶段回归的有效性，另一方面也直观地给出了 RD 估计的识别策略。在第二部分，我们将在 RD 框架下运用工具变量估计出"新农保"养老金对生活满意度的影响。

（一）图形分析

我们先以图的形式直观地显示养老金的领取是否有明显的年龄断点，以验证用 RD 回归的可行性，同时还可以展示年龄与养老金领取的关系，这是 RD 分析的标准做法（Lee 和 Lemiuex，2010）。

图 9-9 显示了作为驱动变量的年龄同是否领取养老金之间的关系，这相当于 Fuzzy RD 估计中的一阶段。我们可以看到，在 60 岁有一个明显跳点，这与年满 60 周岁可以领取养老金的"新农保"政策规定基本一致。图 9-10 显示了年龄密度。

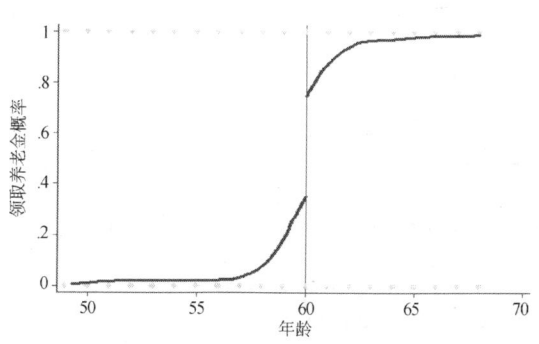

图 9-9　各年龄人口获得"新农保"养老金的比例

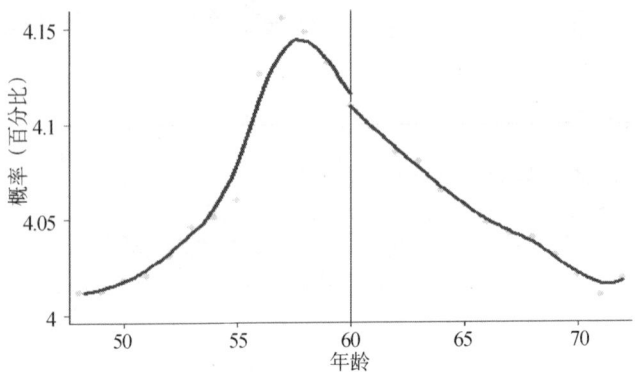

图 9-10 年龄密度

(二) 回归结果

尽管图 9-9 清晰地展示了政策规制所导致的处理状态变量(是否领取养老金)和结果变量(生活满意度)的非连续变动,但养老金能否促进老年人生活满意度提升以及提升幅度仍然要以参数估计的结果为准(Lee 和 Lemiuex,2010)。

表 9-14 给出了"新农保"年龄规制对养老金领取的影响。表中第 1 列最优带宽估计采用了 Imbens 和 Kalyanaraman(2012)给出的方法,为充分检验结果的稳健性,2~3 列采用了相近的带宽设定。1~3 列的结果基本一致,说明达到领取养老金的年龄要求能够显著提高养老金领取的概率。

表 9-14	年龄对养老金的影响		
	+/-1.3	+/-2.6	+/-3.9
年龄≥60 岁对是否获得养老金的影响	0.160***	0.172***	0.240***
	(0.023)	(0.028)	(0.024)

注:括号中为标准误。***表示 $p<0.01$。

表 9-15 结果显示在年龄断点附近老年人的生活满意度有所

下降，但不具有统计显著性，说明年龄不是影响老年人生活满意度的主要变量。

表 9-15　年龄对生活满意度的影响

	+/-1.9	+/-3.9	+/-5.8
年龄≥60岁对老年人农村生活满意度的影响	-0.014 (0.160)	-0.126 (0.140)	-0.043 (0.076)

注：括号中为标准误。***表示 $p<0.01$。

表 9-16 结果显示，领取养老金显著提高了农村老年人的生活满意度，而且采用相近带宽得到的结果基本一致。

表 9-16　"新农保"制度对生活满意度的影响

	+/-1.9	+/-3.9	+/-5.8
养老金对生活满意度的影响	0.168*** (0.024)	0.253*** (0.025)	0.352*** (0.021)

注：括号中为标准误。***表示 $p<0.01$。

为了检验"新农保"的主观福利效应是否存在异质性，表 9-17 进行了分样本回归。表 9-17 说明"新农保"对不同群体的农村老年人都有显著的主观福利效应，但对于知识水平低、健康状况差、经济状况差、女性、非在婚的弱势群体，其效应更明显。其中可能的原因是，弱势群体对公共转移支付的期望值较低，容易产生满足感；也可能是弱势群体的经济条件较非弱势群体差，因而获取养老金所带来的边际效用较大。这一结果也说明弱势群体是"新农保"的最大受益者，而这也恰恰是政策的首要目标人群。这一结论给我们的启示是，中国或许已经进入国民幸福对经济增长不敏感阶段，如果要避免出现"伊斯特林悖论"（即"幸福悖论"），应加大对弱势群体的保障力度。

表 9-17 "新农保"制度对不同群体生活满意度的影响

		+/-1.9	+/-3.9	+/-5.8
文化水平	初中及初中以上	0.153***	0.248***	0.352***
		(0.025)	(0.027)	(0.023)
	小学及小学以下	0.270***	0.369***	0.454***
		(0.073)	(0.057)	(0.051)
性别	男性	0.156***	0.238***	0.338***
		(0.032)	(0.032)	(0.029)
	女性	0.191***	0.300***	0.396***
		(0.044)	(0.033)	(0.029)
健康状况	不健康	0.179***	0.308***	0.401***
		(0.045)	(0.036)	(0.031)
	健康	0.157***	0.246***	0.347***
		(0.037)	(0.031)	(0.027)
经济状况	低水平	0.517***	0.676***	0.739***
		(0.071)	(0.053)	(0.043)
	高水平	0.168***	0.252***	0.349***
		(0.025)	(0.025)	(0.022)
婚姻状况	非在婚	-0.235**	0.562***	0.660***
		(0.139)	(0.043)	(0.036)
	在婚	0	0.237***	0.335***
		(0)	(0.027)	(0.023)

注：括号中为标准误。***表示 $p<0.01$。

四、稳健性与有效性检验

为了说明我们使用的方法是有效的，本部分将考虑采用以下三种方法进行有效性检验：

第一种方法：报告不同带宽的局域估计值，以检验估计的稳健性。表9-14、9-15和表9-16的第1列采用了根据Imbens和Kalyanaraman（2012）计算的最优带宽，第2~3列分别采用了其他相近的带宽设定以充分检验结果的稳健性。我们得到了几乎完全一致的结果，说明结果是稳健的。

第二种方法：检验前定控制变量的连续性（Lee和Lemieux，2010）。我们将检验除年龄之外的其他不受"新农保"影响的控制变量是否在政策规定的领取养老金年龄处有跳点。如果RD的方法是有效的，也就是说工具变量仅仅通过"新农保"影响生活满意度，那么，我们不应该观察到不受"新农保"影响的其他控制变量在政策规定的养老金领取年龄上有任何跳点。表9-18检验结果显示，政策年龄规制对教育和婚姻状态均无显著影响，说明RD识别策略是有效的。

表9-18　　　　　　　　控制变量的连续性检验

	+/-2.1	+/-4.2	+/-6.4
教育：是否初中及以学历	-0.016	-0.022	-0.030
	(0.041)	(0.027)	(0.022)
婚姻状态：是否在婚	-0.005	-0.013	-0.004
	(0.031)	(0.021)	(0.017)

注：括号中为标准误。

第三种方法：检验驱动变量密度函数的连续性。这种方法的主要根据是，尽管人们无法选择真实的年龄，但人们在自报年龄的时候很有可能存在选择性偏差。一种很可能出现的情况就是，人们可能通过虚报年龄以达到领取养老金的目的，那么我们识别的效果将受到干扰。因此，我们必须识别年龄是否具有完全的选择性。一般通过检验年龄密度函数的连续性进行识别（McCrary，2008；Imbens和Lemieux，2008）。

五、新农保影响老年人生活满意度的机制

本部分认为,新农保影响老年人生活满意度的主要路径是提升老年人的生活质量。老年生活质量可以通过健康和功能状态、社会经济地位、生活满意度和自我尊重四个方面进行衡量(George 和 Bearon,1980)。养老金不但可以提升老年人健康医疗和照料的可及性(Case 和 Deaton,1998;Fan 和 Liu,2012),还可以提升老年人的社会经济地位和经济独立性,增减少对子女经济依赖,甚至增强向子女提供经济支持的能力,避免家庭的不对等关系,从而换取子女的日常照料和情感慰藉,因此,对老年人的幸福感有非常重要的影响(Liang 等,2000)。相反,养老金不足会使老年人缺乏自我存在感,产生抑郁和被剥夺感,有损自尊,降低生活满意度。

六、结论及建议

"新农保"的开展,开始了解决农村养老困境的有益尝试,为实现"老有所养"提供了一定程度的社会保障。本部分研究发现,"新农保"制度虽然提供的养老金水平很低(每月每位老年人仅55元),难以满足老年人日常生活需求,但其仍显著提升了农村老年人的生活满意度。

本部分的研究结论告诉我们,在社会保障水平低、老龄化程度严重、子女流动性强、"空巢"老年人家庭日益增多、传统家庭养老功能弱化的中国农村,推行"新农保"为代表的社会养老模式具有极为重要的意义:虽然"新农保"养老金的替代率较低,但其在一定程度上解除了农村老年人养老的后顾之忧,增强了老年人的幸福感,对于"和谐老龄化、幸福老龄化"社会的构建具有促进作用,其象征意义大于经济意义。

首先，政府应继续强化对"新农保"的宣传，使农民认识到"新农保"的重要性，提高农民参保缴费的积极性与缴费额；其次，通过科学的激励机制，将养老金领取额与缴费年限、缴费金额更紧密地联系起来，形成"新农保"的长效机制；再次，财政应向"公共财政、民生财政"转变，加大财政投入比例与规模，提高"新农保"的保障能力；最后，"新农保"的一个重要政策目标是促进基本公共服务均等化，政策应考虑老年群体的差异性，向弱势群体倾斜，发挥"雪中送炭"效应，降低"幸福悖论"出现的概率。

第四节 文化活动对代际转移的替代性：基于主观福利视角

一、文化活动提升老年人主观福利的理论依据

本节将以"社交活动"作为"文化活动"的代理变量，研究在提升老年人主观福利层面，文化活动对代际转移的替代性。中国经济连续多年的高速增长使得2013年人均GDP达到6700美元，达到中等发达国家水平。在物质生活水平提高的同时，政府、民众与学者开始关注如何提高精神层面的幸福与富足（邢占军，2011；刘军强等，2012）。与此相伴的是，中国正快速进入老龄化社会。联合国2011年预测，作为少数几个"未富先老"的国家之一的中国，在今后30年里，人口老龄化将呈现加速发展态势，并在2030年成为老龄化程度最高的国家，2050年60岁以上老年人口将达到4亿以上，占中国总人口的30%，并产生赡养缺失、生活质量得不到保障等一系列问题。而生活满意

度作为个体对自身生活质量的总体评价指标,是衡量老年人生活质量和心理健康状况最常用的指标之一,已经引起许多经济学者的广泛兴趣,成为经济学中的一个热门研究领域(鲁元平、王韬,2010)。然而,现实情况并不理想。北京心理危机研究与干预中心的研究显示,我国老年人正面临严重的幸福感危机:老年人的自杀率,远高于青少年。《2011 中国卫生统计年鉴》显示,2011 年我国高龄老人(85 岁以上)自杀率,城镇为 39/10 万,农村为 93/10 万,远远高于 25~29 岁青年人的 2.6/10 万和 4.2/10 万的自杀率。20 世纪 80 年代以来,由于物质赡养的变化(子女大量外出务工,却未能给留守父母提供相应的养老保障),导致湖北京山地区农村老年人的自杀率较以前有很大提高,并且还在不断增高(陈柏峰,2009)。而老年人自杀的主要诱因就是对生活不满、失望,进而心情抑郁。

因此,当前亟待解决的问题就是:如何提高老年人的生活满意度,缓解其抑郁情绪。虽然影响老年人生活满意度的诸多因素中,经济因素至关重要,但由于我国社会保障起步晚,保障程度低,难以完全依赖增加经济保障水平来提高老年人生活满意度,而且这一途径还存在"幸福悖论"现象,而"幸福悖论"的公共政策含义就是任何旨在通过增加物质因素提高个体福利的计划都是无效的(Graham,2005)。Ng(2003)也提出,物质因素可能导致的幸福感边际效应递减更快以及容易产生攀比效应,造成社会福利损失,非物质因素虽然难以为人的认知思维所把握,但其影响却更稳定,对于提高生活满意度更有意义。谢识予(2010)等学者指出,非物质因素和幸福之间具有直接的联系,其消费享受多为纯粹的情感体验,较少掺杂社会比较的因素,无须中介的作用,带给人的精神享受是无限的,对社会生活也会产生积极的反馈效应,通常有正的外部性,对幸福的生成有更直接显著的影响。

因此，我们必须探索提高老年人生活满意度的其他途径。其中，社交活动不仅能够丰富老年人精神文化生活，还能使老年人建立起良好的人际关系，排除孤独和寂寞。本部分根据中国健康与养老跟踪调查（CHARLS）2011年数据计算了不同社交活动情况下老年人生活满意度的年龄变化趋势。如图9-11、图9-12所示，各年龄段积极参与社交活动的老年人生活满意度的比例均高于不参与社交活动的老年人，积极参与社交活动的老年人有忧郁倾向的比例低于不参与社交活动的老年人。

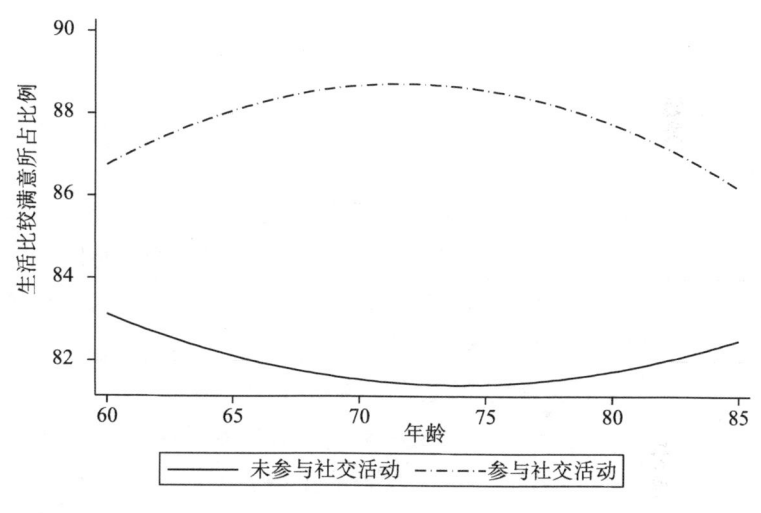

图9-11　社交活动与生活满意度

然而，我国农村以居家养老为主的养老模式容易使老年人的社会生活领域相对封闭，容易形成以血缘性与地缘性对象为主的"差序格局"。随着社会转型效应的凸显，子女的独立性越来越强，父辈权威越来越弱，以血缘性为主的家庭内部关系网络危机显现，与周围人的联系也随着老年人年龄的增长而日益减少，有

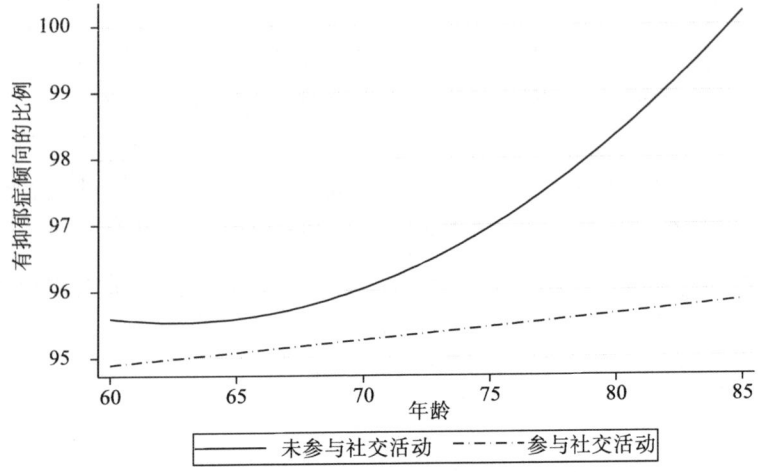

图 9-12 社交活动与忧郁倾向

与社会脱离的趋势。

目前，尚未检索到关于社交活动与生活满意度关系的文献，仅有少量文献研究了社会资本对老年人生活满意度的影响，但社会资本的范畴要比社交活动宽泛得多。国外学者基本上从人们对各种社会活动及社会团体的介入程度、在社会层面对个人资源的分享程度等角度衡量社交活动的参与程度。A. Bukov、I. Maas 和 T. Lampert 等人认为，社交活动是一种社会导向下的与他人分享资源的行为，是衡量老年人生活质量的一个重要标准，属于社会资本的范畴（Petrou 等，2007）。在较高社会资本的社会中，公民具有较高的社会参与性、较高的社会信任度及较高的对公共机构和组织的信任度，会对人们的身体和心理健康等各个方面产生积极效应，从而提高人们的幸福感（Helliwell 等，2004；Yip，等，2007）。Becchetti 等（2009）通过因果分析发现，社会资本在生活满意度上有很强的效应。Lim 等（2009）将观察到的宗教与生活满意度的正相关解释为，因为宗教促进了人们的社会资本，从而使其对生活更加满意，有宗教信仰的人一般都倾向于与人为善，也注重与周围的人保持密切的社会网络。Bartolini 等（2009）也发现，社会资本可以很好地预测人们生活满意度变化趋势。

已有研究尚存在以下两方面不足。第一，未能克服自变量社交活动的内生性问题，因而难以识别社交活动对老年人生活满意度的影响。产生内生性常见原因有四个（陈云松、范晓光，2010）：（1）变量遗漏。影响老年人生活满意度的因素很多，有些因素依赖于特定个体（如个人的心理素质、性格等），而这些因素往往难以观察与测量，导致变量遗漏。（2）自选择偏误。自变量在某种程度上是被个人所决定的，但这一决定到底受到哪些因素的影响，我们是难以判断的。因此，自选择偏误是一种特殊的变量遗漏。（3）样本选择偏误。如果对因变量的观察仅仅局限于有限的非随机样本时，就容易产生这类偏误。（4）联立性偏误。其本质就是自变量同时也由因变量决定，即双向因果关系，因为生活满意度高的老年人参与社交活动的积极性可能会更高。如果模型存在内生性问题，也就意味着不再满足正交条件，利用 order probit 模型估计的结果将存在偏误。第二，现有文献尚未通过实证数据检验社交活动对老年人生活满意度的影响机理。根据中国健康与养老 2011 年截面数据分析，中国农村未参加任何社交活动的老年人高达 52.5%。如果社交活动影响了老年人的生活满意度，那么其影响渠道是什么？对这一问题的回答，可以使政府对于精神生活缺失老年人的民生关怀更为有的放矢。

针对上述的研究不足，本部分将利用中国健康与养老跟踪调查（CHARLS）2011 年数据，力图解决如下两个问题：第一，采用工具变量方法克服社交活动的内生性问题，系统分析社交活动对老年人生活满意度的因果影响。第二，探索社交活动对老年人生活满意度影响的渠道与机制。本部分旨在为老年人生活满意度的提升提供有力的实证依据，帮助政府设计更为有效的老年人民生关怀政策，缓解老年人群的精神危机。

二、研究方法

为解决可能存在的从生活满意度到社交活动的反向因果关系，本部分将采用工具变量法（IV）解决内生性问题。有效的工具变量需满足两个条件：（1）相关性。工具变量与内生自变量（社交活动）相关。（2）独立性。工具变量与误差项不相关，即工具变量与生活满意度不相关。据此，本部分选取"社区是否有老年活动中心或者棋牌活动室"和"社区是否有跳舞队或者其他锻炼队"为工具变量。这两个变量会影响到老年人参与社交活动，但与老年人的生活满意度基本不相关，属于外生变量，而且工具变量的个数也大于内生变量的个数，可以进行过度识别检验，以识别其有效性（Stock 和 Watson，2007）。然后，采用有限信息极大似然法（LIML）对模型进行两阶段估计。LIML 的优势在于可以避免由于模型界定错误而导致的一个方程参数估计值的偏误，而传递到模型所有其他方程参数估计值中（吴晓刚，2011），也就是对弱工具变量缺乏敏感性，因而估计偏误较小。

LIML 两阶段模型设置为：

第一阶段：$X_i = \theta_0 + \theta_1 IV_{1i} + \theta_2 IV_{2i} + \sum \gamma_i Z_{ij} + \upsilon_i$ （1）

第二阶段：$Y_i = \alpha_0 + \alpha_1 X_i + \sum \beta_i Z_{ij} + \varepsilon_i$ （2）

其中，（1）式为 LIML 估计的第一阶段回归。IV_{1i}、IV_{2i} 为工具变量，X_i 为第一阶段回归结果预测值。（2）式为 LIML 估计的

第二阶段回归，因变量 Y_i 是老年人生活满意度；X_i 为内生自变量社交活动，Z_{ij} 为一系列可能会影响老年人生活满意度的控制变量。

基于模型的估计结果，我们对工具变量的有效性进行检验。模型（1）反映的是工具变量与社交活动之间的关系。由于工具变量是否与内生变量（社交活动）相关是两阶段估计量有效的前提，我们将用 F 检验来判断该工具变量是否为弱工具变量。另外，我们用 Anderson–Rubin 过度识别统计量检验工具变量和误差项不相关。

三、数据与变量

（一）数据来源

中国健康与养老追踪调查是北京大学对中国中老年人进行的一项调查，调查对象是随机抽取的家庭中 45 岁及以上的人。在 2008 年预调查的经验基础上，CHARLS 项目于 2011~2012 年进行了全国基线调查。为了保证样本的代表性，CHARLS 基线调查覆盖了全国 28 个省 150 个县、区的 450 个村、居，成功访问了 10257 户家庭的 17708 名个人，总体上代表了中国中老年人群。所有的样本都是采用 PPS 法通过县级抽样、村居抽样、家户抽样和个人抽样 4 个阶段被抽出来。本部分采用的是 2011 年截面数据，其中 60 岁以上老年人 7725 名，60 岁以上农村老年人 5819 名。

（二）变量测度

在问卷中设置了因变量"生活满意度"："总体来看，您对自己的生活是否感到满意？"回答分为五个等级：极其满意、非常满意、比较满意、不太满意、一点也不满意。分析时将回答"极其满意""非常满意""比较满意"者视为"生活比较满意"，赋值为 1；将回答"不太满意"和"一点也不满意"者视为"生活不太满意"，赋值为 0。

关键自变量"社交活动"，问卷设置了问题"您过去一个月是否进行了下列社交活动？（可多选）"选项为（1）串门、跟朋友交往；（2）打麻将、下棋、打牌、去社区活动室；（3）无偿向与您不住在一起的亲人、朋友或者邻居提供帮助；（4）去公园或者其他场所跳舞、健身、练气功等；（5）参加社团组织活动；（6）志愿者活动或者慈善活动；（7）无偿照顾与您不住在一起的病人或残疾人；（8）上学或者参加培训课程；（9）炒股（基金及其他金融证券）；（10）上网；（11）其他；（12）以上均没有。本部分将回答"以上均没有"者视为"未参与社交活动"（赋值为 0），其余无论选择一项或多项者均视为"参与社交活动"（赋值为 1）。

控制变量包括三方面：（1）社会人口学特征，如年龄、性别、受教育程度、婚姻状况、经济状况、有无养老保险、居住模式；（2）老年人的健康状况：自评健康和抑郁症倾向；（3）地区因素：28 个省的虚拟变量。

（三）变量描述

表 9-19 显示，5819 名老年人中 2762 名老年人至少参加了一项社交活动。感觉"生活比较满意"的老年人占 84.67%。47.47% 的老年人至少参与了一项社交活动，其中参与度最高的项目依次为：31.19% 参与"串门、跟朋友交往"，12.27% 参与"打麻将、下棋、打牌、去社区活动室"，3.85% 参与"无偿向与您不住在一起的亲人、朋友或者邻居提供帮助"，1.94% 参与"去公园或者其他场所跳舞、健身、练气功等"，0.70% 参与"社团组织活动"，0.52% 参与"无偿照顾与您不住在一起的病人或残疾人"，0.19% 参与"志愿者活动或慈善活动"，参与

"上学或参加培训课程""上网""炒股"的老年人分别只有5人、3人和1人,未参加任何社交活动的老人有3057名。表9-19为模型中变量的统计描述。和不参与社交活动的老年人相比,参与社交活动的老年人生活满意度较高。从控制变量看参与社交活动的老年人更年轻,而且男性、非文盲、有养老金、高生活水平、社区拥有老年活动中心和舞蹈队的比例更高。同时,参与社交活动的老年人更健康,这可能是选择性的结果,即健康的老年人更可能参与社交活动。

表9-19 按农村老年人社交活动情况划分的2011年样本统计描述

	参与社交活动的老年人		不参与社交活动的老年人	
	均值	标准差	均值	标准差
因变量				
生活满意度(满意=1)	0.87	0.33	0.82	0.38
控制变量				
年龄	67.93	6.81	68.26	6.84
性别(男性=0)	0.51	0.50	0.52	0.50
婚姻(非在婚=0)	0.76	0.43	0.78	0.41
教育(文盲=0)	0.60	0.49	0.52	0.50
健康(健康=0)	0.83	0.40	0.86	0.36
生活水平(差=0)	0.57	0.49	0.53	0.50
养老金(无=0)	0.19	0.39	0.14	0.35
及时看病(否=0)	0.92	0.29	0.91	0.29
无抑郁症倾向(否=0)	0.28	0.45	0.21	0.41
工具变量				
老年活动中心(无=0)	0.40	0.49	0.36	0.48
舞蹈队(无=0)	0.32	0.47	0.29	0.45
观测值	2762		3057	

资料来源:根据CHARLS数据整理。

四、实证分析结果

(一) 社交活动对农村老年人生活满意度的影响

表 9-20 的第 1 列采用 Probit 模型，假设社交活动为外生变量。估计结果显示，参与社交活动能明显提升老年人的生活满意度，然而这仅仅反映了社交活动与老年人生活满意度之间的相关关系。

表 9-20　　社交活动对农村老年人生活满意度的影响

	Probit（边际效应）	2SLS 一阶段回归	2SLS 二阶段回归
自变量：参与社交活动	0.041***	0.145**	
控制变量			
年龄	0.002***	0.000	-0.002***
性别（男性=0）	0.001	0.010	-0.001
婚姻（非在婚=0）	0.033***	-0.038**	-0.038**
教育（文盲=0）	0.037***	0.075***	-0.025
生活水平（差=0）	0.177***	0.100***	0.171***
健康（健康=0）	-0.061***	-0.061***	-0.054***
工具变量			
老年活动中心（无=0）		0.050**	
舞蹈队（无=0）		0.002*	
常数项	0.600***	0.438***	0.551***
省虚拟变量	控制	控制	控制
模型检验		F=14.20 P=0.000	Anderson-Rubin=1.25 P=0.263

注：*、**、***分别代表在 10%、5% 和 1% 水平上显著。

第 2 列采用工具变量法解决社交活动的内生性问题。一阶段回归中两个工具变量对内生性变量具有显著的正向影响，符合分析的预期，即社区有老年活动中心或舞蹈队，老年人参与社交活动的可能性更高。而且一阶段回归的 F 统计量为 17.36，大于 10，$P<0.01$，说明工具变量是有效的，不存在弱工具变量的问题。第二阶段的过度识别检验 Anderson – Rubin 统计量为 1.44，$P>0.01$，不能拒绝工具变量和误差项不相关的原假设，说明工具变量与误差项是不相关的。

第二阶段回归中，社交活动变量的系数仍显著为正，但影响程度明显增大。可见，如果不考虑内生性问题，社交活动对老年人生活满意度的提升作用会被显著低估，遗漏变量是造成系数偏误的重要原因：性格外向、喜欢活动的老年人更喜欢参与社交活动，他们对生活的满意度也更高。

从控制变量看，在婚、生活水平高、受教育水平高的老年人生活满意度高于非在婚、生活水平低、受教育水平低的老年人。另外，一阶段回归显示，年龄、性别对是否参与社交活动没有显著影响，在婚、文盲、生活水平差、非健康老年人参与社交活动显著少于非在婚、非文盲、生活水平高、健康的老年人，社区有老年活动中心/棋牌室以及舞蹈队的老年人更有可能参与社交活动。

（二）社交活动对农村老年人生活满意度的影响渠道

上文已经验证了参与社交活动能有效提升老年人的生活满意度，但社交活动对老年人生活满意度的影响渠道尚未明确，也未发现有文献对这一问题进行解释。本部分将通过实证分析检验两种可能的影响渠道：一是较少的抑郁症倾向，即参与社交活动可能会减少因琐事而带来的烦恼、避免情绪低落、驱走孤独感，从而感觉生活满意。CHARLS 问卷采用以下 10 个问题测量老年人是否有抑郁症倾向：（1）我因一些小事而烦恼；（2）我在做事时很难集中精力；（3）我感到情绪低落；（4）我觉得做任何事情都很费劲；（5）我对未来充满希望；（6）我感到害怕；（7）我的睡眠不好；（8）我很愉快；（9）我感到孤独；（10）我觉得我无法继续我的生活。根据测量的综合得分，进行有无抑郁症倾向的判断。二是是否及时看病，因为经常参与社交活动的老年人往往会有更多的朋友，朋友们更易觉察老年人身体的不适，建议他们及时就诊，从而减少老年人因健康恶化而造成的抑郁、低落情绪。

检验影响渠道的基本思路是，如果社交活动通过以上两种渠道改善了老年人的生活满意度，那么在模型中控制"无抑郁症倾向"和"及时看病"变量后，参与社交活动对生活满意度的正向影响将会缩小。表9-21第1列报告了没有控制两个渠道变量的2SLS估计系数，这与表9-20报告的结果相同。表9-21第2列的回归进一步控制了"无抑郁症倾向"，社交活动对生活满意度的影响下降了52.4%；第3列控制了"及时看病"，社交活动对生活满意度的影响下降了6.9%。加入新的控制变量后，工具变量仍然有效。表9-21的第4列同时加入"无抑郁症倾向"与"及时看病"变量，社交活动对生活满意度的影响进一步降低。表9-21还显示，是否有抑郁症倾向及能否及时看病对老年人生活满意度有显著影响。

表9-21　　社交活动对农村老年人生活满意度的影响渠道

参与社交活动（是=1）	0.145**	0.069*	0.135*	0.063
无抑郁症倾向（是=1）		0.087***		0.087***
及时看病（是=1）			0.032**	0.015
模型检验				

续表

F	14.20	17.84	12.91	16.25
P	0.00	0.00	0.00	0.00
Anderson – Rubin	1.44	1.60	1.18	1.55
P	0.23	0.21	0.28	0.21

注：＊、＊＊、＊＊＊分别代表在10％、5％和1％水平上显著。

由此可见，参与社交活动之所以能够提升老年人的生活满意度，很大程度上是因为社交活动可以改善老年人的抑郁症倾向、获得更及时的治疗。与此同时，即便同时控制了以上两个变量后，社交活动对生活满意度的正向影响依然存在。

五、结论与政策建议

由于生理机能的衰退，老年人逐渐从社会活动、社会角色中脱离，其交往对象、交往规模、交往频率等社交活动变得越来越小，与此同时，老年人在失去中年期社会角色的同时，也增添了具有闲暇与依赖特征的老年期社会角色，这一转变使得老年人在社交活动中被边缘化。这一现象触发了政府和社会对老年人心理健康的担忧：增加社交活动的机会，能否提高老年人的生活满意度？本部分利用 CHARLS 2011 年全国 28 省份的调研数据，利用工具变量法分析发现：（1）积极参与社交活动，确实能提升老年人生活满意度；（2）从影响渠道看，社交活动能防止老年人的孤独感和情绪低落，减轻抑郁倾向的发生率，还能提高就医的及时性。

本部分丰富并拓展了前人的研究，作出了两方面的贡献：第一，首次研究了社交活动对老年人生活满意度的影响。类似研究往往是从社会资本的角度进行，但社会资本的内涵要比社交活动宽泛得多，而且这些研究基本是停留在相关关系的分析上，并因为变量遗漏而低估了社交活动对生活满意度的影响，因为积极参与社交活动者本身可能就有较高的生活满意度。本部分采用工具变量法克服内生性问题后，发现社交活动对老年人生活满意度的改善效应大幅度提高。第二，本部分基于实证数据检验了社交活动影响老年人健康的渠道：及时就医、减少孤独感和情绪低落能显著提升生活满意度。

随着我国全面进入老龄化社会，晚年幸福指数受到社会广泛关注，政府一致致力于老年友好型社会的建设，但无论是减免老年人"新农合"的参合费用还是推行"新农保"，采用的基本都是经济手段。随着经济水平的提高，通过精神文化生活对提升农村老年人生活满意度显得更为迫切，效果也更为明显。但根据 CHARLS 2011 年数据分析发现，受访农村老年人所在社区仅 37.7% 拥有棋牌室或老年活动中心，有舞蹈队或其他锻炼队的社区为 30.3%，而在城市，这一比例分别为 71.6% 和 62.0%。因此，政府在做好养老经济保障的同时，应大力建设农村公共文化设施，为老年人的"广场舞"等社交活动提供场所，使老年人产生社区价值感和被所生活社区接纳的归属感，增强老年人的养老质量。

第五节 "啃老"对向上代际转移的替代性：基于主观福利视角

一、"啃老"提升老年人主观福利的理论总结

本节重点研究老年人向下的代际经济支持（即子女存在"啃老"行为），能否替代子女向上的代际经济支持（即子女履

行"赡养"义务），从而增加老年人的存在感，提升老年人的主观福利。传统的代际关系中，一般是成年子女为老年父母提供代际经济支持，履行赡养义务，从而提升老年人的晚年生活质量。然而，社会转型、家庭结构变迁以及医疗保障的推广，导致代际转移发生了极大改变（Lennartsson，2011）：老年人为成年子女提供越来越多的代际支持（Grundy，2005；Kohli，Künemund，Motel 和 Szydlik，2000；Grundy，E.，2005），即所谓的"啃老"现象（包括父母向成年子女提供经济支持，以及帮助子女照看孙子女等。老年人为照看孙子女会失去相应的自由，也会增加相应的负担，因此也属于"啃老"范畴）。在众多影响老年人健康的因素中，代际支持近年来也逐渐成为学界研究的热点（Anna Hjlm，2012）。部分文献关注的焦点是父母与子女间的代际支持，而且发现支持的主要方式是金钱的支持，支持的方向是父母给子女金钱（Attias - Donfut，Ogg 和 Wolff，2005b；Fritzell 和 Lennartsson，2005；Attias - Donfut，C.，Ogg，J.，和 Wolff，F. C. 2005b）。这一代际支持的方式和方向仍然是当前研究的重点（Anat Roll 和 Howard Litwin，2010）。总之，近年来代际支持与健康关系的研究思路发生了变化："啃老"对老年人的生活究竟带来了怎样的冲击，是降低还是提升了老年人的生活质量？

生活满意度作为个体针对自身舒适、幸福程度或生活质量的一种主观感受和认知评价，反映了人们需求的满足程度，是衡量老年人生活质量和社会发展水平的重要标志。研究"啃老"对老年人生活满意度的影响，有助于发现劳动力外流及社会结构变迁背景下，代际支持的变化及其对老年人生活质量的影响，特别是城市化给农村贫困家庭成年子女生活带来的压力，这种压力最终会传递给老年父母，导致老年父母生活满意度下降，因而有利于我们认识到提高年轻人收入的重要性，为养老问题提供新的思路，从而实现健康老龄化、和谐老龄化。

已有研究认为，代际支持对提供者有积极的作用，也有消极作用（Archbold, Stewart, Greenlick, Harvath, 1990; Cohen, Colantonio, Vernich, 2002; Robinson, 1997; Schulz 和 Beach, 1999）。老年人向住在一起的配偶、子女提供支持能减少孤独感，提高自我健康评价水平，向子女提供或得到支持能提高自我健康评价的稳定性（Hom Nath Chalise, Tami Saito, Miyako Takahashi, Ichiro Kai, 2007），但过度的支持反而不利于健康（Revenson 等，1991）。Stoller 的研究表明，没有能力为子女提供支持，实际上削弱了老年人的生活满意度。Cong 和 Silverstein（2008）发现，老年人提供给子女的经济支持能够增强老年人的自我效能感和公平感。给子女提供的日常照料能够提升老年人的权威感和互惠能力，能使照料者本人愉悦以及感受到自身的价值，有利于改善双方的人际关系，有助于他们的心理健康，从而能够提升其生活满意度（Grant 和 Nolan, 1993; Lundh, 1999; Nolan 和 Lundh, 1999）。Cong 和 Silverstein（2008）也指出，中国农村隔代家庭中的老年人因照料外出务工子女留下的未成年孙子女而获得更多的汇款，以及这样的"时间换金钱"代际交换促进了代际更亲密的情感交流，改善了老年人的心理健康，进而能够提升他们的生活满意度。尤其值得注意的是，代际的转移是家庭稳定的重要因素（Arber 和 Attias‐Donfut, 1999）。中国农村老年人如果认为孙子女孝顺或家庭和睦，则会对生活感到满意（Ling Xu, Iris Chil, 2011）。利他动机理论认为，提供支持是为了接受者的福利得到改善，父母提供代际支持是出于爱以及改善子女的生活，这无意间反而也给父母带来了福利（Aiyagari, Greenwood, Seshadri, 2002; Ploeg, Campbell, Denton, Joshi, Davies, 2004）。

过去的几十年里，人们虽然对代际支持做了大量研究，但这些研究大多着眼于物质的支持方面，很少研究时间支持（Atsue Mizushima，2009），因此，老年人对孙子女提供照料对照料者本人的健康及生活满意度是否有促进作用，还没有统一的结论。证据表明，积极的、消极的交流会同时存在，从而对老年人健康及幸福感产生积极或消极的影响（Antonucci 等，2001）。对中国的研究发现，老年人给予子女较多的日常照料会恶化他们的健康状况（Liu 等，1995），从而降低他们的生活满意度，因为家庭照料约束了照料者的生活范围，他们的日常活动围绕着家庭，处理所负担的照料事务，容易产生孤独、孤立、厌烦和挫败感（Chambers 等，2001；Samuelsson 等，2001；Rawlins 和 Spencer，2002）。

由上述文献综述发现，"啃老"对老年人健康的影响并无一致结论。本部分预计，中国老年人对子女的经济支持，虽然会造成老年人的经济负担，降低其生活质量，进而可能危及其生理健康，但像婚嫁、住房等方面的较大开支，传统上被认为是父母对子女的义务，能为子女提供经济支持反而会增强其成就感，有利于生活满意度的提升。中国二元户籍制及相关的福利和教育制度，使老年人成为子女外出工作时，照料留守未成年孙子女的重要保障，而照料未成年孙子女虽然会带来一定的自我价值实现感及子女对老年父母的感激，但也使老年人背负了较大的责任，约束了老年人的生活，最终会降低生活满意度。

已有研究尚存在以下不足：1. "啃老"对老年人生活满意度的影响会因年龄、城乡、收入等不同而存在差异，不能一概而论，但已有研究很少进行区分；2. 模型存在问题：由于资源的局限，大规模人口问题的社会调查大多采用分步骤、多层次的方法收集样本，使数据往往具有多层次结构特点。比如，老年人生活在不同社区中，同一社区对该社区的老年人生活会产生共同的影响，而不同的社区这种影响存在差异，这就构成了两个层次、具有嵌套结构的数据（nested data）。但现有研究往往把来源于不同社区的高层次数据与个体（低层次）数据进行合并，应用基于个体水平的模型进行分析，导致很多原本由分组带来的差异被解释为个体的差异，产生生态学谬误（William D. Berry，2011）。换句话说，这种谬误产生的原因在于，同一层次的样本量具有相似性，样本之间不完全独立，其提供的信息量较低（Guo 和 Zhao，2000）。更为重要的是，数据的聚类性质和嵌套结构使得统计学上几个最基本假定中的方差齐性和独立性假设很难满足，必然使得模型的分析结果可能低估标准误，高估自变量的重要性。

二、变量、模型与数据

（一）变量

本部分因变量是老年人自评的生活满意程度，极其满意、非常满意、比较满意为1，不太满意、一点也不满意为0，这样处理可以使变量容易量化。

自变量：老年人是否对子女提供净经济支持、老年人是否照看孙子女。通过计算子代与父代（包括父母、配偶的父母）之间过去一年中来往的现金与物品价值的差额（即子代给父代的年现金及实物价值 - 父代给子代的年现金及实物价值）获得。若计算的差额值大于等于0，则赋值为0，表示子女未"啃老"；若值小于0，则赋值为1，即子女"啃老"。如果过去一年照看过孙子女则赋值为1，否则为0。

控制变量：由于家庭提供了可以保护家庭成员健康的多种资源，家庭对健康有着重要的影响（Carr 和 Springer，2010），来自家庭成员的日常照料能提高老年人的满意度（Silverstein 等，2006；Yeung 和 Fung，2007），空间距离的缩短有利于代际支持的提供（Anna Hjlm，2012），因此，本部分选取部分家庭变量为控制变量。另外，中国老年人在闲暇时间和身体状况允许的条件下总会帮助子女料理家务、照看孙子女。老年女性由于社会角色和传统的家庭分工，比老年男性更可能对子女提供孙子女照料和家务上的帮助，这在一定程度上使老年人更融入家庭、加强与家庭成员的联系，老年女性在家务上更多地参与对其健康有利，所以生活满意度与性别相关。还有一点，中国老年人如果看到同一社区的其他老年人也被"啃老"，其心理感觉平衡，或者与其他老年人相比，能给予子女更多的帮助，也会感觉自己很有面子，这些都会导致其更可能将生活满意度评价为"满意"。而且，其他条件相同的情况下，同样"被啃"一定金额，如果老年人所在社区经济状况较好，居民生活相对富裕，则"啃老"给老年人带来的压力会较小，因此，社区变量会影响因变量。综合上述分析，本部分所选控制变量分别为：个人基本特征，包括性别、年龄、文化程度、身心健康状况（包括自评健康状况、慢性病和日常活动能力）、个人经济状况（是否有存款、其他金融资产、养老金或退休金）、婚姻状况（已婚并与配偶同住＝1，已婚但因工作原因未与配偶同住＝2，分居＝3，离异＝4，丧偶＝5，从未结婚＝6）、与子女交流频次（过去一年见面、打电话或写信的频率）、家庭收入、家户成员数、不住在一起的儿女数；社区特征，包括经济状况（人均可支配收入）、基础设施（老年服务中心或家庭养老服务中心、公交线路数）。

（二）实证模型

本部分研究的是向子女提供经济支持和照顾孙子女对老年人生活满意度的影响。结合前文提到的影响因素，可以将它们之间的关系归纳为如下函数形式：

生活满意度＝F（经济支持，照看孙子女，个人基本特征，社区特征）＋随机扰动项

因为个人是生活在家庭之中的，家庭又处在一定的社区之中，个人的生活满意度不可能不受所在家庭及社区因素的影响，所以完全有必要将微观数据与宏观数据相结合。在分析方法上，我们采取了多层线性模型分析方法，将分属不同层次的数据结合在单一完整的模型中，以发现系统间的因果异质性。该方法主要适用于多水平的、多层的数据结构，其运算原理可以被称为"回归的回归"（Regresson of Regresson），即把属于不同集群与层级的嵌套样本视为不同的回归模式，先在个体层次上进行回归分析，然后再将回归系数作为统计量与第二层所观察的变量混合在一起，进行新的回归分析。由于老年人满意度为二分变量（1＝满意，0＝不满意），即所谓"受限因变量"（Limited Dependent Variable），因此不能使用普通多层线性模型进行分析，必须使用广义阶层线性模型（GHLM）来进行处理。与一般线性模型不同，在 GHLM 模型构造过程中，由于因变量的抽样分布不符合连续正态分布特征，因此，要通过一个连接函数，将因变量进行转换，再进行线性回归分析。一般来说，二元因变量属于二项分布或贝努里分布，必须通过对事件的发生比取自然对数转换后，即对二分因变量取逻辑特值（Logit）后，才能进行线性回归分析。也即因变量抽样模式：$y_{ij} \mid p_{ij} \sim B(1, p_{ij})$，GHLM 连接函数为 $\eta_{ij} = \log\left(\dfrac{p_{ij}}{1-p_{ij}}\right)$，本部分所采用广义多层线性模型（GHLM）形式如下：

第一层　个体层次

$$\eta_{ij} = \text{logit}(p_{ij}) = \log\left(\dfrac{p_{ij}}{1-p_{ij}}\right) = \beta_{0j} + \sum \beta_{ij} X_i + \varepsilon_{ij}$$

其中，β_{ij} 是个体层次的回归系数，X_i 为个体层次自变量向量，ε_{ij} 是个体层次的 j 社区中个体 i 未被方程解释的残差。

第二层　社区层次

$$\beta_{0j} = \gamma_{00} + \sum \gamma_{0j} Z_j + \mu_{0j}$$

$$\beta_{ij} = \gamma_{i0}$$

其中，γ_{0j} 是社区层次变量的回归系数，Z_j 为社区层次自变量，μ_{0j} 是社区层次的残差。第一、第二层次模型的混合效应模型为：

$$\eta_{ij} = \text{logit}(p_{ij}) = \log\left(\frac{p_{ij}}{1-p_{ij}}\right) = \gamma_{00} + \sum \gamma_{0j} Z_j + \sum \gamma_{i0} X_i + \mu_{0j}$$

从社区层次的模型可以看出，只有截距项可以随机变动，而每个社区的回归系数则是相同且固定的，其主要原因是，对于个体层面的变量，如年龄、婚姻状况等，并没有充分理由来假定宏观层面的特征对其会产生结构性影响，但社区因素会影响老年人生活满意度的平均值。本部分的兴趣在于纠正由于聚类而引起的样本之间的不独立，并假定低层次因素（个体层次因素）对因变量（生活满意度）的影响在各高层次（社区层次）之间是恒定的，所以随机截距模型就足够了（杨菊华，2012）。同时，建立多层次模型主要是研究"啃老"对生活满意度的影响，出于模型简约的考虑，也没有必要考虑个体层面变量系数的随机效应。

代入相关变量则上述第一、第二层次模型可分别表示为：

$\eta_{ij} = \beta_{0j} + \beta_{1j}(\text{是否被啃老})_{ij} + \beta_{2j}(\text{自评健康})_{ij} + \beta_{3j}(\text{慢性病})_{ij}$
$\quad + \beta_{4j}(\text{日常活动能力})_{ij} + \beta_{5j}(\text{婚姻状况})_{ij} + \beta_{6j}(\text{受教育程度})_{ij}$
$\quad + \beta_{7j}(\text{年龄})_{ij} + \beta_{7j}(\text{户口})_{ij} + \beta_{8j}(\text{个人财产})_{ij}$
$\quad + \beta_{9j}(\text{家庭规模})_{ij} + \beta_{10j}(\text{是否照看孙子女})_{ij}$
$\quad + \beta_{11j}(\text{家庭总收入})_{ij} + \beta_{12j}(\text{子女居住地})_{ij}$

$$+\beta_{12j}(\text{不住在一起的子女数})_{ij} + \beta_{13j}(\text{与子女交流次数})_{ij}$$
$$+\varepsilon_{ij}$$
$$\beta_{0j} = \gamma_{00} + \gamma_{01}(\text{人均可支配收入})_j + \gamma_{02}(\text{是否有老年活动中心})_j + \gamma_{03}(\text{公交线路数})_j + \mu_{0j}$$

其余 $\beta_{0j} = \gamma_{kj} + \gamma_{k0}$

模型中，二元逻辑斯蒂回归模型可以分析因变量在各个类别之间发生转变的概率。也就是说，在控制其他自变量的情况下，我们可以对某一特定自变量对因变量变化的影响进行分析，从而检验本部分提出的研究假设。二元逻辑斯蒂回归模型中发生比率（odds ratio），即 Exp（β），表明当自变量取值每增加一个单位时，属于该组的发生比率是属于参照组的发生比率的 Exp（β）倍，而 Exp（β）－1 则表示自变量取值每增加一个单位时，因变量发生率的增加量。

（三）数据

本部分利用的中国健康与养老追踪调查数据（CHARLS）由北京大学中国经济研究中心（CCER）提供，旨在收集一套代表中国 45 岁及以上中老年人家庭和个人的高质量微观数据，该数据用以分析我国人口老龄化问题，推动老龄化问题的跨学科研究。CHARLS 首创了电子绘图软件（CHARLS－GIS）技术，用地图法制作村级抽样框。问卷设计参考了国际经验，包括美国健康与退休调查（HRS），英国老年追踪调查（ELSA）以及欧洲的健康、老年与退休调查（SHARE）等。因此，数据在学术界得到了广泛的应用和认可。问卷内容包括：个人基本信息，家庭结构和经济支持，健康状况，体格测量，医疗服务利用和医疗保险，工作、退休和养老金、收入、消费、资产，以及社区基本情况等。CHARLS 采用多阶段抽样，在县/区和村居抽样阶段均采取 PPS 抽样方法，于 2011 年开展全国基线调查，覆盖 150 个县级单位，450个村级单位，约1万户家庭中的1.7万人。本部分删除了60岁以下老年人及含缺失值的观测值，最终保留样本量为7718人。

三、实证分析

（一）描述分析

从表9-22全部样本与部分样本的对比不难看出，对生活的满意度而言，男性高于女性，城市高于农村，70岁以上老年人高于70岁以下老年人。从被"啃老"的概率看，男性高于女性，城市高于农村，70岁以下老年人高于70岁以上老年人，这与不同老年人群体的经济状况有关。一般而言，男性的经济状况较女性好，城市较农村好，低龄老年人较高龄老年人好。自评健康状况、慢性病和日常活动能力方面，总体来看也是男性好于女性，城市好于农村，低龄老年人好于高龄老年人，而根据后文的分析，健康因素也是影响老年人生活满意度的重要因素。已婚并与配偶一同居住者当中，男性高于女性，城市高于农村，70岁以前高于70岁以后，这与男性寿命较女性短、农村人口流动性较大有关。丧偶等情况分析与此类似。从个人财产看，拥有个人存款或其他金融资产的老年人中，男性高于女性，城市高于农村，低龄老年人高于高龄老年人。受教育情况、是否照看孙子女亦是如此。针对拥有的不住在一起的子女数，男性老年人少于女性老年人，城市老年人少于农村老年人，低龄老年人少于高龄老年人，可能是男性更需要子女照料、城市家庭子女较少且外出打工者少、低龄老年人子女较少的原因。城市老年人与子女交流的机会更多，可能与交通通信的便利有关。

表 9-22　老年人生活满意度及影响因素描述统计

		全部样本	男性	城市	70 岁以下
生活满意度	满意	5300 (86.2)	2737 (87.0)	1430 (90.6)	3699 (85.5)
	不满意	851 (13.8)	410 (13.0)	149 (9.4)	626 (14.5)
是否提供经济支持	是	1023 (13.3)	577 (14.9)	449 (23.5)	812 (15.8)
	否	6695 (86.7)	3283 (85.1)	1461 (76.5)	4326 (84.2)
是否照看孙子女	是	2122 (15.9)	1151 (30)	507 (27.2)	1886 (36.9)
	否	5250 (84.1)	2680 (70.0)	1355 (72.8)	3220 (63.1)
人均可支配收入（千元）		5.1 (0.07)	5.1 (0.1)	7.5 (0.2)	4.90 (0.1)
是否有老年活动中心	有	633 (8.3)	311 (8)	432 (22.6)	422 (8.2)
	无	7063 (91.8)	3538 (92)	1476 (77.4)	4702 (91.8)
公交线路数		2.3 (0.05)	2.3 (0.07)	4.8 (0.13)	2.1 (0.06)
自评健康	很好	282 (3.7)	148 (3.9)	82 (4.4)	206 (4.0)
	好	987 (12.9)	511 (13.4)	284 (15.3)	656 (12.8)
	一般	3032 (43.2)	1548 (40.5)	878 (47.3)	2251 (44.1)
	不好	2292 (30.0)	1192 (31.2)	469 (25.2)	1524 (29.8)
	很不好	777 (10.2)	425 (11.1)	145 (7.8)	471 (9.2)
慢性病种类	0	1952 (25.2)	1047 (23.4)	412 (22.1)	1303 (25.5)
	1	2212 (28.9)	115 (29.1)	480 (25.7)	1503 (19.4)
	2	1650 (21.6)	810 (21.2)	421 (22.6)	1104 (21.6)
	3	972 (12.7)	453 (11.8)	277 (14.8)	624 (12.2)
	4	491 (6.4)	234 (6.1)	138 (0.07)	326 (6.4)
	5 种以上	370 (4.7)	168 (4.4)	147 (5.1)	251 (4.9)

续表

		全部样本	男性	城市	70岁以下
日常活动能力	没有困难	7079 (92.5)	3564 (93.1)	1749 (93.7)	4903 (95.9)
	有困难但仍可以完成	419 (5.5)	191 (5.0)	82 (4.4)	163 (3.2)
	有困难，需要帮助	112 (1.5)	51 (1.3)	25 (1.3)	30 (0.6)
	无法完成	41 (0.5)	22 (0.6)	11 (0.6)	16 (0.3)
已婚与配偶同居住		5690 (74.0)	3136 (81.5)	1477 (78.6)	4153 (80.9)
已婚因为工作分居		296 (3.9)	178 (4.6)	58 (3.1)	247 (4.8)
分居		52 (0.7)	33 (0.9)	7 (0.4)	29 (0.6)
离异		48 (0.6)	31 (0.8)	21 (1.1)	37 (0.7)
丧偶		1528 (19.9)	405 (10.5)	311 (16.6)	619 (12.1)
从未结婚		72 (0.9)	67 (1.7)	4 (0.2)	49 (0.1)
受教育程度		2.8 (0.02)	3.45 (0.03)	4.3 (0.05)	3.1 (0.03)
年龄		68.5 (0.08)	68.3 (0.11)	68.9 (0.16)	64.3 (0.04)
男		3860 (50.0)	1044 (54.9)	2581 (50.3)	
女		3847 (49.9)	859 (45.1)	2553 (49.7)	
城市		1901 (24.7)	1044 (27.0)	1186 (23.1)	
农村		5808 (75.3)	2816 (73.0)	3952 (76.9)	
个人财产	有	1196 (15.9)	790 (21.0)	568 (31.6)	853 (17.0)
	无	6310 (84.1)	2973 (79.0)	1227 (68.4)	4178 (83)
家庭规模（人）		1.6 (1.9)	1.6 (0.03)	1.1 (0.04)	1.7 (0.03)
家庭总收入（万元）		9.5 (0.3)	9.8 (0.4)	10.2 (0.84)	10.4 (0.4)
不住在一起子女数		2.8 (0.02)	2.7 (0.03)	2.4 (0.04)	2.5 (0.02)
子女居住地		3.4 (0.01)	3.4 (0.02)	3.5 (0.03)	3.5 (0.02)
与子女交流次数		12.6 (0.05)	12.5 (0.07)	13.8 (0.10)	12.6 (0.06)

资料来源：根据CHARLS数据整理，对于定距变量，括号内为标准误；对于分类变量，括号内为百分比。另外，由于应用Stata软件统计时会自动删除缺失值，所以不同组别的样本量并不一定相等，但并不影响描述分析和下文的回归分析。下文的回归分析中，删除了含缺失值的观测值后，最终保留的样本量是5111，社区数量是407。

(二) 总体样本 GHLM 回归

表 9-23 中，因为模型 1 没有包含任何自变量，称为空模型，该模型的主要目的是将老年人生活满意度的总方差分解为个人和社区两个层次方差，计算出社区变异所占的百分比，检验不同社区间个人生活满意度是否存在社区差异，以检验应用多层次模型进行分析的必要性。

表 9-23　随机截距模型回归结果

变量	空模型 1		模型 2		模型 3
	系数	显著性	系数	显著性	$Exp(\beta)-1$
固定效应					
截距	2.034	1.833	0.000	1.245	0.052	2.473
社区特征					
人均可支配收入	0.037	0.000	0.018	0.125	0.018
是否有老年活动中心	0.043	0.668	-0.162	0.524	-0.150
公交线路数	0.002	0.001	0.055	0.007	0.057
个人特征					
是否提供经济支持			0.050	0.728	0.051
是否照看孙子女			-0.083	0.441	-0.080
自评健康			-0.466	0.000	-0.372
慢性病			-0.073	0.021	-0.070
日常活动能力			-0.413	0.003	-0.338
婚姻状况			-0.056	0.063	-0.054
受教育程度			0.055	0.063	0.057
年龄	0.023	0.008	0.023		
户口	0.139	0.383	0.149		
个人财产			0.873	0.000	1.394
家庭规模			-0.039	0.185	-0.038

第九章 代际经济支持可替代性研究

续表

变量	空模型 1		模型 2		模型 3
	系数	显著性	系数	显著性	Exp(β) − 1
家庭总收入			0.008	0.013	0.008
不住在一起子女数			0.033	0.361	0.034
子女居住地			0.095	0.027	0.100
与子女交流次数			0.047	0.000	0.048
随机效应					
标准差（标准误）	0.731		0.673		0.756
	(0.060)		(0.061)		(0.072)
Waldχ^2(df)	—		23.56 (3)		216.70 (18)
p − value	—		0.000		0.000
loglikehood	−2412.314		−2250.526		−1852.116

模型 2 和模型 3 都是随机截距模型，其中模型 2 是以老年人生活满意度的平均数为结果的回归模型，个人层次无自变量，社区层次加入了相关的自变量。模型 2 主要是检验社区层次自变量对老年人生活满意度的作用是否显著。模型 3 仍然是截距模型，但加入了个人层次的自变量。随机截距模型不允许个人层次因素随社区而异，β_{0j} 是截距，其数值因社区而随机变化，β_{ij} 是自变量的系数，代表每一层次的效果，ε_{ij} 是个人层次的随机变量未被方程解释的残差，在 logistic 模型中，其变异值等于 $\pi^2/3$（Goldstein, 1995；萧怡靖、黄纪，2010）。因此，空模型中，组内相关系数为 0.140（即 $0.731^2/(0.731^2 + \pi^2/3) = 0.140$），显示社区特征能解释老年人生活满意度差异的 14%，因此，完全有必要采用多层次模型。根据截距 2.034 并结合关联函数 logit 的反函数 $\text{logistic}(x) = \dfrac{e^x}{1+e^x}$，可以得出老年人对生活感到满意的概

率为 0.879，接近因变量的平均值 0.862。对于其他系数的解释，需要转换成原始形式（e^x-1）才能进行解释。

随机效果是多层次模型关注的重点，也是有别于其他模型的特色之处。模型 1 和模型 2 的标准差，也就是社区间的变异值（即标准差或组间差异）分别为 0.731 和 0.673（两者的区别在于是否加入社区变量），而相应的标准误为 0.060 和 0.061，标准差和标准误的差异十分显著，表明对于属于同一个社区的老年人而言，他们的社会满意度具有很强的相似性和关联性。相反，对于不同社区的老年人，他们之间具有较大的差异性，再次说明了社区因素对于预测老年人生活满意度的重要意义。

空模型的 loglikehood = -2412.314，模型 2 的 loglikehood = -2250.526，模型 3 的 loglikehood = -1852.116，说明模型有了很大改进，Waldχ^2(df) 相应的 P 值显著不等于 0，说明模型总体拟合度较好。

从模型 2 和模型 3 的结果看，社区人均可支配收入、公交线路数在分别在 0.1 和 0.05 的统计水平上显著，并且有正向的影响，表明增加居民可支配收入和改善居民交通条件有利于提高老年人的生活满意度。从模型 3 可见，人均可支配收入每增加 1000 元，对生活满意的概率就会提高 1.8%，每增加 1 路公交车，对生活满意的概率就会提高 5.7%，是否有老年活动中心对老年人生活满意度没有显著影响。

个人因素中，向子女提供经济支持的老年人对生活感到满意的概率会提高 5.1%，这和人们普遍认为的老年人应该"享清福"的观点相左。照看孙子女则降低了老年人的生活满意度，而且具有统计学上的显著性，可能的原因是照料孙子女约束了老年人的生活范围，迫使他们的日常活动围绕着孙子女及家庭，而且承担了较为重大的照料责任，容易产生孤独、孤立、厌烦和挫败感。

其他因素对生活满意度的影响分析中,健康状况对生活满意度有显著影响,其中自评健康每下降一个等级,对生活满意的概率降低 37.2%,且在 0.01 统计水平上显著,慢性病及日常活动能力的影响类似。婚姻状况每下降一个等级,对生活满意的概率会降低 5.4%,受教育程度每提高一个等级,对生活满意的概率会提高 5.7%,年龄每增加 1 岁,对生活满意的概率提高 2.3%,可能和老年人的生活压力随年龄增长而降低有关。城市老年人较农村老年人对生活满意的概率高 14.9%,但统计上不显著。拥有个人财产的老年人较无个人财产的老年人对生活满意的概率高 139.4%,家庭人口规模每增加 1 人,老年人对生活满意的概率降低 3.8%,照看孙子女会使老年人对生活感到满意的概率降低 8.0%,家庭收入每提高 1000 元,对生活满意的概率会提高 0.8%,不住在一起的子女每增加 1 个,对生活满意的概率提高 3.4%,子女居住地距离每提高一个等级,对生活满意的概率会提高 10.0%,和子女交流次数每增加一个层次,对生活满意的概率会提高 4.8%。至于为什么不住在一起的子女越多、子女居住地离家越远老年人的生活满意度会越高,这或许与中国老年人的传统观念有关。家族的兴旺发达是中国人尤其老年人心中永远的"情结",这种心理使得老年人觉得帮助成年后代是自己不可推卸的责任,而不认为是一种负担,因此会竭尽可能地为子女提供经济支持,在经济不许可的情况下,也会尽可能地帮助照看孙子女或为子女提供家务帮助,以鼓励子女外出创业。特别在农村,子女在外地工作,会给人一种有出息的感觉,在外工作的子女越多,老人的自豪感就会越强。反之,如果子女都在家庭附近工作谋生,则会被认为是没出息的表现。另外,子女外出,老年人能够提供家务帮助,可以表明自身尚有价值,能产生交换感,也可以感受到家庭融洽的气氛。在农村地区，老年人通过照看孙子女可以解决外出工作子女的后顾之忧，提高其往家庭汇款的能力，体现了自身对家庭的贡献，也能巩固自己在家庭中的权威地位。特别是外出子女汇款给自己，会使自己在邻居面前很有面子。

但是，上述各因素对老年人生活满意度的影响会因老年人的性别、年龄、户口及经济状况的不同而有所差异，因此，有必要分样本进行进一步的研究。

（三）分样本 GHLM 回归

从表 9-24 可以发现，"啃老"对性别、户口、年龄及经济条件不同的老年人影响有较大差异。其中，为子女提供经济支持能提高老年人的生活满意度，照看孙子女能提供男性老年人的生活满意度，但却降低了女性老年人的生活满意度。照看孙子女能提高城市老年人的生活满意度，但却降低了农村老年人的生活满意度，这可能与城市老年人无事可做更容易产生孤独感，而农村老年人较为忙碌有关。70 岁以上老年人提供经济支持更容易增强生活满意度，但照看孙子女却降低了生活满意度，原因可能是高龄老年人在经济许可的情况下提供经济支持，可以换取子女更好的日常照料及情感交流，而这些恰恰是高龄老年人需要的。经济条件较好的老年人提供经济支持和照看孙子女，容易产生成就感，有利于生活满意度的提高，但对于经济条件较差的老年人则是一种负担。

四、结论与建议

本部分利用 GHLM 模型分析了"啃老"这一日益常见的社会现象对老年人生活满意度的影响。结果发现，为子女提供经济支持能够提升老年人的生活满意度，而照看孙子女则降低了老年

表 9-24　　　　分样本随机截距模型回归结果

样本 自变量	男性		女性		城市		农村	
	系数	显著性	系数	显著性	系数	显著性	系数	显著性
是否提供 经济支持	0.002	0.991	0.101	0.613	0.050	0.855	0.082	0.629
是否照看 孙子女	0.057	0.717	-0.170	0.236	0.117	0.668	-0.128	0.277

样本 自变量	70岁以下老年人		70岁以上老年人		经济条件好		经济条件差	
	系数	显著性	系数	显著性	系数	显著性	系数	显著性
是否提供 经济支持	0.004	0.979	0.114	0.748	0.170	0.358	-0.079	0.731
是否照看 孙子女	0.014	0.902	-0.414	0.139	0.053	0.700	-0.304	0.084

注：篇幅所限，省略了回归分析的控制变量部分。

人的生活满意度。但对不同群体的老年人而言，这种影响并不具备一致性：经济条件较差的老年人为子女提供经济支持会降低其生活满意度，70岁以上老年人以及女性老年人为子女提供经济支持，更容易提高自身的生活满意度。经济条件较差的老年人、农村老年人、女性老年人以及70岁以上老年人照看孙子女，会降低自身的生活满意度。因此，"啃老"是否降低了老年人的生活满意度，不能一概而论，不同群体的感受是不同的。

除了"啃老"，还有其他的因素会影响老年人的生活满意度：社区经济状况和交通条件的改善能提高老年人的生活满意度；老年人自身健康状况能显著影响生活满意度；个人婚姻状况、经济状况、受教育程度、与子女交流次数的改善能提高老年人的生活满意度。其中，子女与父母的交流次数（包括见面、打电话和写信等）对老年人的生活满意度有显著的正向影响，这一影响对农村老年人尤其明显。其原因在于，农村老年人获取情感慰藉的渠道匮乏，而子女提供的日常交流能解决他们的情感缺失问题，而且情感交流反映了家庭关系的融洽，是子女对父母地位的认可。所以，在子女必须外出务工养家的背景下，子女应注意和父母多交流。总之，我们不应一味否定"啃老"现象："啃老"既能缓解年轻人的生活压力，也能在一定程度上提升老年人的生活满意度。

当然，对于经济困难、年龄较大的老年人，社会应提供更多的帮助，因为这些老年人被"啃老"反而会降低其生活满意度。在日益强调老年人有尊严地安度晚年的背景下，生活满意度是老年人生活幸福度的重要衡量指标，是衡量生活质量的重要维度，也是目前测量老年人对自身生活状况主观感受的心理健康状况的最常用方法之一（曾毅、顾大男，2004）。社会各界应给予贫困家庭子女，特别是农村贫困家庭子女更多关注，因为这些孩子大学毕业留在城市工作后，会因在城市生活压力大而更需要"啃老"。政府应优先关注这一群体的家庭及其就业情况，尽量保证他们充分就业以提高其收入水平，从而减轻对老年父母的依赖，提升父母的生活满意度。税收方面，政府也可以考虑给予这一群体相应的优惠，如提高他们的个人所得税起征点、降低税率，也可以降低其创业方面的门槛及收费标准，达到类似的目的。对于其他外出务工者，尝试建立外出务工的稳定机制，保证外出务工年轻人收入的稳定性，并将其纳入社会保障与失业保险范围，减轻其对父母的依赖。

为解决照料未成年孙子女对老年人生活满意度的负面影响问题，应当首先解决子女跟随父母进城的问题，可以进一步放松流动人口主要迁移目的地的户籍管理制度，通过土地制度改革，尤其是集体建设用地入市、加强公租房、廉租房建设等措施，为外来人口提供可接受的租住房和购住房；通过改革公共财政体制和教育体制，给外来人口的子女平等的受教育的权利；进行户籍制度改革，让在城市打工多年的农民工有机会获得城市户口并定居下来，既是解决留守儿童问题的出路，也是中国城镇化、人力资本提升乃至经济、社会可持续发展的必由之路。政府也可以建设留守儿童活动中心，集中看护因为各种原因确实不能随父母进城的儿童，减轻老年人的看护负担。同时我们也应该看到，健康状况对老年人社会满意度有显著影响，因此，健康老龄化对提升老年人生活满意度有重要意义。社区经济状况、家庭经济状况和老年人自身的经济状况，都会显著影响老年人生活满意度，增加老年人的养老金、退休金等经济资源也是提升老年人生活满意度的重要途径。

第十章

结论与政策建议

本章在第二至第九章研究基础之上，总结了所用数据情况、指标的选取以及方法学等内容，然后结合研究结果提出了本书的研究结论，并提出了相应的政策建议。

第一节 本书的方法学及指标

一、数据情况

本书采用的数据来源于北京大学国家发展研究院的中国健康与养老追踪调查数据（CHARLS）。CHARLS问卷在设计上参考了美国健康与养老调查（HRS）以及世界上其他老龄化调查项目（英国老年追踪调查（EL-SA）以及欧洲的健康、老年与退休调查（SHARE）），具有国际可比性的同时，结合了中国的具体国情，是用以分析中国人口老龄化问题，推动老龄化问题的跨学科研究的高质量微观数据。项目组于 2008 年在中国的两个省（浙江省和甘肃省）进行了试调查，2012 年进行了追踪调查。

考虑了中国经济发展的不平衡性，项目组抽取了经济最为发达省份之一浙江省，以及经济欠发达的省份之一甘肃省，而且两个省分别位于中国的东部沿海地区和西部地区。考虑到同一省份内各地区也存在地理位置、经济发展、文化传统的差异，项目组以县（区）—乡镇—村—居民作为抽样框，采用 PPS 抽样方法，使得所收集的数据资料具有层次性特征，同一地区的样本具有一定的相关性，而非完全独立。项目组所收集的数据这种分层特征，使其难以满足传统统计模型所要求的随机误差项分布独立性的假设。

二、指标选择

健康评价指标。在卫生经济学的现有研究中，对健康的衡量，一般分生理健康和心理健康两个方面，而自评健康作为主观指标，既能反映现有疾病，也能反映已经有症状的疾病，因此，能够综合性地反映老年人的健康状况，在一定程度上甚至比其他客观指标更全面与准确。考虑到经济支持对生理和心理健康的影响可能存在差异，本书对老年人健康的测量既选择了客观性生理健康指标——ADL、慢性病，也选择了主观性心理健康指标——抑郁症、生活满意度，还选择了综合性健康指标——自评健康。

关于健康效应检验过程中自变量的选择，本书借鉴健康生态学理论，既考虑了微观层次的影响因素，也考虑了宏观层次的影响因素。具体来说，老年人个体特征变量包括性别、年龄、婚姻、15 岁时健康状况、基期健康状况及能否及时住院；老年人社会经济地位变量包括受教育水平、是否有医疗保险、个人经济收入、政府转移支付、向子女提供的经济支持以及从子女处获得的经济支持；老年人家庭特征变量包括家户规模、是否与子女同住、健在子女数、兄弟姐妹数及社会资本；社区变量包括社区文盲比例、社区经济状况、社区医院水平和县医院水平。这些健康影响因素考虑了老年人生理特征、遗传特征、社会经济地位、医疗服务的可及性，既与研究目标相关，又比较全面。当然，健康影响因素极其复杂，任何调研数据都不可能将所有因素囊括进去，而且，有些因素可能对健康的影响非常微小，建模时也会删除。

老年人获得经济支持的影响因素选择。考虑到已有研究很多都从子女的角度进行了相关研究，本书更多考虑的是老年人自身特征对获得经济支持的影响，因此，所选变量包括老年人基期ADL、基期慢性病、基期抑郁症、基期自评健康、基期获得经济支持、个人收入、是否有医疗保险、是否有养老保险、第一份工作的性质、生活水平、是否照看孙子女、健在子女数、非同住子女数、健在兄弟姐妹数、过去一年见到孩子的次数、过去一年与孩子联系的次数、离自己最近的子女居住地、收入最高子女的收入情况、婚姻、教育程度、户口、性别、年龄、吸烟、饮酒、社区文盲/半文盲比例和社区经济状况。之所以选择基期的健康状况作为自变量，主要是为了避免内生性问题带来的偏误，虽然健康状况会影响获得经济支持的多少，但反过来，经济支持也会影响健康。健康状况往往具有相对的稳定性，用基期的健康状况既能避免内生性问题，也能基本反映报告期的健康状况。另外，子女提供经济支持往往具有惯性，所以基期的经济支持也是重要的影响因素，实证分析部分也证实了这一点。医疗保险、养老保险等社会保障制度可能会"挤入"或"挤出"子女提供的经济支持，是否照看孙子女以及子女的日常照料等等都会影响经济支持的提供。

三、方法学选择

健康效应研究过程中，学者遇到的比较严重的问题就是如何克服模型的内生性，其次就是生态学谬误问题。为了同时克服内生性问题和生态学谬误问题，本书将两期滞后因果模型与多次线性模型结合，具体来说，就是将广义多层线性模型中的自变量用基期的经济支持来代替。考虑到数据分层的特点，本书采用多层线性模型。在经济支持影响因素部分的研究中，考虑到存在大量的未获得子女经济支持的老人，样本选择偏差难以避免。本书借鉴研究者通常采用的 Heckman 两步模型进行纠偏，同时，考虑到经济支持数据的多层性，本书将 Heckman 模型和多层线性模型（HLM）相结合，构建 Heckman–HLM 模型。为了验证采用多层次模型的必要性，每一次回归之前都先计算群间关联度系数 ICC。

为了检验模型的稳健性，采用了逐步回归法，也就是回归过程中逐渐加入政府转移支付、医疗服务可及性、家庭特征、老年人健康状况以及社区状况等控制变量，结果发现，经济支持的回归系数符号保持不变，说明模型是稳健的。

通过 Heckman–HLM 模型进行经济支持影响因素分析时，分两步进行分析：第一步，分析各影响因素对经济支持发生概率的影响；第二步，分析各影响因素对经济支持发生规模的影响。

第二节　主要研究结论

根据上述研究结果，可以得出如下研究结论：

一、双向经济支持有利于老年人身心健康

在考虑经济支持与健康之间存在的内生性、时滞性问题的基础上，本书发现，获得代际经济支持会对老年人健康产生有利影响。为子女提供经济支持能够提升老年人的生活满意度，但对不同群体的老年人而言，这种影响并不具备一致性，因此，"啃老"是否降低了老年人的生活满意度，不能一概而论，不同群体的感受存在差异。

二、社区因素是经济支持产生健康效应的重要中介变量

通过 HLM 空模型计算的 ICC 值可以看出，社区因素能解释老年人慢性病、ADL、抑郁症、生活满意度及自评健康的差异的 10% 以上，并具有统计显著性，说明社区因素是影响老年人健康的重要因素。经济支持对老年人健康的影响，往往是通过社区医疗服务可及性、老年人社区社会资本丰富性、社区文化对老年人生活压力的缓冲等途径实现的。

三、经济支持健康效应及影响因素存在地区、城乡、性别等差异

通过分样本回归分析发现，经济支持的健康效应存在性别、城乡、年龄、婚姻状况、经济水平等方面的差异。农村老年人、女性老年人、非在婚老年人和低收入老年人获得经济支持的健康边际效应更大。子女经常看望老年人，会减少经济支持的规模，说明日常照料对于经济支持具有"替代效应"，但写信、打电话这种情感的交流，并不能减少经济支持的规模。经济支持动机存在地区差异，总的来看，中国家庭提供的经济支持具有利他动机特征，其中，经济发达地区交换动机更明显，而经济欠发达地区

更可能是利他动机。因此，政府增加经济落后地区老年人的经济收入或来源，可能会减轻该地区年轻人的养老压力。

四、政府转移支付、医疗保险、养老保险对经济支持有"挤出效应"

本书中回归结果显示，政府转移支付对老年人健康具有重要且显著的影响，政府转移支付、医疗保险和养老保险对老年人获得经济支持具有"挤出效应"，即增加这些社会保障后，老年人获得经济支持规模会降低，而降低了老年人对子女经济支持的依赖，也减轻了子女的养老压力。

第三节　政策建议

基于上述研究结论，本书提出如下政策建议：

一、深刻认识家庭经济支持对于健康老龄化的重要性

崇尚孝文化的中国，获得子女提供的经济支持不但有利于老年人的生理健康，更能极大地提升老年人的生活满意度。政府可针对有老年人的家庭，设计相应的优惠政策，为家庭代际经济支持提供政策支持，如针对需要赡养老年人的年轻人制定所得税方面的优惠政策；通过将外出务工人员纳入失业保险等措施，建立外出务工的稳定机制，提高外出务工人员收入的稳定性。

二、加大政府转移支付规模以及提高社会保障覆盖面

在子女经济赡养老年人有困难的情况下，政府应增加对困难家庭的经济帮助。由于经济支持健康效应存在地区、城乡等差异，应将有限的转移支付分配给健康效应更显著的老年人，避免平均主义。类似甘肃省这样经济欠发达的地区，子女提供经济支持多是出于利他动机，如果老年人能获得政府帮助，可以减轻子女养老负担。应逐步完善老年人社会保障制度，提高保障水平，因为提高医疗保险、养老保险等社会保障的保障水平和覆盖面，可以通过"挤出"部分家庭经济支持，减轻家庭养老的困难。

三、充分发挥社区在健康老龄化中的作用

应重视老年人健康和卫生保健需求，建立健全老年人健康支持体系，改善社区医疗服务水平，提高老年人对医疗服务的利用率；通过增加老年活动中心等，让老年人享受更多的社会资本，丰富老年人精神生活；通过完善社区养老服务功能，形成积极老龄化的文化氛围，缓解老年人的心理压力。

四、健康老龄化的相关政策应因地制宜

本书发现，无论是经济支持的健康效应还是其影响因素，都存在地区、城乡等方面的差异。比如，对生活压力越来越大的年轻人来说，如果父母尚有生活自理能力，并不一定要用法律强制手段要求其"常回家看看"、禁止"啃老"等等，需要考虑地区、城乡及家庭经济状况的差异，避免"一刀切"。

第四节 创新与不足

一、本书的创新点

在内容上，首次全面描述了中国家庭双向代际经济支持的现

状；首次从需求的角度（老年人角度）进行经济支持影响因素研究。

在理论上，提出了经济支持的健康效应及影响因素存在地区、家庭、性别等方面的差异性。

在实践上，提出适度"被啃老"会提高老年人的生活满意度，子女提供经济支持一定程度上可以替代"常回家看看"。因此，与老龄化相关的政策应避免"一刀切"。

二、本书的不足与展望

老年人健康影响因素众多，但本书受数据缺陷及模型简约要求的限制，难以将所有因素纳入模型，模型拟合程度偏低。两期数据的跨度只有4年，经济支持的健康效应可能难以充分体现。随着CHARLS全国性跟踪调查数据的陆续公布，下一步可以利用更长跨度及更广泛的全国性数据进行相关问题更深入的研究。

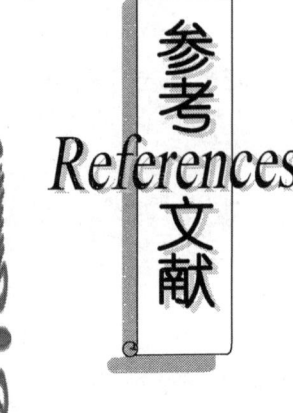

参考文献 References

［1］张川川、陈斌开：""社会养老'能否替代'家庭养老'？——来自中国新型农村社会养老保险的证据"，《经济研究》，2014年第11期。

［2］彭希哲、胡湛："公共政策视角下的中国人口老龄化"，《中国社会科学》，2011年第3期。

［3］李波、王胜今等："健康老龄化与卫生服务利用探析"，《人口研究》，2012年第3期。

［4］艾斌、王硕、星旦二："老年人社会经济地位影响健康的作用机制——基于沈阳市城市老年人9年追踪调查数据"，《人口与经济》，2014年第2期。

［5］郝晓宁、胡鞍钢："中国人口老龄化：健康不安全及应对政策"，《中国人口·资源与环境》，2010年第3期。

［6］吕桦等："老年人群慢性病患病状况及对日常生活能力的影响"，《安徽医科大学学报》，2001年第1期。

[7] 李志武、黄悦勤、柳玉枝等："中国65岁以上老年人认知功能及影响因素调查研究"，《第四军医大学学报》，2007年第6期。

[8] 周运生、刘兰等："银川市公寓老年人生活质量调查分析"，《宁夏医学院学报》，2003年第1期。

[9] 钟华荪、肖柳红等："广州城区老年人生活质量的调查"，《中华护理杂志》，1998年第6期。

[10] 周清、刘谦等："人口老化与空巢家庭挑战和谐中国"，《学习月刊》，2005年第6期。

[11] 吕娜："健康人力资本与经济增长研究文献综述"，《经济评论》，2009年第6期。

[12] 雷晓燕、谭力、赵耀辉："退休会影响健康吗？"，《经济学（季刊）》，2010年第7期。

[13] 张芬、何艳："健康、教育与经济增长"，《经济评论》，2011年第4期。

[14] 王俊、龚强、王威：""老龄健康"的经济学研究"，《经济研究》，2012年第1期。

[15] 马瀛通："人口红利与日俱增是21世纪中国跨越式发展的动力"，《中国人口科学》，2007年第1期。

[16] 谢宇：《社会学方法与定量研究》，社会科学文献出版社2006年版。

[17] 刘岚、陈功："中国城镇已婚妇女照料父母与自评健康的关系研究"，《人口与发展》，2010年第5版。

[18] 王德文："居住及日常照料方式对老年人躯体机能转归的统计分析"，《统计研究》，2008年第8期。

[19] 王萍、李树苗："代际支持对农村老人生活自理能力的纵向影响"，《人口与经济》，2011年第2期。

[20] 王萍、李树茁:"代际支持对农村老年人生活满意度影响的纵向分析",《人口研究》,2011年第1期。

[21] 贺志峰:"代际支持对农村老年人主观幸福感的影响研究",《人口研究》,2011年增刊。

[22] 左冬梅、李树茁、吴正:"农村老年人家庭代际经济交换的年龄发展轨迹——成年子女角度的研究",《当代经济科学》,2012年第4期。

[23] 高歌、高启杰:"农村老年人生活满意度及其影响因素分析——基于河南省叶县的调研数据",《中国农村观察》,2011年第3期。

[24] 郭志刚、刘鹏:"中国老年人生活满意度及其需求满足方式的因素分析——来自核心家人构成的影响",《中国农业大学学报(社会科学版)》,2007年第3期。

[25] 张卫华、赵贵芳、刘贤臣等:"城市老年人认知功能的相关因素分析",《中国心理卫生杂志》,2001年第5期。

[26] 王萍、高蓓:"代际支持对农村老年人认知功能发展趋势影响的追踪研究",《人口学刊》,2011年第3期。

[27] 王萍、李树茁、张文娟:"代际支持对中国农村老年人认知功能的影响研究",《心理科学》,2005年第6期。

[28] 同钰莹:"亲情感对老年生活满意度的影响",《人口学刊》,2000年第4期。

[29] 张文娟、李树茁:"子女的代际支持行为对农村老年人生活满意度的影响研究",《人口研究》,2005年第9期。

[30] 陈柏峰:"代际关系变动与老年人自杀——对湖北京山农村的实证研究",《社会学研究》,2009年第4期。

[31] 李兵水、赵英丽、林子琳:"家庭支持对老年人心理健康的影响研究",《江苏大学学报(社会科学版)》,2013年第

7期。

[32] 刘宏、高松、王俊:"养老模式对健康的影响",《经济研究》,2011年第4期。

[33] 宋健、黄菲:"中国第一代独生子女与其父母的代际互动——与非独生子女的比较研究",《人口研究》,2011年第3期。

[34] 郭志刚、陈功:"老年人与子女之间的代际经济流量的分析",《人口研究》,1998年第1期。

[35] 江克忠、裴育等:"中国家庭代际转移的模式和动机研究",《经济评论》,2013年第4期。

[36] 丁志宏:"城市子女对老年父母经济支持的具体研究",《人口学刊》,2014年第4期。

[37] 张航空、孙磊:"代际经济支持、养老金和挤出效应——以上海市为例",《人口与发展》,2011年第2期。

[38] 熊跃根:"中国城市家庭的代际关系与老人照顾",《中国人口科学》,1998年第6期。

[39] 谢桂华:"老人的居住模式与子女的赡养行为",《社会》,2009年第5期。

[40] 姚远:"非正式支持的理论与实践—北京市老龄问题应对方式的再研究",知识产权出版社2005年版。

[41] 张文娟、李树茁:"农村老年人家庭代际支持研究——运用指数混介模型验证介作群体理论",《统计研究》,2004年第5期。

[42] 陈皆明:"投资与赡养——关于城市居民代际交换的因果分析",《中国社会科学》,1998年第6期。

[43] 陈功、刘菊芬、徐静、舒晓非:"老年人家庭代际经济流动的分析",《市场与人口分析》,2005年增刊。

［44］姜向群、郑研辉："中国老年人的主要生活来源及其经济保障问题分析"，《人口学刊》，2013年第2期。

［45］曾毅等：《老年人口家庭、健康与照料需求成本研究》，科学出版社2010年版。

［46］杜鹏、吴超："中国老年人的生活自理能力状况及变化"，《人口研究》，2006年第1期。

［47］徐安琪："女性的身心健康及其影响因素——来自上海的报告"，《妇女研究论丛》，2004年第1期。

［48］边馥琴、约翰·罗根："中美家庭代际关系比较研究"，《社会学研究》，2001年第2期。

［49］傅东波："老年综合健康功能评价及其用途"，《国外医学社会医学分册》，1998年第2期。

［50］王德文、蔡和利："老年人健康功能的多维评价方法"，《福建医科大学学报（社会科学版）》，2001年第2期。

［51］曾宪新："中国老年人口健康状况的综合分析"，《人口与经济》，2010年第5期。

［52］费孝通："家庭结构变动中的老年赡养问题——再论中国家庭结构的变动"，《北京大学学报（哲学社会科学版）》，1983年第3期。

［53］张震："家庭代际支持对中国高龄老人死亡率的影响研究"，《人口研究》，2005年第3期。

［54］王萍、李树茁："子女迁移背景下代际支持对农村老人生理健康的影响"，《人口与发展》，2012年第2期。

［55］宋璐、李树茁："代际交换对中国农村老年人健康状况的影响——基于性别差异的纵向研究"，《妇女研究论丛》，2006年第4期。

［56］郭志刚、杜鹏："中国老年人生活满意度及其满足方

式的因素分析",《中国农业大学学报》,2007年第9期。

[57] 韦玮、王永斌、冯学山等:"上海奉贤区农村高龄老人自评健康状况及其影响因素分析",《中国卫生统计》,2007年第5期。

[58] 刘华、傅华:"健康教育与健康促进的进展",《中国全科医学》,2001年第10期。

[59] 陈华帅、魏强:"婚姻对老年健康与存活的经济学理论研究",《中国卫生经济》,2009年第10期。

[60] 黄枫、甘犁:"过度需求还是有效需求?城镇老人健康与医疗保险的实证分析",《经济研究》,2010年第6期。

[61] 薛新东、刘国恩:"社会资本决定健康状况吗——来自中国健康与养老追踪调查的证据",《财贸经济》,2012年第8期。

[62] 鲍常勇:"社会资本理论框架下的人口健康研究",《人口研究》,2009年第3期。

[63] 曾毅:"老龄健康影响因素的跨学科研究国际动态",《科学通报》,2011年第35期。

[64] 张文娟、李树茁:"代际支持对高龄老人身心健康状况的影响研究",《中国人口科学》,2004年增刊。

[65] 汤哲、项曼君:"北京市老年人生活自理能力评价与相关因素分析",《中国人口科学》,2004年增刊。

[66] 夏传玲、麻凤利:"子女数对家庭养老功能的影响",《人口研究》,1995年第1期。

[67] 孙鹃娟、张航空:"中国老年人照顾孙子女的状况及影响因素分析",《人口与经济》,2013年第4期。

[68] 胡宏伟、栾文敬、杨睿、祝明银:"挤入还是挤出:社会保障对子女经济供养老人的影响——关于医疗保障与家庭经

济供养行为",《人口研究》,2012年第2期。

[69] 刘爱玉、杨善华:"社会变迁过程中的老年人家庭支持研究",《北京大学学报(哲学社会科学版)》,2000年第3期。

[70] 范成杰:"代际关系的下位运行及其对农村家庭养老影响",《华中农业大学学报(社会科学版)》,2013年第1期。

[71] 王树进、朱振亚:"反哺归宗:新市民反哺农村父母力度的实证研究",《农业经济问题》,2009年第9期。

[72] 郭志刚:"老年人与子女之间的代际经济流量的分析,"《人口研究》,1998年第1期。

[73] 谢桂华:"老人的居住模式与子女的赡养行为",《社会》,2009年第5期。

[74] 高建新、李树茁:"农村家庭子女养老行为的示范作用研究",《人口研究》,2012年第1期。

[75] 陈皆明:"投资与赡养——关于城市居民代际交换的因果分析",《中国社会科学》,1998年第6期。

[76] 徐勤:"儿子与女儿对父母支持的比较研究",《人口研究》,1996年第9期。

[77] 周律、陈功、王振华:"子女性别和孩次对中国农村代际货币转移的影响",《人口研究》,2012年第1期。

[78] 聂焱:"农村劳动力外流对家庭代际交换失衡的影响分析",《财经理论与实践》,2011年第7期。

[79] 贺聪志、叶敬忠:"农村留守老人研究综述",《中国农业大学学报(社会科学版)》,2009年第6期。

[80] 杜鹏、丁志宏等:"农村子女外出务工对留守老人的影响",《人口研究》,2004年第6期。

[81] 陈彩霞:"经济独立才是农村老年人晚年幸福的首要

条件",《人口研究》,2002 年第 2 期。

[82] 张文娟:"成年子女的流动对其经济支持行为的影响分析",《人口研究》,2012 年第 5 期。

[83] 鄢盛明、陈皆明、杨善华:"居住安排对子女赡养行为的影响",《中国社会科学》,2001 年第 1 期。

[84] 夏传玲:"老年人日常照料的角色介入模型",《社会》,2007 年第 3 期。

[85] 唐利平、风笑天:"第一代农村独生子女父母养老意愿实证分析——兼论农村养老保险的效用",《人口学刊》,2010 年第 1 期。

[86] 丁志宏:"中国老年人经济生活来源变化:2005—2010",《人口学刊》,2013 年第 1 期。

[87] 杜鹏、武超:"1994—2004 年中国老年人主要生活来源的变化",《人口研究》,2006 年第 3 期。

[88] 丁宇、肖凌、郭文斌等:"社会支持在社会生活事件——心理健康关系中的作用模型研究",《中国健康心理杂志》,2005 年第 3 期。

[89] 宫宇轩:"社会支持与健康的关系研究概述",《心理学动态》,1994 年第 2 期。

[90] 施建峰、马剑虹:"社会支持有关问题研究",《人类工效学》,2003 年第 1 期。

[91] 王曲、刘民权:"健康的价值及若干决定因素",《经济学(季刊)》,2005 年第 10 期。

[92] 陈云松、范晓光:"社会学定量分析中的内生性问题测估社会互动的因果效应研究综述",《社会》,2010 年第 4 期。

[93] 陈云松:"分析社会学:寻求连接微观与宏观的机制性解释",《浙江社会科学》,2008 年第 5 期。

［94］王天夫："社会研究中的因果分析",《社会学研究》,2006年第4期。

［95］王小龙、兰永生："劳动力转移、留守老人健康与农村养老公共服务供给",《南开经济研究》,2011年第4期。

［96］申可、程令国："空巢是否损害了老年健康?",《世界经济文汇》,2012年第2期。

［97］封进、余央央："中国农村的收入差距与健康",《经济研究》,2007年第1期。

［98］张川川："健康变化对劳动供给和收入影响的实证分析",《经济评论》,2011年第4期。

［99］余慧、黄荣贵、桂勇："社会资本对城市居民心理健康的影响:一项多层线性模型分析",《世界经济文汇》,2008年第6期。

［100］杨春："对推进居家养老服务可持续发展的思考——以南京市为例",《人口学刊》,2010年第6期。

［101］"中国老龄人口健康问题与对策研究"课题组:"吉林省四平地区老年人健康影响因素及对策探析",《人口学刊》,2010年第2期。

［102］杨菊华:"数据管理与模型分析:STATA软件应用",中国人民大学出版社2012年版。

［103］王弟海、龚六堂、李宏毅:"健康人力资本、健康投资和经济增长——以中国跨省数据为例",《管理世界》,2008年第3期。

［104］阮荣平、郑风田:"市场化进程中的宗族网络与乡村企业",《经济学(季刊)》,2012年第10期。

［105］王兴华、王大华、申继亮:"社会支持对老年人抑郁情绪的影响研究",《中国临床心理学杂志》,2006年第1期。

[106] 沈调英："绍兴县社区精神疾病调查分析"，《浙江预防医学》，2005年第1期。

[107] 方菲："老年人心理健康的影响因素及对策探讨"，《社会心理科学》，2003年第1期。

[108] 栾文静、杨帆等："中国老年人心理健康自评及其影响因素研究"，《西北大学学报（哲学社会科学版）》，2012年第42期。

[109] 丁宇、肖凌、郭文斌："社会支持在社会生活事件——心理健康关系中的作用模型研究"，《中国健康心理杂志》，2005年第3期。

[110] 吴捷、程诚："城市低龄老年人的需要满足状况、社会支持和心理健康的关系研究"，《心理科学》，2011年第5期。

[111] 桂世勋、倪波："老人经济供给'填补'理论研究"，《人口研究》，1995年第6期。

[112] 顾佳峰："产业结构、储蓄对教育财政的挤出效应分析：空间计量方法"《财经理论与实践》，2010年第1期。

[113] 陈太明："国财政支出与居民消费的实证研究"，《山东工商学院学报》，2007年第10期。

[114] 耿德伟："多子多福？——子女数量对父母健康的影响"，《南方人口》，2013年第3期。

[115] 张洪芹："农村家庭养老与子女支持愿望——基于对山东部分农村地区的调查"，《东岳论丛》，2009年第9期。

[116] 黄有光："快乐应是人人与所有公共政策的终极目的"，《经济学家茶座》，2008年第5期。

[117] 陈华帅、曾毅："'新农保'使谁受益：老人还是子女？"，《经济研究》，2013年第8期。

[118] 张苏、王婕："老保险、孝养伦理与家庭福利代际帕

累托改进"，《经济研究》，2015年第10期。

［119］宁满秀："谁从'家庭捆绑'式的新型农村社会养老保险制度中获益？——来自CHARLS数据的经验分析"，《中国农村经济》，2015年第7期。

［120］张川川、John Giles、赵耀辉："新型农村社会养老保险政策效果评估——收入、贫困、消费、主观福利和劳动供给"，《经济学（季刊）》，2014年第10期。

［121］贺立龙、姜召花："新农保的消费增进效应——基于CHARLS数据的分析"，《人口与经济》，2015年第1期。

［122］漆威、黄恒君、王思文："机动车限行政策的空气质量效应评估——以兰州市为典型的数据整合分析"，《统计与信息论坛》，2015年第9期。

［123］卢佩、陆秋君："模糊线性回归模型的最小二乘法"，《统计与信息论坛》，2016年第2期。

［124］雷晓燕："退休会影响健康吗？"，《经济学季刊》，2010年第7期。

［125］周绍杰、王洪川、苏杨："中国人如何能有更高水平的幸福感"，《管理世界》，2015年第6期。

［126］刘军强、熊谋林、苏阳："经济增长时期的国民幸福感——基于CGSS数据的追踪研究"，《中国社会科学》，2012年第12期。

［127］邢占军："我国居民收入与幸福感关系的研究"，《社会学研究》，2011年第1期。

［128］穆光宗、张团："中国人口老龄化的发展趋势及其战略应对"，《华中师范大学学报（人文社会科学版）》，2011年第5期。

［129］彭希哲、胡湛："公共政策视角下的中国人口老龄

化",《中国社会科学》,2011年第3期。

[130] 鲁元平、王韬:"主观幸福感影响因素研究评述",《经济学动态》,2010年第5期。

[131] 谢识予、娄伶俐、朱弘鑫:"显性因子的效用中介、社会攀比和幸福悖论",《世界经济文汇》,2010年第4期。

[132] 陈云松、范晓光:"社会学定量分析中的内生性问题测估社会互动的因果效应研究综述",《社会》,2010年第4期。

[133] Meerding W, Bonneux L et al., 1998, "Domographic and epidemiological determinants of healthcare costs in Netherlands", cost of illness study.

[134] Grant J, Audrey T, 2005, "Population ageing and health spending: 50 - year projections", policy branch ministry of health.

[135] Reinhardt U E, 2003, "Does the aging of the population really drive the demand for health care?", Health Affairs.

[136] Lubitz J, Greenberg L G, et al., 2001, "Three decades of health care use by elderly, 1965 - 1998", Health Affairs.

[137] Lubits J, Cai L, et al., 2003, "Health, life expectancy, and health care spending among the elderly", New England Journal of Medicine.

[138] Newhouse JP, 2000, "Medical care cost: how much welfare loss?", Econ Persect.

[139] Spillmann B, Lubits J, 2000, "The effect of longevity on spenditure for acute and longterm care", Engl J Med.

[140] Sanderson and Scherbov, 2010, "Remeasuring Aging", Science.

[141] Carr, D, & Springer, K. W, 2010, "Advances in fam-

ilies and health research in the 21st Century", Journal of Marriage and the Family.

[142] Elza Maria de Souza; Emily Grundy, 2007, "Intergenerational interaction, social capital and health: results from a randomised controlled trial in Brazil", Social Science & Medicine.

[143] Arber, S, & Attias - Donfut, C, 1999, "The myth of generational confict: The family and the state in ageing societies", London: Routledge.

[144] Ling Xu, Iris Chil, 2011, "Life satisfaction among rural Chinese grandparents: the roles of intergenerational family relationship and support exchange with grandchildren", Int J Soc Welfare.

[145] Antonucci, T. C. Lansford, J. E. Akiyama, H, 2001, " Impact of positive and negative aspects of marital relationships and friendships on well - being of older adults", Appl. Dev. Sci.

[146] Grant, G, Nolan, M, 1993, "Informal carers: sources and concomitants of satisfaction", Health & Social Care.

[147] Lundh, U, 1999, "Family carers: sources of satisfaction among Swedish carers", British Journal of Nursing.

[148] Nolan, M. Lundh, U, 1999, "Satisfactions and coping strategies of family carers", British Journal of Community Nursing.

[149] Aiyagari, S. R, Greenwood, J. & Seshadri, A, 2002, "Efficient investment in children", Journal of Economic Theory.

[150] Ploeg, J. Campbell, L. Denton, M. Joshi, A, & Davies, S., 2004, "Helping to build and rebuild secure lives and futures: Financial transfers from parents to adult children and grandchildren", Canadian Journal on Aging.

[151] Liu, X. Liang, J. And Gu, S, 1995, "Flows of Social

Support and Health Status among Older Persons in China", Social Science Medicine.

[152] Chambers, M, Ryan, A, Connor, S, 2001, "Exploring the emotional support needs and coping strategies of family carers", Journal of Psychiatric and Mental Health Nursing.

[153] Samuelsson, A. Annerstedt, L. Elmstal, S. Samuelsson, S. - M. Grafstrom, M, 2001, "Burden of responsibility experienced by family caregivers of elderly dementia sufferers", Scandinavian Journal of Caring Sciences.

[154] Rawlings, J. Spencer, M, 2002, "Daughters and wives as informal care givers of the chronically ill elderly in Trinidad", Journal of Comparative Family Studies.

[155] Morris, A. O. Robert, W. O. A, 2011, "meta - analysis of subjecive well - being intervention among elders", Psychological Buttetion.

[156] Yu, E. S. H. Shilong, L. Zehuai, W. & Liu, W. T, 2000, "Caregiving suivey in Guangzhou: a preliminary report. Who Should Care for the elderly: An east value divided", Singapore: Singapore University Press.

[157] Cong, Z. and Silverstein, M, 2008, " Intergenerational Time - for - money Exchanges in Rural China: Does Reciprocity Reduce Depressive Symptoms of Older Grandparents?", Research in Human Development.

[158] Silverstein M, Cong Z, Li S, 2006, "Intergenerational Transfer and Living Arrangements of Older. People in Rural China: Consequences for Psychological Well - Being", The Journals of Gerontology.

[159] Lee, Y. & Xiao, Z, 1998, "Children's support for elderly parents in urban and rural China: Results from a national survey", Journal of Cross-Cultural Gerontology.

[160] Lin, I. F. Goldman, N. Weinstein, M., Lin, Y., Gorrindo, T., & Seeman, T., 2003, "Gender differences in adult children's support of their parents in Taiwan", Journal of Marriage and Family.

[161] Logan, J. R., Bian, F., &Bian, Y., 1998, "Tradition and change in the urban Chinese family: The case of living arrangements", Social Forces.

[162] Silverstein, M., & Bengtson, V. L., 1994, "Does intergenerational social support influence the psychological well-being of older parents? The contingencies of decling health and widowhood", Social Science and Medicine.

[163] Silverstein, M., Chen, X., & Heller, K., 1996, "Too much of a good thing? Intergenerational social support and the psychological well-being of older parents", Journal of Marriage and the Family.

[164] Stoller, E. P., 1985, "Exchange patterns in the informal support networks of the elderly: The impact of reciprocity on morale", Journal of Marriage and the Family.

[165] Dean, A., Kolody, B., & Wood, P., 1990, "Effects of social support from various sources on depression in elderly persons", Journal of Health and Social Behavior.

[166] Silverstein M, Gans D., 2006, "Intergenerational support to aging parents: The role of norms and needs", Journal of Family Issues.

[167] Tilburg T., 1998, "Losing and gaining in old age: Changes in personal network size and social support in a four year Longitudinal study", The Journals of Gerontology.

[168] Archbold, P., Stewart, B. J., Greenlick, M. R., &Harvath, T., 1990, "Mutuality and preparedness as predictors of caregiver role strain", Research in Nursing & Health.

[169] Cohen, C. A., Colantonio, A., & Vernich, L., 2002, "Positive aspects of caregiving: Rounding out the caregiver experience", International Journal of Geriatric Psychiatry.

[170] Robinson, K. M., 1997, "Family caregiving: Who provides the care, and at what cost?", Nursing Economics.

[171] Ghuman, S. and Ofstedal, M. B., 2004, "Gender and Family Support for Older Adults in Bangladesh", Population Studies Center Report.

[172] Liu, X., Liang, J. and Gu, S., 1995, "Flows of Social Support and Health Status among Older Persons in China", Social Science & Medicine.

[173] Yu Xie and HaiYan Zhu. D., 2009, "Sons or Daughters Give More Money to Parents in Urban China?", Journal of Marriage and Family.

[174] Hwang, K., J., Hammer and R. Cragun., 2011, "Extending Religion – health Research to Secular Minorities: Issues and Concerns", Jounral of Religion and Health.

[175] Benjamins, M., 2004, "Religion and functional Health Among the Elderly: Is There a Relationship and Is It Constant?", Jourrral of Aging and Health.

[176] Green, M and M. Elliott., 2010, "Religion, Health

and Psychological Well – Being", Journal of Religiora and Health.

[177] Elnitsky C., Alexy B., 1998, "Identifying Health Status and Health Risks of Older Rural Residents", Community Health Nurse.

[178] Strauss, J., and D. Thomas, 1998, "Health, Nutrition and Economic Development", Journal of Economic Literature.

[179] Idler, E, and Y. Benyamini, 1997, "Self – rated Health and Mortality: A Review of Twenty – seven Community Studies", Journal of Health and Social Behavior.

[180] Deaton, A., and C. Paxson, 1998, "Aging and Inequality in Income and Health", American Economic Review.

[181] Gurland B, Kuriansky J, Sharpe L, Simon R, Stiller P, Birkett P, 1978, "The Comprehensive assessment and Referral Evaluation (CARE) – rationale, development and reliability", Int J Aging Hum Dev.

[182] Morley J. E., 2004, "The Tops 10 Hot Topic in Aging", The Journals of Gerontology.

[183] Rockwood K., Stadnyk K., MacKnight C., McDowell I., Hebert R., Hogan D. B, 1999, "Brief Clinical Measure of Frailty", Lancet.

[184] Rockwood K., Song X., MacKnight C. et al., 2005, "A Global Clinical Measure of Fitness and Frailty in Elderly People", CMAJ.

[185] Grzywacz J. G., Keyes C. L., 2004, "Toward Health Promotion: Physical and Social Behaviors in Complete Health", Am J Health Behave.

[186] Rockwood K., Fox R. A., Tolee P., Obertson D.,

Beattie B. L. , 1994, "Frailty in Elderly People: An Evolving Concept", CMAJ.

[187] Gale, W. G. and Scholz, J K. , 1997, "Intergenerational Transfers and the Accumucalation of Wealth", Journal of Economic Perspective.

[188] Rempel, Henry and Richard A. Lobdell, 1978, "The Role of Urban – to – Rural Remittances in Rural Development", The Journal of Development Studies.

[189] Knowles, James, C. and Richard Anker, 1992, "An Analysis of Income Transfers in a Developing Country", Journal of Develooment Economics.

[190] Lee Y. , Parish , W. L . and R. J. Willis, 1994, "Sons, Daughters and Intergenerational Support in Taiwan", American Journalof Sociology.

[191] Lennartsson, C. , 2011, "Need and support: determinants of intra – familial fnancial transfers in Sweden", International Journal of Social Welfare.

[192] Grundy, 2005, "Reciprocity in relationships: Socio – economic and health influences on intergenerational exchanges between third age parents and their adult children in Great Britain" , The British Journal of Sociology.

[193] Fritzell, J. , & Lennartsson, C. , 2005, "Mannheim: Mannheim Research Institute for the Economics of Aging. Financial transfers between generations in Sweden", Ageing and Society.

[194] Reinhardt, J. P. , & Blieszner, R. , 2000, "Predictors of perceived support quality in visually impaired elders", Journal of Applied Gerontology.

[195] Li, L. W., Zhang, J. and Liang, J, 2009, "Health among the Oldest - Old in China: Which Living Arrangements Make a Difference?", Social Science & Medicine.

[196] Liu, X., Liang, J., and Gu, S., 1995, "Flows of Social Support and Health Status among Older Persons in China", Social Science & Medicine.

[197] Hom Nath Chalise, Tami Saito, Miyako Takahashi, Ichiro Kai, 2007, "Relationship specialization amongst sources and receivers of social support and its correlations with loneliness and subjective well - being: A cross sectional study of Nepalese older adults", Gerontology and Geriatrics.

[198] Revenson, T. A., Schiaffino, K. M., Majerovitz, S. D. and Gibofsky, A, 1991, "Social support as a double - edged sword: The relation of positive and problematic support to depression among rheumatoid arthritis patients", Social Science and Medicine.

[199] Benzeval, Miehaela; Judge, Ken; Shouls, Sue, 2001 "Understanding the Relationship Between Income and Health: How Much Can be Gleaned from Cross - Sectional Data", Social Policy & Administration.

[200] Kristine J. Ajrouch, 2007, "Health Disparities and Arab - American Elders: Does Intergenerational Support Buffer the Inequality - Health Link?", Journal of Social Issues.

[201] Torp, S., E. Hanson, R. N. Hauge and L, 2008, "Magnusson: A Pilot Study of How Information and Communication Technology May Contribute to Health Promotion Among Elderly Spousal Carers in Norway", Health and Social Care in the Community.

[202] Pritchett, L. & Summers, L, 1996, "Wealthier is

healthier?", Journal of Human Resources.

[203] Deaton, Angus, 2003, "Health, Inequality and Economic Development", Journal of Economic Literature.

[204] Kawachi, I. & Kennedy, Bruce, P, 1999, "Income Inequality and health: Pathway and Mechanisms", Health Service Research.

[205] Liang J, Bennett J M, Sugisawa H, et al., 2003, "Gender differences in old age mortality roles of health behavior and baseline health status", J Clin Epi – demiol.

[206] Ebbert J O, Carol A J, Thomas A S, et al., 2005, "The association of alcohol consumption with coronary heart disease mortality and cancer incidence varies by smoking history", J Gen Intl Med.

[207] Waijers P M, Ocké M C, van Rossum C T, et al., 2006, "Dietary patterns and survival in older Dutch women", Am J Clin Nutr.

[208] Judge, Ken, 1995, "Income Distribution and Life Expectancy: A Critical Appraisal", British Medical Journal.

[209] Gliksman, M. D., Lazarus, R., Wilson, A. and Leeder, S. R, 1995, "Social Support, Marital Status and Living Arrangement Correlates of Cardiovascular Disease Risk Factors in the Elderly", Social Science & Medicine.

[210] Fuhrer, R. and Stansfeld, S. A, 2002, "How Gender Affects Patterns of Social Relations and Their Impact on Health: A Comparison of One or Multiple Sources of Support from Close Persons", Social Science and Medicine.

[211] Hellstrom, Y, and I. R. Hallberg, 2001, "Perspectives

of Elderly People Receiving Home Help on Health, Care and Quality of Life", Health and Social Care in the Community.

[212] Joung, I. M., van de Mheen, H., Stronks, K., 1994, "Differences in Self-Reported Morbidity by Marital Status and by Living Arrangement", International Journal of Epidemiology.

[213] Ross, C. E, 1995, "Reconceptualizing Marital Status as a Continuum of Social Attachment", Journal of Marriage and the Family.

[214] Gu, D., Dupre, M. E. and Liu, G, 2007, "Characteristics of the Institutionalized and Community-esiding Oldest-Old in China", Social Science & Medicine.

[215] Chen, F. and Short, S. E, 2008, "Household Context and Subjective Well-Being among the Oldest Old in China", Journal of Family Issues.

[216] Pagán, J. A., A. Puig and B. J. Soldo, 2007, "Health Insurance Coverage and the Use of Preventive Services by Mexican Adults", Health Economics.

[217] Browning CR, Cagney KA, 2002, "Collective efficacy and health: neighborhood social capital and self-rated physical functioning in an urban setting", Health Soc Behav.

[218] Franzini L, Spears W, 2003, "Contributions of social context to inequalities in years of life lost to heart disease in Texas", USA. Soc Sci Med.

[219] Lindstr M, Moghaddassi M, Merlo J, 2004, "Individual self-reported health, social participation and neighborhood: a multilevel analysis in Malm, Sweden", Preventive Medicine.

[220] Veenstra G, 2005, "Location: contextual and composi-

tional health effects of social capital in British Columbia", Canada. Soc Sci Med.

[221] Subramanian, S. V., Kim, D. K. & Kawachi, I, 2002, "Social trust and self-rated health in US communities: a multilevel analysis", Journal of Urban Health.

[222] Mohan J, Twigg L, Barnard S, Jones K, 2005, "Social capital, geography and health: a small-area analysis for England", Soc Sci Med.

[223] Lepeule J, Rondeau V, Filleul L, et al., 2006, "Survival analysis to estimate association between short-term mortality and air pollution", Environ Health Perspect.

[224] Balfour J L, Kaplan G A, 2002, "Neighborhood environment and loss of physical function in older adults: Evidence from the Alameda County Study", Am J Epidemiol.

[225] Nordstrom C K, Diez Roux A V, Jackson S A, et al., 2004, "The association of personal and neighborhood socioeconomic indicators with subclinical cardiovascular disease in an elderly cohort: The cardiovascular health study", Soc Sci Med.

[226] Sandstrom T, Fre A J, Svartengren M, et al., 2003, "The need for a focus on air pollution research in the elderly", Eur Respir J.

[227] Zeng Y, Gu D, Jama P, et al., 2010, "Associations of environmental factors with elderly health and mortality in China", Am J Public Health.

[228] Zeng, Yi, Danan Gu, Jama Purser, Helen Hoenig, and Nicholas Christakis, 2010, "Associations of Environmental Factors with Elderly Health and Mortality in China", American Journal of

Public Health.

[229] Miller, B. & Cafasso, L, 1992, "Gender differences in caregiving: Fact of artifact?", The Geronotologist.

[230] Anna Hjlm, 2012, " 'Because we know our limits': Elderly parents' views on intergenerational proximity and intimacy", Journal of Aging Studie.

[231] Giorgio Secondi, 1997, "Private Monetary Transfers in Rural China: Are Families Altruistic?", The Journal of Development Studies.

[232] McGarry, K. and R. F. Schoen, 1995, "Transfers Behavior in the Health and Retirement Study: Measurement and the Redistribution of Resources within the Family", The Journal of Human Resource.

[233] Cox, D. and Rank, M, 1992, "Inter Vivos Transfers and Intergenerational Exchange", Review of Economics and Statistics.

[234] Hayash, 1995, "Is the Japanese Extended Family Altruistically Liked? A Test Based on Engel Curves", Journal of Political Economy.

[235] Giorgio Secondi, 1997, "Private Monetary Transfers in Rural China: Are Families Altruistic?", The Journal of Development Studies.

[236] Sun, R, 2002, "Old Age Support in Contemporary Urban China from both Parents' and Children's Perspectives", Research on Agin.

[237] Zimmer, Zachary and Julia Kwong, 2003, "Family Size and Support of Older Adults in Urban and Rural China: Current

Effects and Future Implication", Demography.

[238] John Knodel, 2007, "Rural Parents with Urban Children: Social and Economic Implications of Migration for the Rural Elderly in Thailand", Population, Space and Place.

[239] Silverstein, M, 1998, "Parent – child relations among very old parents in Wales and the United States: A test of modernization theory", Journal of Aging Studies.

[240] Anette Reil – Held, 2006, "Crowding out or Crowding in? Public and Private Transfers in Germany", European Journal of Population.

[241] Jensen, Robert T, 2003, "Do Private Transfers Displace the Benefits of Public Transfers? Evidence from South Africa", Journal of Public Economics.

[242] Künemund, Harald and Martin Rein, 1999, "There is More to Receiving than Needing: Theoretical Arguments and Empirical Explorations of Crowding in and Crowding out", Ageing & Society.

[243] Kohli, M, 1999, "Private and public transfers between generations Linking the family and the state", European Societies.

[244] Mutran S. & Steiner S, 1986, "Social support and psychopathology: Interrelations with preexisting disorder, stress and personality", Journal of Abnormal Psychology.

[245] Anand, S. & Barniqhausen, Till, 2002, "Human Resources and Health Uutmmes: Cross – Country Econometric Study", Lancet.

[246] Blakely, Tony A. Lochner, Kawachi; Kimberley; Ichiro, 2002, "Metropolitan Area Income Inequality and Self – Rated Health – A Multilevel Study", Social Scienre and Medicine.

[247] Subramanian S. V. & Kawachi, 2004, "Income inequality and Health: What Have We Learned So Far?", Epidemiologic Repview.

[248] Duncan, C. Jones, K. & Moon, G. Context, 2001, "Composition and Heterogeneity: Using multilevel models in health research", Social Science and Medicine.

[249] Carroll, K, 1975, "Experimental evidence of dietary factors and hormone-dependent cancers", Cancer Research.

[250] Attias-Donfut, C. Ogg, J. & Wolff, F. C, 2005, "European patterns of intergenerational financial and time transfers", European Journal of Aging.

[251] Litwin, H, 2004, "Intergenerational exchange patterns and their correlates in an aging Israeli cohort", Research on Aging.

[252] Warren, John Robert, 2009, "Socioeconomic Status and Health across the Life Course: A Test of the Social Causation and Health Selection Hypotheses", Social Forces.

[253] West, Patrick, 1991, "Rethinking the Health Selection Explanation for Health Inequalities", Social Science and Medicine.

[254] Mackenbach et al. Mackenbach, Johan P. Irina Stirbu, Albert-Jan R. Roskam, Maartje M. Schaap, Gwenn Menvielle, Mall Leinsalu, and Anton E. Kunst, 2008, "Socioeconomic Inequalities in Health in 22 European Countries", The New England Journal of Medicine.

[255] Holmes, M. D. Hunter, D. J. Colditz, G. A. Stampfer et al., 1999, "Association of dietary intake of fat and tatty acids with risk of breast cancer", Journal of the American Medical Association.

[256] Levine, R. and D. Renelt, 1992, "A Sensitivity Ananly-

sis of Cross Country Growth Regressions", American Economic Review.

[257] Kim, S. M. Symons, M. Barry, 2004, "Contrasting Socioeconomic Profiles Related to Healthier Lifestyles in China and the United States", American, Journal of EPidemiology.

[258] Prns, S. G, 2007, "Age, SES and Health: A Population Level Analysis of Health Inequalities over the Life Course", Sociology of Health and Illness.

[259] Adler, E. J. Stewart, 2010, "Health Disparities across the Lifespan: Meaning, Methods, and Mechanisms", New York Academy of Sciences.

[260] Ormel J, Von Korff MV, Brink IV, et al., 1996, "Depression, anxiety and disability show synchrony of ehange", Am J Publ Health.

[261] Antonovsky A, 1996, "The salutogenic model as a theory to guide health Promotion", Health Promotion Int.

[262] Carney R M, Freed L, ShiineY I, et al., 1997, "Depression and coronary Disease", Clin Psy Chopharm.

[263] Morris, A. O. Robert, W. O, 2011, "A meta – analysia of subjective well – being intervention among Elders", Psychological Pullettim.

[264] Linda J. Waite, 2002, "Health in Household Context: Living Arrangements and Health in Late Middle Age", J Health Soc Behav.

[265] Jennifer Yeh, Shu – Chuan; Lo, Sing Kai, 2004, "Living alone, social support, and feeling lonely among the elderly", Social Behavior and Personality: an international journal.

[266] Hanon C. R. Foxall M. J. Von Dollen, K, 1994, "Marital status social support loneliness in visually impaired elderly people", Adv Nurs.

[267] Umberson, D, 1992, "Ucnder, marital status, and the social control of health behaviors", Social Scieme and Medicine.

[268] David Russell and John Taylor, 2009, "Living Alone and Depressive Symptoms: The Influence of Gender, Physical Disability, and Social Support Among Hispanic and Non-Hispanic Older Adults ", Gerontol B Psychol Sci Soc Sci.

[269] Robertson, J, F, 1997, "Grandmotherhood: A Study of Role Conceptions", Journal of Marriage and the family.

[270] Graham, C, 2005, "The Economics of Happiness: Insights on Globalization from a Novel Approach", World Economics.

[271] Ng, Siang and Ng, Yew-Kwang, 2001, "Welfare-Reducing Growth Despite Individual and Government Opitimization", Social Choice and Welfare.

[272] Petrou S, Kupek E, 2007, "Social capital and its relationship with measures of health status: evidence from the health survey for England 2003", Health Economics.

[273] Andrews G. et al. , 1987, "Life event stress, social support, coping style, and risk of psychological impairment", Nervous and Mental Disease.